A TEORIA DO DIREITO APLICADA

SELEÇÃO DOS MELHORES ARTIGOS CIENTÍFICOS DO PROGRAMA DE PÓS-GRADUAÇÃO DA ESCOLA SUPERIOR DE ADVOCACIA DA OAB/MG

GUILHERME ALBERTO MARINHO GONÇALVES
IVAL HECKERT JÚNIOR
ANTÔNIO RAIMUNDO DE CASTRO QUEIROZ JÚNIOR

Coordenadores

A TEORIA DO DIREITO APLICADA

SELEÇÃO DOS MELHORES ARTIGOS CIENTÍFICOS
DO PROGRAMA DE PÓS-GRADUAÇÃO DA
ESCOLA SUPERIOR DE ADVOCACIA DA OAB/MG

VOL. 1

Belo Horizonte

2016

© 2016 Editora Fórum Ltda.

É proibida a reprodução total ou parcial desta obra, por qualquer meio eletrônico, inclusive por processos xerográficos, sem autorização expressa do Editor.

Conselho Editorial

Adilson Abreu Dallari
Alécia Paolucci Nogueira Bicalho
Alexandre Coutinho Pagliarini
André Ramos Tavares
Carlos Ayres Britto
Carlos Mário da Silva Velloso
Cármen Lúcia Antunes Rocha
Cesar Augusto Guimarães Pereira
Clovis Beznos
Cristiana Fortini
Dinorá Adelaide Musetti Grotti
Diogo de Figueiredo Moreira Neto
Egon Bockmann Moreira
Emerson Gabardo
Fabrício Motta
Fernando Rossi

Flávio Henrique Unes Pereira
Floriano de Azevedo Marques Neto
Gustavo Justino de Oliveira
Inês Virgínia Prado Soares
Jorge Ulisses Jacoby Fernandes
Juarez Freitas
Luciano Ferraz
Lúcio Delfino
Marcia Carla Pereira Ribeiro
Márcio Cammarosano
Marcos Ehrhardt Jr.
Maria Sylvia Zanella Di Pietro
Ney José de Freitas
Oswaldo Othon de Pontes Saraiva Filho
Paulo Modesto
Romeu Felipe Bacellar Filho
Sérgio Guerra

Luís Cláudio Rodrigues Ferreira
Presidente e Editor

Coordenação editorial: Leonardo Eustáquio Siqueira Araújo

Av. Afonso Pena, 2770 – 16º andar – Funcionários – CEP 30130-007
Belo Horizonte – Minas Gerais – Tel.: (31) 2121.4900 / 2121.4949
www.editoraforum.com.br – editoraforum@editoraforum.com.br

T314   A teoria do direito aplicada: seleção dos melhores artigos científicos do Programa de Pós-Graduação da Escola Superior de Advocacia da OAB/MG / Coordenadores: Guilherme Alberto Marinho Gonçalves, Ival Heckert Júnior, Antônio Raimundo de Castro Queiroz Júnior. Belo Horizonte: Fórum, 2016.

v. 1. 310p.
ISBN 978-85-450-0109-6

1. Direito processual civil. 2. Direito civil. 3. Direito processual penal. 4. Direito penal. 5. Direito processual trabalhista. I. Gonçalves, Guilherme Alberto Marinho. II. Heckert Júnior, Ival. III. Queiroz Júnior, Antônio Raimundo de Castro.

CDD: 341.46
CDU: 347.9

Informação bibliográfica deste livro, conforme a NBR 6023:2002 da Associação Brasileira de Normas Técnicas (ABNT):

GONÇALVES, Guilherme Alberto Marinho; HECKERT JÚNIOR, Ival; QUEIROZ JÚNIOR, Antônio Raimundo de Castro (Coord.). *A teoria do direito aplicada*: seleção dos melhores artigos científicos do Programa de Pós-Graduação da Escola Superior de Advocacia da OAB/MG. Belo Horizonte: Fórum, 2016. v. 1. 310p. ISBN 978-85-450-0109-6.

AGRADECIMENTOS

Muitos foram aqueles que, direta ou indiretamente, contribuíram para que esta obra se realizasse, não só pelo envolvimento na criação do próprio livro, mas, principalmente, por acreditarem em um projeto de Pós-Graduação que permitiu a produção dos artigos que o compõem. Peço desculpas por não nominar cada um dos protagonistas desta obra, mas não seria possível fazê-lo sem o uso de algumas dezenas de páginas. Por isso, limitarei os agradecimentos a algumas pessoas que foram decisivas para que tivéssemos esse resultado.

Não poderia deixar de agradecer, em primeiro lugar, aos nobres colegas Luis Cláudio da Silva Chaves, Presidente da OAB/MG; Antônio Fabrício Mattos Gonçalves, Diretor-Tesoureiro da OAB/MG; Sérgio Murilo Braga, Presidente da Nova CAA; e Silvana Lourenço Lobo, Diretora da ESA/MG; que apoiaram, desde o início, o projeto e proporcionaram a concretização dos cursos de Pós-Graduação.

Meus agradecimentos ao Reitor da Escola Superior Dom Helder Câmara, Professor Paulo Umberto Stumpf, ao Pró-Reitor de Extensão, Professor Francisco Haas e à Diretora Administrativa, Professora Valdênia Geralda de Carvalho, que acreditaram ser possível um curso de Pós-Graduação inovador e de qualidade, nos moldes da filosofia da instituição.

Agradeço também aos Coordenadores e Coordenadores Adjuntos Ival Heckert Júnior, Antônio Fabrício, Antônio Queiroz e Leonardo Guimarães na direção segura de cada um dos cursos.

Agradeço, ainda, aos nossos professores, que não só se dedicaram à tarefa de proporcionar aos alunos uma significativa melhoria na atuação profissional, como também os orientaram na produção dos Trabalhos de Conclusão de Curso.

Também os meus sinceros agradecimentos às pessoas mais importantes para que este livro pudesse existir: os nossos alunos. Muito pesquisaram para desenvolver textos de importância prática, que serão referência para os militantes nas áreas cível, trabalhista e criminal.

Por fim, os meus agradecimentos à Flávia Hunzicker Vannucci, Coordenadora Administrativa dos Cursos de Pós-Graduação, e aos funcionários da ESA, cujo esforço diário na condução dos cursos foi, sem dúvida, imprescindível para esta obra.

Guilherme Alberto Marinho Gonçalves
Coordenador Geral

A produção científica na Escola da OAB/MG a serviço do advogado: análises críticas sobre posicionamentos jurisprudenciais nas áreas cível, trabalhista e criminal.

SUMÁRIO

APRESENTAÇÃO 17

PARTE I

DIREITO CIVIL

EXCLUSÃO DO CONDÔMINO ANTISSOCIAL
KÊNIO DE SOUZA PEREIRA 21
Conflitos motivam a venda do apartamento para preservar a saúde
e a tranquilidade...21
Comportamento antissocial 22
Direito à saúde e à vida 22
Tragédias noticiadas poderiam ser evitadas 23
Multa 24
Condenação em processo penal pode fundamentar exclusão.............24
Desvalorização dos apartamentos 24
Exclusão de condômino..25

DIREITOS SUCESSÓRIOS DA PESSOA CONCEBIDA POR
INSEMINAÇÃO ARTIFICIAL *POST MORTEM* – SUPREMACIA
DOS PRINCÍPIOS CONSTITUCIONAIS
ARLETE CRISTINA DE MOURA BARBONE...................................27
1   Introdução 27
2   A reprodução assistida e o Código Civil de 2002.....................28
3   Reprodução assistida homóloga e heteróloga...........................30
4   A vocação hereditária e a inseminação artificial *post mortem* *31*
4.1   Da necessidade de autorização do pai 32
5   Entendimentos doutrinários sobre a matéria............................34
6   Da aplicação dos princípios constitucionais à reprodução humana
post mortem...37
6.1   Princípio da dignidade da pessoa humana 37
6.2   Princípio do melhor interesse da criança e do adolescente 38

6.3 Princípio do planejamento familiar e da paternidade responsável 39

6.4 Princípio da isonomia entre os filhos 40

7 Conclusão 44

Referências 45

A MUDANÇA PARADIGMÁTICA COM A MEDIAÇÃO EMPRESARIAL: SUAS LIMITAÇÕES E POSSIBILIDADES NA RESOLUÇÃO ALTERNATIVA DE CONFLITOS
ITAMAR BURATTI 47

1 Introdução 48

2 Panorama da resolução de conflitos no Brasil 49

3 As metodologias para resolução dos conflitos 53

4 A mediação no Novo Código de Processo Civil 58

5 A mediação empresarial 59

6 Os princípios da mediação empresarial 62

7 O procedimento de mediação, suas fases e estrutura 66

8 O mediador 68

9 Conclusão 70

Referências 71

AÇÃO DE USUCAPIÃO EXTRAJUDICIAL E O NOVO CÓDIGO DE PROCESSO CIVIL (LEI Nº 13.105, DE 16.3.2015) – VANTAGENS E DESVANTAGENS DO NOVO PROCEDIMENTO
JORGETE DAS GRAÇAS CAETANO 73

1 Introdução 74

2 Princípio da função social da propriedade 75

3 Direito adquirido 77

4 Procedimento para requerer a usucapião extrajudicial 78

5 Vantagens do novo procedimento 82

6 Desvantagens do novo procedimento 83

7 Menção ao direito alienígena 84

8 Conclusão 85

Referências 87

PARTE II

DIREITO PENAL

HOMICÍDIO DISCRIMINATÓRIO POR RAZÕES DE GÊNERO
CEZAR ROBERTO BITENCOURT 91

1   Considerações preliminares...91

2   Impropriedade terminológica: "feminicídio" 93

3   Matar alguém: feminicídio ou homicídio 94

4   Elementos qualificadores do feminicídio 95

4.1   Violência doméstica e familiar 96

4.2   Menosprezo ou discriminação da mulher 96

5   Sujeitos ativo e passivo...97

5.1   Sujeito ativo 97

5.2   Sujeito passivo 97

6   Majorantes ou causas especiais de aumentos 102

6.1   Durante a gestação ou nos 3 (três) meses posteriores ao parto 102

6.2   Contra pessoa menor de 14 (catorze) anos e maior de 60 (sessenta) ou com deficiência...103

6.3   Na presença de descendente ou de ascendente da vítima 104

UNA CRÍTICA A LOS DELITOS DE POSESIÓN A PARTIR DEL CONCEPTO DE ACCIÓN SIGNIFICATIVA. CONEXIONES ENTRE EL *CIVIL LAW* Y EL *COMMON LAW* EN LAS TESIS DE TOMÁS VIVES ANTÓN Y GEORGE FLETCHER
PAULO CÉSAR BUSATO...107

       Introducción 107

1   El *rise and fall* del concepto de acción en la dogmática penal continental hasta el funcionalismo 108

2   El debate sobre el concepto de acción derivado del *act requirement* en Estados Unidos de Norte América 113

3   El escenario legislativo de avances de barreras de imputación del moderno Derecho penal 118

4   ¿Existen coincidencias político criminales?..120

5   El concepto de acción de Vives Antón 123

5.1   La importancia del concepto de acción en el sistema de Vives 126

6   El concepto de acción de George Fletcher 127

6.1   El rol central del concepto de acción en Fletcher...................................131

7   El coincidente rol político-criminal del concepto de acción de Vives y Fletcher. Especial atención a la crítica a los delitos de posesión 131

7.1   La *inconsistencia* de la idea de posesión como acción 134

8   A modo de conclusión. El efecto de acercamiento entre el *civil law* y el *common law*: un síntoma de adecuación epistemológica 136

Bibliografía 137

PRISÃO PREVENTIVA, A ÚLTIMA MEDIDA A SER BUSCADA
JOEL JOANINO DE CAMPOS JUNIOR 141

1   Introdução 141

2   Princípios aplicados às cautelares do processo penal.........................143

2.1   Devido processo legal 143

2.1.1 Contraditório...145

2.1.2 Ampla defesa 147

2.1.3 Fundamentações das decisões..149

2.1.4 Acusatoriedade..151

2.1.5 Imparcialidade do juízo...152

2.1.6 Juízo natural..153

2.1.7 Presunção de inocência 154

3   Medidas cautelares diferentes da prisão submetidas ao regime cautelar 155

3.1   Os objetivos da Lei nº 12.403/2011 156

3.2   Revogação, substituição, cumulatividade e descumprimento...........156

3.3   Espécies das cautelares...157

4   A imprescindibilidade da cautelaridade para restrição da liberdade..159

4.1   Pressuposto da prisão preventiva...159

4.2   Fundamentos da prisão preventiva...161

4.3   Características da cautelaridade 163

4.3.1 Provisionalidade 164

4.3.2 Proporcionalidade...164

4.3.3 Excepcionalidade 165

5   A subsidiariedade da prisão preventiva...166

6   Conclusão 168

Referências...169

DOIS PESOS E DUAS MEDIDAS: O RECEBIMENTO DA ACUSA-
ÇÃO NO PROCEDIMENTO DAS AÇÕES ORIGINÁRIAS E O DES-
PACHO MERAMENTE ORDINATÓRIO
MATEUS MARCOS SILVA FERREIRA 171

1 Introdução 171

2 A natureza jurídica da decisão de recebimento da acusação 172

3 O juízo prévio de admissibilidade da acusação no procedimento
de competência originária: o ideal de um processo
constitucionalizado 175

4 A problemática dos arts. 396 e 399 do CPP e o momento oportuno
para o recebimento da acusação, no procedimento comum 179

5 Do instrumentalismo processual ao processo penal constitucional:
os princípios do contraditório e da fundamentação 184

6 Conclusão 190

Referências 192

A CONFORMIDADE DA PROVA TESTEMUNHAL NO PROCESSO
PENAL BRASILEIRO
THAÍSA AMARAL BRAGA FALLEIROS 195

1 Jurisdição e falibilidade da prova testemunhal 195

2 Dispositivos legais e julgado paradigmático 200

3 Instrução do processo e fundamentação do provimento
jurisdicional 206

4 Tecnologia e fidedignidade na apreensão e registro da prova
testemunhal 214

5 Conclusão 216

Referências 217

PARTE III

DIREITO TRABALHISTA

A ORGANIZAÇÃO SINDICAL E O PROJETO ACE: CONSTRUÇÃO
OU DESCONSTRUÇÃO?
MAÍRA NEIVA GOMES 221

1 Introdução 221

2 A organização no local de trabalho como elemento primordial de
desenvolvimento do sindicato 221

3 Para se reconhecer um direito é preciso aniquilar outros? 224

Referências 225

A SÚMULA Nº 277 DO TST, A ULTRATIVIDADE LIMITADA POR REVOGAÇÃO DAS NORMAS COLETIVAS E A SUA APLICAÇÃO RETROATIVA
CARULINA DE FREITAS CHAGAS 227

1   Introdução 228

2   A negociação coletiva trabalhista 229

3   O acordo coletivo de trabalho e a convenção coletiva de trabalho 232

3.1   Do conteúdo obrigatório e das espécies de cláusulas estipulados nos acordos e convenções coletivas de trabalho 234

3.2   Do prazo de vigência dos acordos e convenções coletivos de trabalho 236

4   A evolução do entendimento do Tribunal Superior do Trabalho sobre a ultratividade das normas coletivas trabalhistas 238

5   A nova redação da Súmula nº 277 e a polêmica sobre a aderência das normas coletivas aos contratos de trabalho 241

6   A retroatividade da ultratividade e o princípio da segurança jurídica – Acórdão do TST, em sede de recurso de revista, nos autos do Processo nº 37500-76.2005.5.15.004 246

7   Conclusão 253

Referências 254

A INSPEÇÃO DO TRABALHO E OS LIMITES À AÇÃO FISCAL
JULIANA FIGUEIREDO DE FREITAS 257

1   Introdução 257

2   Fundamentos e natureza jurídica 259

3   Finalidades e objetos 263

4   Sistema Nacional de Inspeção do Trabalho: órgãos competentes 266

5   Princípios da ação fiscal e seus limites 268

5.1   O princípio da legalidade e a ação fiscal 272

6   Revisão jurisprudencial 275

7   Conclusão 279

Referências 280

O PROJETO DE LEI Nº 4.330/2004 QUE CONTRARIA OS PRECEITOS DA SÚMULA Nº 331 DO TST E DOS DIREITOS TRABALHISTAS DOS OPERADORES DE *TELEMARKETING* NO BRASIL

LEONARDO AUGUSTO LELIS FAGUNDES 285

Agradecimentos 285

1   Introdução 286

2   Panorama geral dos serviços de *telemarketing* no Brasil 287

3   Breves comentários ao Projeto de Lei nº 4.330, de 2004, que influenciarão negativamente na prestação de serviços terceirizados 288

4   Sobre a violação dos preceitos da Súmula nº 331 do Colendo Tribunal Superior do Trabalho e de direitos trabalhistas 291

5   Da repercussão geral sobre o assunto da terceirização dos serviços terceirizados no Brasil e suas repercussões nos serviços de *telemarketing* 296

6   Como a maioria dos ministros do TST, juízes e desembargadores do Tribunal Regional do Trabalho da 3ª Região vêm analisando a questão da terceirização 298

7   Conclusão 301

Referências 302

Anexos 304

SOBRE OS AUTORES 309

APRESENTAÇÃO

A Escola Superior de Advocacia de Minas Gerais é a mais antiga do Brasil. Comemoramos, em 2015, com enorme alegria, os 30 anos de sua fundação.

Nesse período, a ESA/MG organizou, por todo o estado, centenas de congressos, seminários, encontros, cursos temáticos, dentre outros eventos, cumprindo bem o seu dever de proporcionar, a advogados e estagiários, constante aprimoramento técnico e teórico.

Faltava, contudo, a concretização de um sonho antigo: criar os cursos de Pós-Graduação. Depois de muito planejamento, com o aval do Presidente da OAB/MG, Luis Cláudio da Silva Chaves, a Diretora da ESA/MG, Silvana Lourenço Lobo, e o Reitor da Escola Superior Dom Helder Câmara, Professor Paulo Stumpf, implementaram, no ano de 2014, três cursos de Pós-Graduação: Advocacia Cível, Advocacia Criminal e Advocacia Trabalhista.

O objetivo era dar ao advogado efetiva formação prática, fornecendo-lhe ferramentas para melhoria de sua atuação profissional. A tônica era – é, e sempre será – a análise dos diversos institutos jurídicos, sob a luz da Teoria do Direito, possibilitando ao profissional desenvolver uma argumentação crítica na elaboração de peças, dotando-as da devida qualidade técnica, além de saber conduzir-se nas diversas situações a que o advogado está sujeito.

São cursos inovadores. Não há no Brasil nada parecido. Muitos foram os advogados que aderiram ao projeto. Um dos grandes desafios que enfrentariam seria a elaboração de um artigo no qual se fizesse uma abordagem analítico-crítica de determinada jurisprudência, obedecendo-se aos objetivos dos cursos.

Temas não muito bem tratados em obras científicas ou pela jurisprudência puderam ser explorados, de modo a se avaliar se os institutos jurídicos foram adequadamente empregados ou se os argumentos utilizados estavam de acordo com a respectiva teoria.

Os Professores-Orientadores puderam indicar os artigos dignos de publicação. Embora muitos fossem eles, infelizmente não foi possível a publicação de todos, eis que a obra teria apenas um volume. Haveria, portanto, que se fazer uma segunda seleção, agora pelo Conselho Científico e pelos Coordenadores de cada curso.

Posso dizer, assim, que, nesta primeira publicação, estão artigos que abordam não só temas de grande importância, mas que o fazem de maneira primorosa, fornecendo importantíssimas referências para os profissionais da advocacia e, porque não dizer, aos membros da Magistratura e Ministério Público. São ensinamentos preciosos a todos os profissionais do Direito.

Guilherme Alberto Marinho Gonçalves
Coordenador Geral

PARTE I

DIREITO CIVIL

EXCLUSÃO DO CONDÔMINO ANTISSOCIAL

KÊNIO DE SOUZA PEREIRA

Sumário: Conflitos motivam a venda do apartamento para preservar a saúde e a tranquilidade – Comportamento antissocial – Direito à saúde e à vida – Tragédias noticiadas poderiam ser evitadas – Multa – Condenação em processo penal pode fundamentar exclusão – Desvalorização dos apartamentos – Exclusão de condômino

Conflitos motivam a venda do apartamento para preservar a saúde e a tranquilidade

Com a preferência das pessoas por morar em condomínios, especialmente naqueles que têm ampla área de lazer com diversos equipamentos, a cada dia vemos aumentar a proximidade entre os vizinhos que buscam maior segurança e conforto. O problema é quando esse vizinho perturba o sossego com barulho e condutas antissociais, tornando a convivência um suplício.

Muitas pessoas ignoram que seja possível, em casos extremos, obter uma decisão judicial que determine a exclusão, também chamada popularmente de expulsão do morador, mesmo que ele seja proprietário. Há acórdão em que o Tribunal de Justiça determinou o impedimento do proprietário que perturbava os vizinhos de permanecer no edifício, podendo ele alugar, ceder ou vender a unidade. Assim, o interesse coletivo prevaleceu, pois o direito de propriedade não é absoluto, cabendo adequar-se ao princípio da função social, o qual lhe impede de utilizar a propriedade de forma abusiva, já que está sobre limitações legais.

A convivência em condomínio, em geral, é saudável, pois a proximidade facilita o surgimento de relações amistosas. O vizinho, muitas vezes, é um grande amigo, às vezes o único que nos ajuda em horas de sufoco. Porém, há condomínios em que um ou outro vizinho é agressivo, havendo registro até de lesões corporais, que acabam por criar um ambiente "infernal". Esse clima resulta na desvalorização das unidades e em mudanças do edifício, já que muitos vendem o apartamento no intuito de preservar a saúde e a tranquilidade de sua família.

Há pessoas que não entendem que, como em qualquer grupamento, os moradores dos edifícios também estão submetidos a regras próprias, destinadas à manutenção da harmonia entre as pessoas. Não se pode viver em sociedade sem compreender que o direito à liberdade de um tem como limite o direito à liberdade do outro, tendo a convenção caráter normativo.

Comportamento antissocial

Comportamento antissocial pode ser considerado aquele repudiado pelos demais condôminos; a prática de atos que um "homem comum" não executaria, que age de forma a desrespeitar ou afrontar a boa educação, as regras de boa convivência, as leis e a convenção. Tais atos tornam a pessoa indesejada em qualquer lugar.

Enquadrar a atitude de alguém como comportamento antissocial requer cautela, para que não se cometa arbitrariedade em nome do bem-estar social. A vontade dos condôminos não pode afrontar garantias constitucionais, como o direito à moradia, à liberdade e à propriedade. Todavia, tais garantias não são absolutas, pois se encontram limitadas pela função social e pelo direito de vizinhança, previstos nos arts. 1.228, 1.277, 1.335 e 1.336 do Código Civil, ou seja, *o interesse individual não pode se sobrepor ao interesse social-coletivo*.

Direito à saúde e à vida

O Código Civil proíbe o uso nocivo da propriedade. O fato de o condômino pagar a quota de condomínio ou as multas punitivas pelos atos irregulares não lhe dá o direito de fazer o que bem entender dentro do condomínio. Além disso, o bem mais importante garantido na Constituição Federal é o direito à vida. Por isso, não se deve permitir que um condômino que ameace a integridade física ou psíquica dos demais condôminos tenha a garantia de permanecer no imóvel em qualquer circunstância.

Os jornais noticiam agressões e homicídios dentro de condomínios, geralmente previsíveis diante do comportamento antissocial do morador, que muitas vezes agride os vizinhos psicologicamente por longos períodos, gerando dano moral. O direito à liberdade, à moradia e à propriedade não pode se sobrepor ao direito à saúde e à vida. Existem condôminos tolerantes, que evitam tomar providências contra o vizinho agressivo, mas se esquecem de que a agressão pode se virar contra o filho, a esposa ou a mãe. E, aí, as coisas podem fugir do controle.

Tragédias noticiadas poderiam ser evitadas

Em 2001, em Belo Horizonte, uma vizinha foi morta com quase 40 facadas. O agressor era um trabalhador, pacato e equilibrado, mas diante de tantas agressões psicológicas e morais da vizinha, acabou tendo essa reação. O condomínio já tinha tentado retirar essa vizinha provocadora, mas sem obter êxito por falta de pouca técnica jurídica. O comportamento da vizinha era tão absurdo, que o agressor acabou sendo condenado a uma pena de apenas 18 meses de reclusão, já que os vários moradores depuseram a seu favor. Foi caracterizado o homicídio privilegiado, pois a conduta do réu se deu logo após injusta provocação da vítima. Depois a pena foi revista, mas ficou evidente que o fato poderia ter sido evitado caso os condôminos tivessem acionado com técnica e competência a "vítima", que criava um inferno no prédio.

Em 23.5.2013, no bairro nobre de Santana de Paraíba, no condomínio Bosque de Tamboré, do Alphaville, na Grande São Paulo, um empresário do setor de metalurgia perdeu a paciência com o casal (um executivo de multinacional e uma dentista) e os matou a tiros após invadir o apartamento do andar superior, por causa de barulho. Logo após, este empresário voltou ao seu apartamento e disse para a esposa que tinha "solucionado o problema" e a seguir cometeu suicidou com um tiro na cabeça. Nada justifica essa fúria, mas casos semelhantes têm acontecido em todo o país por inércia da administração dos condomínios e por falta de providências jurídicas da pessoa que é prejudicada, que deixa a raiva e a angústia acumular até que ocorra a perda de controle.

A violência tem sido estimulada a todo momento em *games*, televisão, filmes, noticiários e até desenhos, que mostram crimes como se fossem normais. Cabe a cada um de nós combatê-la com atitudes técnicas e jurídicas.

Multa

O Código Civil prevê multa para inibir as atitudes do condômino antissocial no edifício. O parágrafo único do art. 1.337 determina:

> O condômino ou possuidor que, por seu reiterado comportamento antissocial, gerar incompatibilidade de convivência com os demais condôminos ou possuidores, poderá ser constrangido a pagar multa correspondente ao décuplo do valor atribuído à contribuição para as despesas condominiais, até ulterior deliberação da assembleia.

Entretanto, a multa de 10 vezes o valor da quota ordinária de condomínio nem sempre é capaz de inibir o condômino antissocial, sendo complicada a sua aplicação por quem não domina questões jurídicas. Pode vir a ser anulada por falhas que são cometidas pelos leigos que desconhecem as particularidades das normas legais. Após a aplicação da multa e não cessando o comportamento antissocial, a solução pode ser a adoção dos procedimentos que visem à exclusão do condômino em busca da tranquilidade da coletividade.

Condenação em processo penal pode fundamentar exclusão

Sendo a convenção a lei que regulamenta os direitos e as obrigações dos condôminos, sua redação de forma profissional facilita a exclusão do condômino antissocial. Esse instrumento de caráter normativo pode conter cláusula condicional à condenação penal transitada em julgado pelo ato antissocial que em si caracteriza crime. Dessa forma, poderá o processo cível de exclusão ser viabilizado e agilizado com a utilização da decisão judicial penal que deixa evidente ser inviável a permanecia do réu dentro do condomínio.

Desvalorização dos apartamentos

Um edifício em que há condômino com comportamento antissocial fica marcado de forma negativa, podendo desvalorizar consideravelmente as unidades tanto para a venda, quanto para o aluguel. São centenas os edifícios dos quais os moradores mais educados optam por mudar para obter paz e preservar a saúde de seus familiares.

O problema deve ser combatido, sendo necessário investimento financeiro expressivo na contratação de advogado que domine direito imobiliário, que aceite o desafio de rerratificar a convenção e os riscos de enfrentar o morador problemático. Sem experiência jurídica e determinação para implantar dezenas de atitudes para solucionar o problema, este tende a se agravar, pois são vários os casos em que nenhum inquilino consegue ficar no apartamento que foi desocupado pelo dono que não suportou passar raiva e preferiu mudar.

Quando as conversas e as advertências não funcionam, é fundamental um advogado assumir o caso para que seja aplicada a multa de forma correta, a qual será uma das medidas preparatórias para se propor futuramente um processo que vise excluir ou expulsar o condômino antissocial.

Exclusão de condômino

Diversos países como Uruguai, Alemanha, Suíça e França são favoráveis à exclusão do condômino, seguindo critérios próprios de cada país. A lei brasileira não é clara quanto à possibilidade ou não de exclusão do condômino antissocial, assim, as opiniões divergem sobre tal assunto.

Entretanto, numa situação de gravidade extrema, para se levar a cabo a exclusão de um condômino, o assunto deve ser tratado numa assembleia. A exclusão só deve ser tentada depois de se esgotarem todas as demais possibilidades de solução do problema.

Dependendo do caso, é aceitável que a Assembleia Geral aprove com um quórum especial a exclusão de tal condômino, sendo fundamental conceder-lhe prazo para defesa. Caberá ao Poder Judiciário decidir pela exclusão ou não do condômino, mas vindo a determinar que em prol do direito à saúde e à vida, este perderá apenas o direito de martirizar seus vizinhos, pois poderá vender ou alugar seu bem, ficando apenas impedido de ocupá-lo.

Informação bibliográfica deste texto, conforme a NBR 6023:2002 da Associação Brasileira de Normas Técnicas (ABNT):

PEREIRA, Kênio de Souza. Exclusão do condômino antissocial. In: GONÇALVES, Guilherme Alberto Marinho; HECKERT JÚNIOR, Ival; QUEIROZ JÚNIOR, Antônio Raimundo de Castro (Coord.). *A teoria do direito aplicada*: seleção dos melhores artigos científicos do Programa de Pós-Graduação da Escola Superior de Advocacia da OAB/MG. Belo Horizonte: Fórum, 2016. v. 1. p. 21-25. ISBN 978-85-450-0109-6.

DIREITOS SUCESSÓRIOS DA PESSOA CONCEBIDA POR INSEMINAÇÃO ARTIFICIAL *POST MORTEM* – SUPREMACIA DOS PRINCÍPIOS CONSTITUCIONAIS

ARLETE CRISTINA DE MOURA BARBONE

Resumo: O Código Civil brasileiro reconhece como legítimas para concorrer à herança apenas as pessoas nascidas ou as já concebidas no momento da abertura da sucessão. Assim, como a lei foi omissa, já que não autoriza nem regulamenta a reprodução assistida, surgiram divergências doutrinárias, dificultando a solução de conflitos decorrentes deste meio de reprodução. Daí surge a necessidade de se interpretar de forma extensiva a previsão do art. 1.597, inc. IV do Código Civil, reconhecendo todos os direitos sucessórios aos que tenham sido concebidos através de inseminação artificial *post mortem*, de forma a prevalecer os direitos fundamentais previstos na Constituição Federal.

Palavras-chave: Inseminação artificial *post mortem*. Código Civil. Direitos sucessórios. Princípio da igualdade.

Sumário: 1 Introdução – 2 A reprodução assistida e o Código Civil de 2002 – 3 Reprodução assistida homóloga e heteróloga – 4 A vocação hereditária e a inseminação artificial *post mortem* – 5 Entendimentos doutrinários sobre a matéria – 6 Da aplicação dos princípios constitucionais à reprodução humana *post mortem* – 7 Conclusão – Referências

1 Introdução

O presente artigo se destina a discorrer sobre as controvérsias existentes acerca dos direitos sucessórios nos casos de inseminação artificial *post mortem*, ou seja, com relação aos filhos concebidos por reprodução assistida após a morte do seu genitor.

Essa questão é bastante discutida, dividindo opiniões entre os doutrinadores e aplicadores do direito, tendo em vista a ausência de regulamentação sobre a matéria para que se possa delimitar a abrangência e efeitos do direito sucessório *post mortem*, ficando a critério do julgador a análise e a solução de cada caso concreto apresentado ao Judiciário, o que traz insegurança jurídica.

Não existe normatização específica que trate das implicações jurídicas decorrentes dos direitos patrimoniais nesses casos, apenas três posicionamentos que divergem sobre a sua aplicabilidade ou não, o que leva os magistrados, ao julgarem casos desta natureza, a socorrerem-se aos princípios, à analogia e às demais fontes que o direito proporciona.

Apesar de a legislação brasileira admitir a possibilidade de filiação póstuma, a falta de regulamentação específica repercute nos efeitos patrimoniais dessa filiação, caracterizando ofensa aos direitos e garantias constitucionais.

Dessa forma, pretende-se demonstrar que, ainda que exista lacuna na lei, devemos garantir todos os diretos sucessórios às crianças nascidas após o falecimento do seu genitor, através de técnicas de inseminação artificial, ainda que fora do prazo legal de partilha de bens.

Assim, esta é a proposta do presente estudo, demonstrar a necessidade da regulamentação sobre o tema, tomando por base os preceitos constitucionais, notadamente o princípio da igualdade entre os filhos, insculpido no art. 227, §6º da Constituição Federal.

Por fim, pretende-se possibilitar a reflexão sobre a questão, considerando que o direito está em constante evolução e que as espécies de filiação são diversas, compreendendo o cumprimento da função social da família e a proteção especial que a ela é conferida pela Constituição Federal.

2 A reprodução assistida e o Código Civil de 2002

Antes do advento do atual Código Civil, bem como da Constituição de 1988, valorizava-se a filiação que era advinda do núcleo familiar, através do matrimônio, buscando a proteção primordial do casamento. Com essa concepção, admitia-se a discriminação dos filhos, especificamente daqueles oriundos de relações extraconjugais.

Diante desse raciocínio, compreendia-se que era necessária uma classificação da filiação, pois, ante os avanços sociais, tecnológicos e científicos, a sociedade começou a considerar novos valores, como o bem-estar social e a isonomia, passando a prestigiar não mais somente o patrimônio, mas, sim, a conservação dos laços afetivos.

Com a promulgação da Constituição Federal de 1988, a fixação do princípio da igualdade substancial entre os filhos afastou a ideia discriminatória que baseava a antiga compreensão de filiação, sendo considerado que os filhos advindos ou não do casamento, mesmo aqueles adotados, têm direitos e qualificações igualitárias, sendo vedada toda e qualquer forma de discriminação.

Contudo, até a promulgação do Código Civil de 2002, o ordenamento jurídico brasileiro não possuía qualquer dispositivo que tratasse, especificamente, da reprodução assistida. A única regulamentação existente referia-se estritamente à área médica, a Resolução nº 1.358/92 do Conselho Federal de Medicina.

Assim, o novo Código Civil era, portanto, uma esperança de atualização, através da criação de normas relativas às novas situações sociais, inclusive no tocante às técnicas de reprodução assistida e dos direitos delas advindos, que passaram a ser realidade através da evolução da medicina, das técnicas de inseminação artificial e de fertilização *in vitro*.

Ocorre que o legislador do Código Civil de 2002 não atendeu às expectativas quanto à regulamentação da reprodução assistida, especialmente quando efetivada de forma homóloga *post mortem*, pois os poucos dispositivos legais atinentes à matéria sequer permitem que seja afirmado com certeza que nossa legislação autoriza tal prática.

Quanto aos direitos sucessórios dos filhos havidos por inseminação artificial ou fertilização *in vitro post mortem*, igualmente, o legislador deixou de dar a devida e clara regulamentação.

Sobre a falta de regulamentação legislativa, assevera Silvio de Salvo Venosa (2005, p. 256) que: "O Código Civil de 2002 se mostra omisso, pois, não autoriza nem regulamenta a reprodução assistida, mas apenas constata lacunosamente a existência da problemática e procura dar solução ao aspecto da paternidade".

Com efeito, o Código Civil de 2002 trata da filiação nos arts. 1.596 a 1.606. Especificamente o art. 1.597 trata da presunção de paternidade, abordando três hipóteses no que diz respeito às técnicas de reprodução humana assistida:

> Art. 1.597. Presumem-se concebidos na constância do casamento os filhos: [...]
> III - havidos por fecundação artificial homóloga, mesmo que falecido o marido;
> IV - havidos, a qualquer tempo, quando se tratar de embriões excedentários, decorrentes de concepção artificial homóloga;

V - havidos por inseminação artificial heteróloga, desde que tenha prévia autorização do marido.

Vê-se que o inc. III do citado artigo admite como presunção os filhos que foram concebidos da união do espermatozoide com óvulo de seus pais, tendo essa reunião ocorrido dentro ou fora do corpo da mãe, ou seja, de fecundação homóloga, ainda que falecido o marido.

No inc. IV do artigo supracitado, estima-se como presunção de serem filhos os embriões excedentários decorrentes de inseminação artificial homóloga, isto é, somente aqueles que restaram da fecundação feita com material genético dos próprios genitores.

Já o inc. V trata da inseminação artificial heteróloga, quando há doação de material genético de terceiro, diante da impossibilidade de se utilizar os gametas do marido ou da esposa numa eventual reprodução assistida.

Nesses casos, a paternidade estabelecida se constitui desde o momento da concepção, visto que o genitor manifesta expressamente o seu consentimento, não cabendo, assim, a possibilidade de impugnação da paternidade, pois o que se considera é a vontade manifestada juntamente com o convívio conjugal, formando um elemento fundamental para o estabelecimento da paternidade.

Assim, para melhor entendimento do tema, passamos à análise da inseminação artificial homóloga e heteróloga e, posteriormente, serão analisados os aspectos jurídicos que envolvem especificamente o inc. III do art. 1.597 do Código Civil, relativo aos filhos havidos por fecundação artificial homóloga após a morte do genitor.

3 Reprodução assistida homóloga e heteróloga

Conforme citado, a inseminação artificial pode ser homóloga e heteróloga.

A reprodução assistida *homóloga* pressupõe a existência de vínculo jurídico de natureza familiar, por casamento ou união estável, entre homem e mulher. Nessa forma de reprodução, portanto, existe a vontade recíproca dos cônjuges no armazenamento do material genético – óvulo, sêmen ou embrião.

Já na reprodução assistida *heteróloga* ou "heteroinseminação", é utilizado o sêmen ou óvulo de um homem ou mulher desconhecidos. Assim, por ser um terceiro que disporá do seu material genético, este é chamado de "doador".

A doação, como regra, decorre de um gesto voluntário, espontâneo e gratuito, ficando impedido o doador de conhecer a identidade das receptoras e vice-versa, conforme disposto na Seção IV da Resolução nº 1.957/2010 do Conselho Federal de Medicina, que trata da doação de gametas ou embriões: "1 - A doação nunca terá caráter lucrativa ou comercial; 2 - Os doadores não devem conhecer a identidade dos receptores e vice-versa".

Ambas as formas fazem parte da reprodução artificial, cuja diferença está na procedência do material genético fornecido para a fertilização, ou seja, essa distinção é determinada pelo fornecedor do sêmen, ou, no caso de mulher, da fornecedora do óvulo.

Portanto, se um casal, ao realizar a reprodução artificial, utilizar o sêmen ou o óvulo de uma terceira pessoa, a reprodução será caracterizada como heteróloga; por outro lado, se o sêmen do marido ou o embrião é guardado para futura inseminação, caracterizar-se-á como homóloga.

4 A vocação hereditária e a inseminação artificial *post mortem*

Ao tratar da vocação hereditária, o ordenamento jurídico brasileiro, no Código Civil, art. 1.798, dispõe que "Legitimam-se a suceder as pessoas nascidas ou já concebidas no momento da abertura da sucessão".

Vê-se, portanto, que o Código Civil brasileiro dispõe que somente os nascituros e os filhos nascidos são legítimos à sucessão, excluindo a vocação hereditária, sob o ângulo formal, do nascituro ou concepturo não concebido no momento da abertura da sucessão, ou seja, aqueles nascidos por técnicas de reprodução assistida *post mortem*.

Contudo, conforme já salientado, o Código Civil, em seu art. 1.597, inc. III, reconhece a filiação, ainda que de forma presumida, do filho concebido na constância do casamento por meio da técnica de inseminação artificial, em especial, a homóloga *post mortem*, conforme dispõe: "Presumem-se concebidos na constância do casamento os filhos: [...] III - havidos por fecundação artificial homóloga, mesmo que falecido o marido; [...]".

Da análise dos incs. III e IV do art. 1.597 do Código Civil, verifica-se que o texto trata tão somente da presunção de paternidade para filhos já concebidos, ou seja, ao nascituro, cujos direitos a lei põe a salvo desde a sua concepção.

Assim, àquele filho havido *post mortem*, mas já concebido antes do óbito (embrião excedentário) com anuência do pai, com base no art. 1.798 do Código Civil, será reconhecido, não só o direito à filiação, mas também os direitos sucessórios, assim como àqueles já nascidos ou concebidos na data do óbito por inseminação artificial homóloga ou heteróloga, neste caso com autorização prévia do pai ou companheiro. Contudo, se a concepção ocorrer *post mortem*, os direitos sucessórios tornam-se incertos, por ausência de regulamentação específica.

Numa primeira análise, parece que o legislador pretendeu destacar a presunção de filiação, quando falecido o marido, apenas para o filho havido por fertilização *in vitro* homóloga, ignorando todas as outras formas de reprodução assistida existentes.

No entanto, na fertilização *in vitro*, a fecundação ocorre fora do corpo materno, sendo que os embriões podem permanecer criopreservados por muito tempo, gerando discussões acerca do momento da origem da vida e de quando o ser humano é considerado como tal para efeitos jurídicos.

O citado artigo, apesar de regulamentar sobre o embrião ainda não implantado, nada menciona quanto aos direitos sucessórios, quanto à necessidade de autorização em vida do marido ou companheiro para que ocorra a reprodução assistida póstuma, tampouco quanto aos prazos que se devem respeitar para tal feito.

4.1 Da necessidade de autorização do pai

Na tentativa de solucionar os problemas em torno do assunto, na I Jornada de Direito Civil, promovida, em setembro de 2002, pelo Centro de Estudos Judiciários do Conselho da Justiça Federal, o Enunciado nº 106 tratou da matéria no seguinte sentido:

> Art. 1.597, inc. III: Para que seja presumida a paternidade do marido falecido, será obrigatório que a mulher, ao se submeter a uma das técnicas de reprodução assistida com o material genético do falecido, esteja na condição de viúva, sendo obrigatório, ainda, que haja autorização escrita do marido para que se utilize seu material genético após sua morte.

Nessa mesma direção é o entendimento de alguns doutrinadores, como Sílvio Venosa (2011, p. 237):

> O inciso III do art. 1.597, ao presumir concebidos na constância do casamento os filhos "havidos por fecundação artificial homóloga, mesmo que falecido o marido", traz à baila a necessidade de autorização do

marido para essa fecundação, bem como o fato de a genitora estar na condição de viúva. Se casada com terceiro, é evidente que não se atende à intenção da lei e cria-se uma situação inusitada. O mesmo se diga no tocante aos embriões excendentários do inciso IV.

Já o Conselho Federal de Medicina disciplinou, através da Resolução nº 1.957/10, em seu Capítulo VIII, que dispõe sobre a reprodução assistida *post mortem*, o seguinte: "Não constitui ilícito ético a reprodução assistida *post mortem* desde que haja autorização prévia especifica do(a) falecido(a) para uso do material biológico crio preservado de acordo com a legislação vigente".

A citada normatização autoriza, portanto, o uso de material genético deixado por uma pessoa que já morreu, desde que em vida ela tenha manifestado esse desejo por escrito.

Conclui-se que essa manifestação expressa do *de cujus* acaba com qualquer dúvida quanto ao seu desejo de ser pai, de onde se pode presumir também a sua vontade de garantir todos os direitos a esse filho, inclusive o direito à herança.

Portanto, há que se considerar que, na ausência de tal manifestação expressa, o consentimento do marido para que a esposa faça uso de seu material genético após a sua morte, para fins de reprodução assistida, pode ser aferido de outras formas, que não um documento escrito.

Foi nesse sentido que decidiu o Juiz de Direito da 13ª Vara Cível da Comarca de Curitiba, concedendo liminar autorizando a professora Katia Lernerneier, de 38 anos, a tentar engravidar com o sêmen congelado do marido, que morreu em fevereiro de 2010. Nesse caso, o juiz entendeu que havia uma "manifestação expressa" de vontade do pai quanto à paternidade, embora não houvesse deixado por escrito tal assentimento.

Foi a primeira decisão judicial brasileira sobre reprodução póstuma, sendo que, no fim de setembro de 2010, Katia engravidou e em junho de 2011 nasceu a criança que teve direito à filiação, mas não direito à herança, pois o assunto não foi abrangido pela decisão que deu a autorização para a inseminação *post mortem*, mesmo sem o consentimento expresso do genitor.

Contudo, percebe-se claramente a tendência do Judiciário brasileiro em defender o direito de procriação inerente aos pais, ainda que morto o doador, visando à concretização do princípio da dignidade da pessoa humana.

De todo modo, mesmo que não haja consentimento expresso do *de cujus* em relação à utilização de seu material reprodutivo para fertilização, a criança, uma vez nascida, deverá ter todos os seus direitos assegurados em relação ao *status* de filho.

Dessa forma, enquanto a legislação não avançar no sentido de regulamentar a matéria, a doutrina e a jurisprudência encontrarão uma série de dificuldades quanto à sua aplicação real, não limitando a pacificação do assunto, visto que cada caso é tratado de acordo com o pensamento de cada julgador que venha a se deparar com a situação concreta.

5 Entendimentos doutrinários sobre a matéria

Em decorrência da falta de regulamentação específica acerca da problematização da técnica de inseminação artificial *post mortem*, existem diversos entendimentos doutrinários. Alguns se posicionam a favor de se resguardar os direitos sucessórios nestes casos; outros são contra, por respeito ao princípio de *saisine* e da segurança jurídica, vigentes na legislação brasileira.

Tais divergências ocorrem devido ao fato de o legislador, ao formular a regra contida no art. 1.798 do Código Civil, não ter concebido os avanços científicos atuais na área da reprodução humana, adotando os parâmetros do antigo Código de 1916, ao se referir apenas às pessoas já concebidas, excluindo os filhos concebidos mediante inseminação artificial *post mortem* da sucessão legítima, apesar da presunção de paternidade admitida pelo mesmo diploma legal.

Diante das diferentes interpretações sobre o tema, podemos identificar três correntes que dividem o posicionamento dos doutrinadores.

A primeira corrente entende que o embrião fecundado *post mortem* não possui direito sucessório. Os adeptos dessa corrente defendem a impossibilidade de sucessão em virtude do disposto no art. 1.798 do Código Civil, que prevê a legitimidade a suceder somente para pessoas nascidas ou já concebidas no momento da abertura da sucessão.

Assim, entendem que o filho inseminado após o falecimento do seu genitor é incapaz de suceder e que o direito civil brasileiro deveria dispor de forma expressa a proibição da técnica de inseminação artificial humana *post mortem*, evitando, assim, interpretações divergentes. É o que defende Guilherme Calmon Nogueira da Gama (2003, p. 1000):

> No estágio atual do direito brasileiro não há como se admitir a legitimidade do acesso da viúva ou da ex-companheira (por morte do ex-companheiro) à técnica de reprodução assistida homóloga *post mortem*,

diante do princípio da igualdade de direitos entre os filhos. Contudo, se a técnica for empregada, a paternidade poderá ser estabelecida com base no fundamento biológico e no pressuposto do risco, mas não para fins sucessórios, o que pode conduzir a criança prejudicada a pleitear reparação dos danos materiais que eventualmente sofrer. Nos casos das técnicas de reprodução assistida heteróloga (unilateral), os fundamentos relacionados à paternidade-filiação e à maternidade-filiação são diferentes, porquanto apenas um dos cônjuges (ou companheiros) contribui com seu gameta, normalmente a mulher. O critério do vínculo que se estabelece entre a pessoa do casal que contribui com o seu material fecundante é o biológico, havendo origem na consanguinidade. [...]. Os pressupostos variam de acordo com a presença (ou não) do consentimento do marido (ou companheiro) no acesso da sua consorte à técnica de reprodução assistida heteróloga.

A segunda corrente defende a possibilidade de conceder herança ao filho inseminado *post mortem*, resguardando direitos tanto na sucessão legítima quanto testamentária.

Nesse contexto, José Luiz Gavião de Almeida (2003, p. 104) assevera que não há possibilidade de coibir efeitos patrimoniais ao filho nascido após a morte do pai, em virtude do princípio constitucional da igualdade entre os descendentes:

Os filhos nascido de inseminação artificial homóloga *post mortem* são sucessores legítimos. Quando o legislador atual tratou do tema, apenas quis repetir o contido no Código Civil anterior, beneficiando o concepturo apenas na sucessão testamentária porque era impossível, com os conhecimentos de então, imaginar-se que um morto pudesse ter filhos. Entretanto, hoje a possibilidade existe. O legislador, ao reconhecer efeitos pessoais ao concepturo (relação de filiação), não se justifica o prurido de afastar os efeitos patrimoniais, especialmente o hereditário. Essa sistemática é reminiscência do antigo tratamento dado aos filhos, que eram diferenciados conforme a chancela que lhes era aposta no nascimento. Nem todos os ilegítimos ficavam sem direitos sucessórios. Mas aos privados desse direito também não nascia relação de filiação. Agora, quando a lei garante o vínculo, não se justifica privar o infante de legitimação para recolher a herança. Isso mais se justifica quando o testamento tem aptidão para ser herdeiro.

A terceira corrente considera que é possível estender os efeitos patrimoniais ao filho inseminado *post mortem*, contudo, de acordo com o art. 1.799, I, do Código Civil, a prole eventual (filhos ainda não concebidos) pode herdar somente na sucessão testamentária.

No entanto, entendem que esses efeitos somente serão válidos a título de herança testamentária se observado o prazo do art. 1.800 do Código Civil de 2002, devendo o legislador prever prazo para que a implantação do sêmen do marido falecido ocorra, evitando-se interpretações diversas e preservando a segurança jurídica dos herdeiros existentes ao tempo da abertura da sucessão.

Maria Helena Diniz (2009, p. 550) faz parte desta corrente, entendendo que somente por via testamentária se poderá conceder efeitos patrimoniais ao filho proveniente de inseminação artificial homóloga *post mortem*. A autora destaca:

> [...] a solução dada pelo art. 1.597, III, do novo Código Civil, admitindo a presunção de filiação, será preciso não olvidar que o morto não mais exerce direitos nem tem deveres a cumprir. Não há como aplicar a presunção de paternidade, uma vez que o casamento se extingue com a morte, nem como conferir direitos sucessórios ao que nascer por inseminação *post mortem*, já que não estava gerado por ocasião da morte de seu pai genético (CC, art. 1.798).

Já na concepção de Salomão de Araújo Cateb (2007, p. 179), os filhos ainda não concebidos possuem capacidade testamentária passiva, desde que estejam vivos ao abrir-se a sucessão. Vejamos:

> Os filhos, ainda não concebidos, de pessoas nomeadas pelo testador, têm capacidade testamentária passiva, desde que vivas estas ao abrir-se a sucessão. A lei atende não à falta de personalidade, mas a não-existência do indivíduo, fazendo, contudo, exceção à prole eventual de pessoas designadas pelo testador e existentes na data da abertura da sucessão; [...].

Porém, seguindo a disposição contida no art. 1.800, §4º, decorridos dois anos após abertura da sucessão, não sendo concebido o filho esperado, os bens reservados caberão aos herdeiros legítimos.

Nesse contexto, diante dos três posicionamentos doutrinários, cumpre ressaltar a importância de se fixar prazos para a permissão de tal técnica, bem como a necessidade de autorização expressa do marido ou do companheiro para que a mãe realize a inseminação homóloga *post mortem*, além de que o pai deixe, a título de testamento, que a prole eventual venha a ter seus direitos sucessórios resguardados, com base na segurança jurídica e no melhor interesse para criança. Nesse sentido dispõe Francieli Pisetta (2011, p. 3):

Desta feita, entende-se que, se não for proibida a utilização de técnicas de reprodução assistida homólogas póstumas, mister se faz a preservação dos direitos da criança assim oriunda, sob pena de se incorrer em desrespeito ao princípio da igualdade entre os filhos e da dignidade da pessoa humana. Não obstante, doutro lado tem-se a questão da segurança jurídica. Essa questão pode ser resolvida e/ou controlada mediante o estabelecimento de prazos para a efetivação da reprodução medicamente assistida, protegendo os demais herdeiros do *de cujus* e de eventuais terceiros de boa-fé, além de sanções para aqueles que não observaram tais prazos. Assim, não se estaria tolhendo os direitos sucessórios do filho havido por inseminação artificial ou fertilização *in vitro* homólogas *post mortem* em qualquer caso.

Assim, a questão deve ser analisada à luz dos princípios constitucionais do melhor interesse da criança, da igualdade entre os filhos e da dignidade da pessoa humana, levando em consideração o bem-estar da pessoa concebida por inseminação artificial *post mortem*, no sentido de assegurar-lhe todos os direitos sucessórios.

6 Da aplicação dos princípios constitucionais à reprodução humana *post mortem*

6.1 Princípio da dignidade da pessoa humana

O princípio da dignidade da pessoa humana está consubstanciado no art. 1º, inc. III, da Constituição Federal de 1988:

> Art. 1º A República Federativa do Brasil, formada pela união indissolúvel dos Estados e Municípios e do Distrito Federal, constitui-se em Estado Democrático de Direito e tem como fundamentos: [...]
> III - a dignidade da pessoa humana;

Tal princípio constitui o fundamento e o fim do Estado Democrático de Direito, devendo prevalecer sobre qualquer tipo de avanço científico e tecnológico.

Ademais, a aplicação do princípio da dignidade da pessoa humana abrange não só as pessoas existentes, mas também as futuras gerações, não devendo ser observado apenas para aqueles que querem gerar uma vida, mas para o próprio embrião, de modo que qualquer atitude negativa ao ser humano não nascido viola esse preceito fundamental.

Esse princípio ganha relevância na inseminação artificial *post mortem*, pois ao concluir que o embrião possui dignidade humana e que o pré-implantado já possui qualidade de pessoa nascida, temos a violação dessa garantia constitucional da dignidade da pessoa humana em relação aos filhos concebidos após o falecimento de seu genitor, uma vez que é direito dos filhos a convivência familiar.

Extrai-se daí a necessidade de se chegar a uma unicidade interpretativa, com base na Constituição Federal, de forma a não deixar desacobertadas novas situações, ainda que carentes de regramento normativo específico.

Segundo Ana Cláudia Brandão de Barros Correia Ferraz (2010, p. 24), as transformações médico-científicas devem ser guiadas sempre à luz da dignidade da pessoa humana, como escopo constitucional fundamental:

> A ética da vida, como é chamada a bioética, por alguns, surge no contexto de imprevisibilidade dos resultados das experimentações nas pesquisas com geneterapia, novas formas de procriação com profundas consequências nos conceitos de maternidade e paternidade, sendo premente a necessidade de proteger a espécie humana em face de avanços médicos, tendo como base os princípios éticos, visando sempre buscar os benefícios para o ser humano, dentro dos limites da dignidade humana.

Sendo a garantia fundamental da dignidade da pessoa humana a base fundamental à concessão de direitos, logo, digna é a prole, independentemente da natureza que ocasionou sua concepção, com transmissão hereditária dos bens deixados pelo seu ascendente direito, ainda que este haja falecido à época da fecundação assistida, sendo inoportuna, portanto, a discussão se ambos os sujeitos coexistiam no momento da abertura da sucessão.

6.2 Princípio do melhor interesse da criança e do adolescente

A Constituição Federal assegura o princípio do melhor interesse da criança ao estabelecer diversos direitos à criança e ao adolescente no *caput* do seu art. 227, *in verbis*:

> Art. 227. É dever da família, da sociedade e do Estado assegurar à criança, ao adolescente e ao jovem, com absoluta prioridade, o direito à vida, à saúde, à alimentação, à educação, ao lazer, à profissionalização,

à cultura, à dignidade, ao respeito, à liberdade e à convivência familiar e comunitária, além de colocá-los a salvo de toda forma de negligência, discriminação, exploração, violência, crueldade e opressão.

O Estatuto da Criança e do Adolescente – Lei nº 8.069/90, em seu art. 4º, também consagrou a primazia que todos devem ter no trato dos direitos da criança e do adolescente, assim prevendo:

> Art. 4º É dever da família, da comunidade, da sociedade em geral e do poder público assegurar, com absoluta prioridade, a efetivação dos direitos referentes à vida, à saúde, à alimentação, à educação, ao esporte, ao lazer, à profissionalização, à cultura, à dignidade, ao respeito, à liberdade e à convivência familiar e comunitária.
>
> Parágrafo único. A garantia da prioridade compreende: a) Primazia de receber proteção e socorro em quaisquer circunstâncias; b) Precedência de atendimento nos serviços públicos ou de relevância púbica; c) Preferência na formulação e na execução das políticas sociais públicas; d) Destinação privilegiada de recursos públicos nas áreas relacionadas com a proteção à infância e à juventude.

Vê-se que tal preceito obriga a máxima proteção à criança e ao adolescente, priorizando o seu desenvolvimento físico, psicológico, educacional, cultural, moral e social. Nesse sentido, o autor Guilherme Calmon Nogueira da Gama (2008, p. 80) leciona que:

> O princípio do melhor interesse da criança e do adolescente representa importante mudança de eixo nas relações paterno-materno-filiais, em que o filho deixa de ser considerado objeto para ser alçado a sujeito de direito, ou seja, a pessoa humana merecedora de tutela do ordenamento jurídico, mas com absoluta prioridade comparativamente aos demais integrantes da família de que ele participa. Cuida-se, assim, de reparar um grave equívoco na história da civilização humana em que o menor era relegado a plano inferior, ao não titularizar ou exercer qualquer função na família e na sociedade, ao menos para o direito.

6.3 Princípio do planejamento familiar e da paternidade responsável

A Constituição Federal, em seu art. 226, *caput*, conferiu ao Estado especial proteção à família, sendo ela base da sociedade. Assim, a entidade familiar com alicerce no casamento não é mais a única consagrada pelo direito constitucional.

O §4º do citado art. 226 reconhece a chamada "família monoparental". Nesse sentido, afirma José Afonso da Silva (2008, p. 85):

> Não é mais só pelo casamento que se constitui a entidade familiar. Entende-se também como tal "a comunidade formada por qualquer dos pais e seus descendentes" [...] Essa família monoparental abrange a comunidade de pai ou mãe solteiros e seus descendentes naturais (filhos, netos, etc.) ou por adoção, a comunidade de pai ou mãe divorciados e seus filhos. A dissolução de uniões estáveis também pode gerar uma (ou até duas) família monoparental. A inseminação artificial já tem gerado entidade familiar monoparental. A chamada "produção independente", realizada especialmente por mulheres solteiras que desejam filhos (mas que homem também pode realizar), também pode ser causa de surgimento do fenômeno.

O direito ao planejamento familiar está previsto no §7º do art. 226 da Constituição Federal. Tal dispositivo constitucional admite como um direito à livre decisão do casal sobre o planejamento familiar, fundado nos princípios da dignidade da pessoa humana e da paternidade responsável, de modo que ao Estado só compete, como dever, fornecer recursos educacionais e científicos para seu exercício, estando vedada qualquer forma de intervenção coercitiva por parte de instituições sociais ou privadas.

Desse modo, o direito ao planejamento familiar está relacionado ao direito parental, e consiste no direito de decidir sobre ter ou não filhos, sobre o intervalo que se quer ter entre eles, tê-los de forma livre e responsável, não cabendo intervenção estatal ou da sociedade.

Maria Berenice Dias (2011, p. 123) entende que "o uso das técnicas de reprodução assistida é um direito fundamental, consequência do direito ao planejamento familiar que decorre do princípio da liberdade". Ademais, segundo a autora, se o projeto parental se iniciou durante a vida, será legal e legítima sua concretização através da técnica de inseminação *post mortem*.

6.4 Princípio da isonomia entre os filhos

Com o advento do Código Civil de 2002, o legislador consagrou o princípio da isonomia entre filhos, corrigindo uma disparidade com a Constituição Federal de 1988, também vindo a desaparecer a vinculação entre casamento e a legitimidade da filiação, que consequentemente extinguiu as antigas categorias da filiação mencionadas acima.

Atualmente, todos são apenas filhos, havidos na constância do casamento ou fora dele, conforme dispõe o art. 1.596 do Código Civil:

Art. 1.596. Os filhos, havidos ou não da relação de casamento, ou por adoção, terão os mesmos direitos e qualificações, proibidas quaisquer designações discriminatórias relativas à filiação.

Na Constituição Federal o princípio da igualdade, isonomia ou ainda igualdade com relação à filiação, está previsto no art. 227, §6º, o qual prevê que os filhos terão os mesmos direitos e qualificações, vedando qualquer designação discriminatória relativa à filiação, veja-se:

[...] §6º Os filhos, havidos ou não da relação do casamento, ou por adoção, terão os mesmos direitos e qualificações, proibidas quaisquer designações discriminatórias relativas à filiação.

Da mesma forma, em consonância com o princípio constitucional previsto no art. 227, §6º, o Estatuto da Criança e do Adolescente, em seus arts. 20, 26 e 27, busca garantir o direito à filiação e à igualdade entre filhos:

Art. 20. Os filhos, havidos ou não da relação do casamento, ou por adoção, terão os mesmos direitos e qualificações, proibidas quaisquer designações discriminatórias relativas à filiação. [...]
Art. 26. Os filhos havidos fora do casamento poderão ser reconhecidos pelos pais, conjunta ou separadamente, no próprio termo de nascimento, por testamento, mediante escritura ou outro documento público, qualquer que seja a origem da filiação.
Parágrafo único. O reconhecimento pode preceder o nascimento do filho ou suceder-lhe ao falecimento, se deixar descendentes.
Art. 27. O reconhecimento do estado de filiação é direito personalíssimo, indisponível e imprescritível, podendo ser exercitado contra os pais ou seus herdeiros, sem qualquer restrição, observado o segredo de Justiça.

Tais princípios indicam, portanto, que não há possibilidade de desigualar os filhos em razão de suas origens, devendo ser preservados seus direitos, tanto pessoais, quanto patrimoniais. Conforme definem Cristiano Chaves de Farias e Nelson Rosenvald (2011, p. 111):

A partir dessas idéias, vale afirmar que todo e qualquer filho gozará dos mesmos direitos e proteção, seja em nível patrimonial, seja mesmo na esfera pessoal. Com isso, todos os dispositivos legais que, de algum modo, direta ou indiretamente, determine tratamento discriminatório entre os filhos terão de ser repelido do sistema jurídico.

Nessa linha de raciocínio, Maria Berenice Dias (2011), entende que não se pode dar mais respaldo a uma ficção jurídica do que ao princípio constitucional da igualdade assegurada à filiação, sendo que nada justifica excluir o direito sucessório do herdeiro concebido *post mortem*.

Segundo a citada autora, o filho biológico gerado pela técnica assistida homóloga póstuma deve ser considerado herdeiro legítimo necessário, já que o desejo do genitor decorreu de um planejamento realizado ainda em vida, não devendo ser revogado pelo seu falecimento, independentemente de prazos preestabelecidos.

Nesse mesmo sentido, entende Ana Cláudia S. Scalquette (2010, p. 221):

> [...] Os direitos sucessórios devem sim ser garantidos aos filhos advindos do emprego das técnicas de reprodução artificial *post mortem*, em estrito cumprimento aos mandamentos constitucionais da igualdade, dignidade da pessoa humana e direito à herança, em razão da admissão expressa da presunção de filiação a eles atribuída pelo art. 1.597 do atual diploma civil, embora dentro de determinados limites que devem ser previstos legalmente, a fim de que seja evitada a insegurança das relações jurídicas no que tange à transmissão da herança e sejam igualmente resguardados os direitos dos demais herdeiros.

Assim, aqueles que foram concebidos por inseminação artificial homóloga ou por outros meios de reprodução humana assistida não são diferentes dos filhos concebidos naturalmente, ou dos adotados, devendo ser assegurados todos os direitos constitucionalmente previstos, como o da igualdade entre os filhos e da dignidade da pessoa humana, que devem superar o preceito de *saisine* e a segurança jurídica dos herdeiros já nascidos ou concebidos à época da sucessão.

É importante salientar que o Estatuto da Criança e do Adolescente – Lei nº 8.069/90 fez prevalecer esses princípios ao dispor sobre a adoção *post mortem*.

Com efeito, apesar de a adoção ser uma relação *inter vivos*, o Estatuto da Criança e do Adolescente prevê uma hipótese em que pode ocorrer a adoção após a morte do adotante, em seu art. 42, §6º:

Art. 42. Podem adotar os maiores de 18 (dezoito) anos, independentemente do estado civil. [...]

§6º A adoção poderá ser deferida ao adotante que, após inequívoca manifestação de vontade, vier a falecer no curso do procedimento, antes de prolatada a sentença.

Essa hipótese é possível, como visto acima, quando observados alguns requisitos, quais sejam: o processo de adoção tem que estar em curso e deve haver a inequívoca demonstração da manifestação de vontade do adotante. Assim, admite-se a possibilidade de, na certidão de nascimento da criança, constar o nome do adotante vivo e do falecido. Apesar de a previsão acima ter sido incluída pela Lei nº 12.010/09, a jurisprudência assim já entendia, mesmo não havendo processo de adoção em curso quando da morte do adotante, a exemplo do entendimento do Min. Ruy Rosado de Aguiar, no REsp nº 457.635-PB:

ADOÇÃO PÓSTUMA. PROVA INEQUÍVOCA. O reconhecimento da filiação na certidão de batismo, a que se conjugam outros elementos de prova, demonstra a inequívoca intenção de adotar, o que pode ser declarado ainda que ao tempo da morte não tenha tido início o procedimento para a formalização da adoção. Procedência da ação proposta pela mulher para que fosse decretada em nome dela e do marido pré-morto a adoção do menino criado pelo casal desde os primeiros dias de vida. Interpretação extensiva do art. 42, 5º, do ECA. Recurso conhecido e provido.

Vê-se que o Estatuto da Criança e do Adolescente, ao prever a possibilidade de se conceder a adoção após a morte do adotante, visou garantir ao adotando todos os seus direitos, notadamente no que diz respeito à sucessão hereditária, em perfeita consonância com os princípios constitucionais aqui abordados, devendo tal instituto, portanto, ser aplicado por analogia aos casos de inseminação artificial *post mortem*.

Assim, admitir a possibilidade do não reconhecimento dos direitos da criança concebida mediante fecundação artificial *post mortem* vai contra todos os princípios constitucionais citados e, acima de tudo, fere o desejo dos pais de efetivarem um projeto iniciado em vida, que por razões adversas não se concretizou.

Portanto, a regulamentação da matéria, seja com a adição de novos dispositivos no Código Civil brasileiro, seja através de legislação específica, é medida que se impõe, diante da realidade atual e dos avanços da medicina e biotecnologia, notadamente na área da reprodução humana.

7 Conclusão

Devido aos avanços da ciência e da tecnologia, apresentados pela biomedicina, engenharia genética e o biodireito, notadamente na área da reprodução humana, o direito de família e o direito das sucessões sofreram significativas modificações. Algumas dessas mudanças estão refletidas na Constituição Federal de 1988, que inovou no sentido de resguardar maior proteção, estabelecendo o direito de igualdade entre os filhos.

Nesse contexto, o legislador pátrio, ao editar o Código Civil de 2002, verificou a necessidade de acompanhar o processo tecnológico, estabelecendo algumas das técnicas de reprodução medicamente assistida, por exemplo, a inseminação artificial homóloga e heteróloga.

Não obstante, a Resolução nº 1.957/2010 do Conselho Federal de Medicina trouxe várias modificações referentes à reprodução assistida, inclusive inserindo o item VIII, que trata da reprodução assistida *post mortem*, possibilitando sua técnica de acordo com a legislação vigente e desde que haja prévia autorização do falecido para a permissão de uso do material biológico.

No entanto, ao prever a possibilidade de fertilização após a morte por meio da criopreservação, surgiram vários questionamentos pelos doutrinadores, juristas e demais operadores do direito com relação à situação jurídica do futuro ser que seria concebido.

Quanto ao reconhecimento da filiação, não há dúvidas, tendo em vista que o próprio Código Civil dispõe, em seu art. 1.597, inc. III, que se presumem filhos os "havidos por fecundação artificial homóloga mesmo que falecido o marido".

Contudo, no que se refere à questão dos direitos patrimoniais, estendidos à herança, existem várias implicações e entendimentos contraditórios no sentido de serem ou não considerados herdeiros os filhos concebidos por fecundação artificial *post mortem*, conforme demonstrado.

Não existe normatização específica no ordenamento jurídico brasileiro que trate das implicações jurídicas decorrentes dos direitos patrimoniais nesses casos, apenas três posicionamentos que divergem sobre a sua aplicabilidade ou não, conforme abordado no presente artigo, o que leva os magistrados, ao julgarem casos dessa natureza, a socorrerem-se aos princípios, à analogia e às demais fontes que o direito proporciona.

Assim, estabelecida a presunção de filiação na inseminação artificial homóloga, mesmo que falecido o pai, a criança assim gerada deve ter iguais direitos de família e de sucessões, em comparação com os herdeiros da mesma classe e do mesmo grau, como já é considerado pelo Estatuto da Criança e do Adolescente nos casos da adoção *post mortem*, prevista em seu art. 42, §6º, que pode ser usado por analogia nesses casos.

Portanto, vê-se que é necessário buscar uma solução que melhor atenda aos interesses das pessoas concebidas por inseminação artificial *post mortem*, considerando que devem ter o mesmo tratamento dos filhos já nascidos à época da abertura da sucessão, sendo-lhes garantidos todos os direitos sucessórios, mediante a interpretação extensiva do art. 1.597, inc. IV, do Código Civil e a aplicação dos princípios constitucionais, notadamente o da igualdade entre os filhos, insculpido no art. 227, §6º, da Constituição Federal.

Abstract: The Civil Code recognizes as legitimate to run for inheritance only people born or ever conceived at the time of opening of succession. Thus, as the law was silent as we do not warrant or regulate assisted reproduction, there were doctrinal differences, making the dispute resolution arising out of this mode of reproduction. Hence the need to interpret broadly the prediction of art. 1597, section IV of the Civil Code, recognizing all inheritance rights to those who have been conceived through artificial insemination *post mortem* in order to prevail the fundamental rights provided for in the Federal Constitution.

Keywords: Artificial insemination *post mortem*. Civil Code. Succession rights. Principle of equality.

Referências

AGUIAR JÚNIOR, Ruy Rosado de (Coord.). *Jornadas de direito civil I, III, IV e V*: Enunciados aprovados. Brasília: Conselho da Justiça Federal, Centro de Estudos Judiciários, 2012. Disponível em: <http://www.cjf.jus.br/CEJ-Coedi/jornadas-cej/enunciados-aprovados-da-i-iii-iv-e-v-jornada-de-direito-civil/compilacaoenunciadosaprovados1-3-4jornadadircivilnum.pdf>. Acesso em: 8 jul. 2015.

ALMEIDA, José Luiz Gavião de. *Código Civil comentado*: direito das sucessões, sucessão em geral, sucessão legítima. São Paulo: Atlas, 2003.

BRASIL. *Constituição da República Federativa do Brasil de 1988*. Disponível em: <http://www.planalto.gov.br/ccivil_03/constituicao/constituicaocompilado.htm>. Acesso em: 20 maio 2015.

BRASIL. *Lei nº 10.406 de 10 de janeiro de 2002*. Código Civil. Disponível em: <http://www.planalto.gov.br/ccivil_03/Leis/2002/L10406.htm>. Acesso em: 20 maio 2015.

BRASIL. *Lei nº 8.069 de 13 de julho de 1990*. Estatuto da Criança e do Adolescente. Disponível em: <http://www.planalto.gov.br/ccivil_03/Leis/l8069.htm>. Acesso em: 22 maio 2015.

CATEB, Salomão de Araújo. *Direito das sucessões*. 4. ed. São Paulo: Atlas, 2007.

CONSELHO FEDERAL DE MEDICINA. *Resolução nº 1957/2010* – Normas éticas para a utilização das técnicas de reprodução assistida. Disponível em: <http://www.portalmedico.org.br/resolucoes/CFM/2010/1957_2010.htm>. Acesso em: 20 maio 2015.

DIAS, Maria Berenice. *Manual de direito das famílias*. 8. ed. rev. e atual. São Paulo: Revista dos Tribunais, 2011.

DINIZ, Maria Helena. *O estado atual do biodireito*. 6. ed. rev., aum. e atual. São Paulo: Saraiva, 2009.

FARIAS, Cristiano Chaves; ROSENVALD, Nelson. *Direito das famílias*. 3. ed. Rio de Janeiro: Lumen Juris, 2011.

FERRAZ, Ana Cláudia Brandão de Barros Correia. *Reprodução humana assistida e suas consequências nas relações de família*: a filiação e a origem genética sob a perspectiva da repersonalização. Curitiba: Juruá, 2010.

GAMA, Guilherme Calmon Nogueira da. *A nova filiação*: o biodireito e as relações parentais: o estabelecimento da parentalidade-filiação e os efeitos jurídicos da reprodução assistida heteróloga. Rio de Janeiro: Renovar, 2003.

GAMA, Guilherme Calmon Nogueira da. *Princípios constitucionais de direito de família*: guarda compartilhada à luz da Lei 11.698/08, família, criança, adolescente e idoso. 1. ed. São Paulo: Atlas, 2008.

MONTALBANO, Ana Carolina Oliveira. Inseminação *post mortem* e seus reflexos no direito de família e sucessões. *Revista da Escola Superior da Magistratura de Santa Catarina/ SC – ESMESC*, v. 19, n. 25, 2012. Disponível em: <http://www.revista.esmesc.org.br/re/article/view/48>. Acesso em: 10 jun. 2015.

PISETTA, Francieli. A filiação e o direito sucessório dos filhos havidos por inseminação artificial e fecundação *in vitro* homólogas *post mortem* frente ao Código Civil brasileiro de 2002. *Revista Jus Navigandi*, Teresina, ano 16, n. 3000, 18 set. 2011. Disponível em: <http://jus.com.br/artigos/20022>. Acesso em: 2 jun. 2015.

SCALQUETTE, Ana Cláudia S. *Estatuto da reprodução assistida*. São Paulo: Saraiva, 2010.

SILVA, José Afonso da. *Comentário contextual à constituição*. 6. ed. São Paulo: Malheiros, 2008.

SUPERIOR TRIBUNAL DE JUSTIÇA. Adoção Póstuma – REsp nº 457.635-PB, Rel. Min. Ruy Rosado de Aguiar, T4, Quarta Turma. *DJ*, 19 nov. 2002. Disponível em: <https://ww2.stj.jus.br/processo/pesquisa/?termo=REsp+457635&aplicacao=processos.ea&tipoPesquisa=tipoPesquisaGenerica&chkordem=DESC&chkMorto=MORTO>. Acesso em: 26 jun. 2015.

VENOSA, Sílvio de Salvo. *Direito civil*: direito de família. 11. ed. São Paulo: Atlas, 2011.

Informação bibliográfica deste texto, conforme a NBR 6023:2002 da Associação Brasileira de Normas Técnicas (ABNT):

BARBONE, Arlete Cristina de Moura. Direitos sucessórios da pessoa concebida por inseminação artificial *post mortem* – Supremacia dos princípios constitucionais. In: GONÇALVES, Guilherme Alberto Marinho; HECKERT JÚNIOR, Ival; QUEIROZ JÚNIOR, Antônio Raimundo de Castro (Coord.). *A teoria do direito aplicada*: Seleção dos melhores artigos científicos do Programa de Pós-Graduação da Escola Superior de Advocacia da OAB/MG. Belo Horizonte: Fórum, 2016. v. 1. p. 27-46. ISBN 978-85-450-0109-6.

A MUDANÇA PARADIGMÁTICA COM A MEDIAÇÃO EMPRESARIAL: SUAS LIMITAÇÕES E POSSIBILIDADES NA RESOLUÇÃO ALTERNATIVA DE CONFLITOS

ITAMAR BURATTI

Resumo: O amplo e irrestrito direito de acesso à justiça ocasionou a sobrecarga no Poder Judiciário do Estado na capacidade de solucionar os procedimentos instaurados. A solução de um conflito no âmbito empresarial pode levar de 8 a 15 anos para se ter uma sentença com trânsito em julgado que termine com o litígio. O tempo longo de duração de um procedimento judicial, aliado ao custo alto, por vezes inviabiliza a adaptação da empresa ao mercado que muda suas tendências com celeridade. A busca por meios alternativos de resolução dos conflitos empresariais tem ganhado repercussão e atenção nas empresas que já pensam nas modificações de sua implantação e implementação, pois envolve a todos os departamentos da empresa. A mediação empresarial possui metodologia e procedimento próprios, os quais preservam a liberdade dos envolvidos, sendo que a qualquer momento as partes podem desistir da mediação ou retomá-la. O tempo rápido para solucionar de maneira satisfatória o conflito e o custo reduzido das despesas da mediação, aliados à possibilidade de que o mediador seja profissional ou grupo de profissionais especialistas no foco do conflito têm feito crescer exponencialmente o interesse pela mediação como forma alternativa de resolução de conflitos empresariais.

Palavras-chave: Conflito entre as partes. Resolução alternativa de conflitos. Processo judicial. Arbitragem. Mediação empresarial.

Sumário: 1 Introdução – 2 Panorama da resolução de conflitos no Brasil – 3 As metodologias para resolução de conflitos – 4 A mediação no Novo Código de Processo Civil – 5 A mediação empresarial – 6 Os princípios da mediação empresarial – 7 O procedimento de mediação, suas fases e estrutura – 8 O mediador – 9 Conclusão – Referências

1 Introdução

O acesso à justiça, garantido como direito fundamental pela Constituição da República Federativa do Brasil, proporcionou ao cidadão o meio para obter do Poder Judiciário do Estado um posicionamento e uma solução para os problemas decorrentes das relações jurídicas estabelecidas no seio da sociedade. O aumento vertiginoso das demandas judiciais ocasionou a quase paralisia na solução do Judiciário, pois a cultura da sentença estabeleceu o parâmetro, sendo também o paradigma para resolver os impasses e os conflitos surgidos das relações empresariais. As empresas possuem necessidade de se adaptar às tendências do mercado que se modificam celeremente e exigem ações e operações das empresas para sobreviverem e darem continuidade à atividade empresarial.

Quando uma empresa opta por levar suas demandas com os clientes para serem resolvidas pelo Poder Judiciário, ela observa que o tempo dispendido para solucioná-las por meio de uma sentença em trânsito em julgado é de 8 a 15 anos para finalizar o litígio. A demora na resolução de um conflito ou de uma série deles com os envolvidos pode levar uma empresa à inviabilidade de dar continuidade ao seu foco de atuação.

A busca por meios alternativos de resolução dos conflitos empresariais tem ganhado repercussão e atenção nas empresas, que já pensam nas modificações de sua implantação e implementação, pois envolve todos os departamentos da empresa. Inúmeras empresas têm montado departamentos de integração e de mediação tanto na organização e contato dos departamentos internos, bem como com os relacionamentos externos, ou seja, fornecedores, parceiros, clientes.

A mediação empresarial possui metodologia e procedimento próprios, os quais preservam a liberdade dos envolvidos – a qualquer momento as partes podem desistir ou retomar a mediação. O tempo rápido para solucionar o conflito de maneira satisfatória, bem como o custo reduzido das despesas com mediação, aliados à possibilidade de que o mediador seja um profissional ou um grupo de profissionais especialistas no foco do conflito, têm feito crescer exponencialmente o interesse pela mediação como forma alternativa de resolução de conflitos empresariais.

O presente trabalho se propõe a apresentar e a descrever a mediação empresarial no país como uma forma eficaz, acessiva e célere de solução de conflitos. Ante o novo cenário de resolução de conflitos, nosso trabalho buscará refletir sobre a seguinte questão: quais as possibilidades e limitações do novo paradigma de solução de conflitos empresariais?

A presidenta Dilma Rousseff sancionou, no dia 26.6.2015, a Lei nº 13.140, que dispõe sobre mediação entre particulares como meio de solução de controvérsias e sobre a autocomposição de conflitos no âmbito da Administração Pública; altera a Lei nº 9.469, de 10.7.1997, e o Decreto nº 70.235, de 6.3.1972; e revoga o §2º do art. 6º da Lei nº 9.469, de 10.7.1997. A Lei nº 13.140/2015 tem *vacatio legis* de 180 dias e só entrará em vigor no dia 26.12.2015.

O art. 1º, parágrafo único, da Lei nº 13.140/2015 forneceu um conceito legal para a mediação: "Considera-se mediação a atividade técnica exercida por terceiro imparcial sem poder decisório, que, escolhido ou aceito pelas partes, as auxilia e estimula a identificar ou desenvolver soluções consensuais para a controvérsia".

A mediação pode ter como objeto os direitos disponíveis ou direitos indisponíveis que admitam transação. Contudo, o consenso entre as partes envolvendo direitos indisponíveis, mas transigíveis, deve ser homologado em juízo e exigida a oitiva do Ministério Público, conforme disposto no art. 3º, §2º da lei. Portanto, se o acordo celebrado entre as partes envolver direitos disponíveis, ele deve ser homologado em juízo, com parecer do Ministério Público.

2 Panorama da resolução de conflitos no Brasil

No Brasil, há um perfil de alta litigiosidade judicial, o qual é observado tanto através do crescimento do acesso à justiça quanto pelo número de advogados que estão sendo formados anualmente.

O Brasil tem mais faculdades de Direito do que todos os países no mundo, juntos. Existem 1.240 cursos para a formação de advogados em território nacional enquanto no resto do planeta a soma chega a 1.100 universidades. Os números foram informados pelo representante do Conselho Federal da Ordem dos Advogados do Brasil (OAB) no Conselho Nacional de Justiça (CNJ), o advogado catarinense Jefferson Kravchychyn. "Temos 1.240 faculdades de direito. No restante do mundo, incluindo China, Estados Unidos, Europa e África, temos 1.100 cursos, segundo os últimos dados que tivemos acesso", disse o conselheiro do CNJ. Segundo ele, sem o exame de ordem, prova obrigatória para o ingresso no mercado jurídico, o número de advogados no País –que está próximo dos 800 mil seria muito maior. "Se não tivéssemos a OAB teríamos um número maior de advogados do que todo o mundo. Temos um estoque de mais de 3 milhões de bacharéis que não estão inscritos na Ordem", afirmou Kravchychyn.[1]

Serão esses profissionais recém-formados que intermediarão o acesso à justiça por meio de suas instâncias e tribunais até encontrarem uma solução para o conflito que desencadeou o litígio judicial.

As soluções para as demandas conflitivas são, na maioria das vezes, de longa duração e, por vezes, tornam-se onerosas, somando-se a isso a exposição negativa que o processo judicial pode atrair no caso da atividade empresarial. A sociedade brasileira nos últimos 25 anos passou por transformações significativas, basta observar o aumento das relações consumeristas, os serviços de telecomunicações, o acesso ao crédito bancário, ao crédito imobiliário, dentre outros avanços.

Além disso, vivemos hoje em uma era em que o acesso ocorre em inúmeras possibilidades de serviços anteriormente escassos. O tempo hodierno caracteriza-se pela facilitação do acesso ao crédito, ao sistema bancário, à aviação, às telecomunicações (internet, celular, *smartphones*, TV por assinatura), bem como a itens de consumo difundido pelo sempre crescente aumento da abertura de *shopping centers*, dentre outros.

Como visto, o Brasil possui um dos maiores contingentes de profissionais de advocacia do mundo, ficando atrás apenas dos Estados Unidos. Em contrapartida a expansão do ensino universitário no Brasil resultou em uma massiva abertura de faculdades de direito. Um dado impressionante é que em 2010 no Brasil havia 1.240 cursos de direito em funcionamento, enquanto no restante do mundo havia 1.100 universidades preparando os profissionais do direito.

Nesse contexto, no Brasil há uma cultura instituída da sentença. A distorção provocada por este *modus operandi* sobrecarrega o Poder Judiciário, que não evolui ou se atualiza para atender a esse número exponencial de acesso à justiça. Sem dúvida, o crescimento da litigância ocorre devido ao pujante aumento do consumo em suas múltiplas possibilidades. Ao pesquisarmos quem são as principais litigantes no Poder Judiciário constatamos que as grandes empresas públicas e privadas lideram o topo das reclamações. Sendo assim, isso sobrecarrega

---

[1] OAB – CONSELHO FEDERAL. *Brasil, sozinho, tem mais faculdades de Direito que todos os países*. Disponível em: <http://www.oab.org.br/noticia/20734/brasil-sozinho-tem-mais-faculdades-de-direito-que-todos-os-paises>. Acesso em: 4 jul. 2015.

o Judiciário, bem como aumenta cada vez mais a quantidade de recursos e congestionamento das instâncias jurídicas e dos Tribunais.

Ante esse panorama desalentador, abrem-se no horizonte da interpretação da resolução dos conflitos e do acesso à justiça, como princípio assegurado pela Constituição Federal, métodos mais abrangentes, para assim superar a interpretação exclusivista e restritiva do acesso à justiça ser apenas válido ante a atuação do Poder Judiciário.

Assim, a proposta que se apresenta como alternativa mais abrangente são os métodos de Resolução Adequada dos Conflitos ou Disputas. Nesses métodos, destacamos a arbitragem, a mediação e a conciliação. Não restam dúvidas de que a boa prática desses métodos alternativos de resolução e conflitos reduziriam o tempo para que a demanda fosse dirimida, além de ter o benefício de reduzir o anseio por uma sentença judicial, de recursos e execuções.

Ademais, a resolução alternativa traz benefícios decorrentes da especialidade do conflito, das peculiaridades e particularidades das partes, da possibilidade de manter a demanda em disputa bem como sua resolução em sigilo. O princípio do sigilo presente na arbitragem ou mediação torna-se uma estratégia de planejamento, pois realiza a proteção da empresa do risco de ter sua demanda solucionada pelo Poder Judiciário, que atua sobre a salvaguarda do princípio da publicidade.

A legislação a partir dos anos 1990 estimulou a autocomposição com inúmeros projetos de lei em diversos campos, como a mediação civil e a mediação comunitária, em que se destaca a relevante contribuição do Programa de Extensão Polos de Cidadania da UFMG, que fomentou a pesquisa acadêmica, aliada à prática em diversos locais de atuação em territórios de maior vulnerabilidade em Belo Horizonte e, posteriormente, tornando-se política pública de segurança no estado de Minas Gerais; a mediação vítima – opressor; a conciliação previdenciária e a conciliação em ações de despejo de posseiros e em casos de desapropriação.

No Congresso Nacional tramitaram 2 projetos de lei com o intuito de regulamentarem a mediação: a) o Projeto de Lei nº 4.827, de 1998, que institui a mediação como método alternativo para dirimir litígios pela via da construção compartilhada da solução do conflito e; b) o projeto proposto pelo Instituto Brasileiro de Direito Processual de 2001, que instituía a mediação paraprocessual como caminho complementar para equalizar os conflitos no processo civil.

Ambos os projetos não foram aprovados pelas Casas Legislativas. Somente com a institucionalização do CNJ (Conselho Nacional de Justiça) em 2004 é que teve início o movimento para consolidar políticas públicas com o intuito de dirimir litígios de maneira alternativa e complementar. Com esse trabalho progressivo, o CNJ aprovou a Resolução nº 125, de 2010.

A previsão e o amparo legal da mediação ganharam força infraconstitucional com a sanção da Presidenta da República, no dia 26.6.2015, da Lei nº 13.140, que emana as diretrizes, os princípios, e os procedimentos para a efetivação da mediação como um meio de resolução alternativo de conflitos.

Sem dúvidas o marco que se torna divisor na abordagem de solução dos conflitos interpessoais é a Resolução nº 125; sua máxima consolidação ocorrendo com a sanção da Lei nº 13.140/2015, que passou a integrar nosso ordenamento jurídico. Essa resolução operou uma verdadeira virada paradigmática nos profissionais envolvidos, nos magistrados, nos advogados, nos tribunais, bem como influenciou o Executivo na elaboração de políticas públicas específicas.

A Resolução nº 125 do CNJ representa uma quebra no paradigma na resolução dos conflitos em disputa. Essa ruptura paradigmática é verificada nos objetivos dos quais dispõe:

1. Disseminar a cultura da pacificação social e estimular a prestação de serviços compositivos de qualidade.
2. Incentivar os tribunais a se organizarem e a planejarem programas de autocomposição.
3. Reafirmar a função de agente apoiador da implantação de políticas pública do CNJ.

O CNJ, por meio da Resolução nº 125, obriga os tribunais a organizarem e estruturarem Núcleos Permanentes de Métodos Consensuais para dirimir controvérsias. O objetivo é que o tribunal desenvolva e implemente um programa planejado de Resolução Alternativo de Conflitos.

Cada tribunal também tem o compromisso de criar Centros Jurídicos de Solução de Conflitos e Cidadania, com a finalidade de proporcionar sessões de conciliação e mediação no tribunal e auxiliar as varas e juizados especiais nas conciliações e mediações.

A resolução, em seu anexo, apresenta a necessidade de capacitação dos mediadores, bem como de um Código de Ética para orientar os procedimentos adequados pelo profissional mediador. A novidade apresentada pela resolução está na diversidade de métodos para buscar uma solução consensual e compartilhada pelas partes. A resolução leva em consideração as particularidades e especificidades que cada demanda apresenta.

Nesse sentido, a mudança paradigmática está na atuação com interface e presença das inúmeras instituições do sistema judiciário, ou seja, o Ministério Público, a Defensoria Pública e as diversas secretarias de estado e ministérios de Governo para que a resolução do conflito seja implementada com efetividade. Com essa óptica de abordagem, constrói-se um sistema pluriprocessual, composto pela arbitragem, pela mediação, pela conciliação e também pelo processo judicial. Nesse contexto cada método apresenta vantagens e desvantagens que devem ser levadas em consideração, em vista das características peculiares e específicas de cada conflito.

3 As metodologias para resolução dos conflitos

Os conflitos interpessoais podem ser resolvidos de inúmeras maneiras. Os meios de resolução de conflitos podem ser divididos em 3 grupos principais, ou seja, em heterocomposição, em autotutela e em autocomposição.

1) Na heterocomposição, os métodos utilizados para solucionar o conflito são transferidos para uma terceira pessoa, assim os envolvidos não possuem o controle do processo de resolução. A dinâmica empreendida nesse processo estabelece um vencedor e um perdedor. São 4 os principais métodos dos quais a heterocomposição dispõe: a arbitragem, a decisão legislativa, a decisão jurídica e a decisão administrativa.

Se há dicho com razón que de todos los medios de solución de los conflitos, la heterocomposición es indudablemente el más perfecto. Se caracteriza por ser un medio que opera a través de la intervención de un tercero imparcial, a quien las partes han acudido. Este sujeto se compromete o viene obligado, por razón de su oficio, a emitir una solución, cuyo cumplimiento deberán acatar las partes, lo que hace que se sitúe o actúe no inter partes sino supra partes. ... El efecto satisfactivo de la solución no se alcanza ya con una mera decision, sino con una decisión motivada, razonada y razonable, idónea para ser entendida por los litigantes y por la sociedade, incompatible con la arbritrariedade y susceptible de ser somentida a control. En efecto, el esquema básico de las fórmulas heterocompositivas se há completado en el moderno sistema.[2]

---

[2] MUÑOS, Helena Soleto. *Mediación y resolución de conflitos*: técnicas y ámbitos. Madri: Tecnos, 2011. p. 33.

a) A arbitragem é um método em que o procedimento é privado. Com isso, as partes envolvidas procuram um terceiro que está neutro ao conflito, ou um grupo de julgadores desinteressados na causa em disputa para decidirem e porem fim ao conflito em pauta. A arbitragem, por abordar os fatos e os direitos, apresenta semelhança com o processo judicial realizado no Poder Judiciário. As causas apreciadas na arbitragem são as que envolvem maior porte econômico, além de serem mantidos o sigilo e a celeridade na resolução na maioria dos casos. Encontramos na prestigiada obra espanhola de Helena Soleto Muños uma boa definição do conceito de arbitragem:

> [...] ele arbitraje sólo se pone en marcha cuando media um acuerdo previo de las partes para somerterse com carácter voluntario a él. Faltando dicho acuerdo, el Estado no presta la protección que la ejecutoriedade incondicionada supone a la solución dada por un tercero imparcial, fuera de los casos en que quien actúe sea un órgano por él estabelecido a tal fin: un órgano jurisdiccional. Junto a ello, há de tenerse en cueta que el marco de relaciones que posibilita el arbitragem es sustancialmente más reducido que el ámbito que el ámbito em que el órgano juridiccional opera: el arbitraje se circunscribe a las materias sobre las que las partes pueden disponer libremente, em tanto que a través del processo se pueden componer o resolver cualquier tipo de conflictos derivados de cualesquiera relaciones jurídicas.[3]

A arbitragem torna-se um meio eficiente de dirimir conflitos, tendo como pontos positivos a celeridade da prestação jurisdicional ofertada pelo árbitro único ou pelo tribunal arbitral instituído, além de se esperar que a apreciação do caso seja realizada com profundidade, preparação adequada, conhecimento específico e a fundamentação da sentença arbitral traga uma qualidade superior às emanadas pelo Poder Judiciário, devido à enorme demanda que este possui. No Brasil, encontramos na obra de Carlos Alberto Carmona uma definição do conceito de arbitragem, a qual apresentamos a seguir:

> A arbitragem – meio alternativo de solução de controvérsias através da intervenção de uma ou mais pessoas que recebem seus poderes de uma convenção privada, decidindo com base nela, sem intervenção estatal,

---

[3] MUÑOS, Helena Soleto. *Mediación y resolución de conflitos*: técnicas y ámbitos. Madri: Tecnos, 2011. p. 34.

sendo a decisão destinada a assumir a mesma eficácia da sentença judicial – é colocada à disposição de quem quer que seja, para solução de conflitos relativos a direitos patrimoniais acerca dos quais os litigantes possam dispor.

Trata-se de mecanismo privado de solução de litígios, por meio do qual um terceiro, escolhido pelos litigantes, impõe sua decisão, que deverá ser cumprida pelas partes. Esta característica impositiva da solução arbitral (meio heterocomposição positivo de solução de controvérsia) a distância da mediação e da conciliação, que são meios autocompositivos de solução de litígios, de sorte que não existirá decisão a ser imposta às partes pelo mediador ou pelo conciliador que sempre estarão limitados à mera sugestão (que não vincula as partes).

Diz-se que a arbitragem é meio alternativo de solução de controvérsia somando-se como referência o processo estatal – meio heterocompositivo por certo mais empregado para dirimir conflitos. Carnelutti preferiu designar a arbitragem como equivalente jurisdicional, por entender que a jurisdição somente poderia ser exercida pelo Estado, reconhecendo ao juízo arbitral apenas semelhante com o método estatal de composição de lides.[4]

b) Na decisão legislativa as decisões são de grande repercussão, sendo que os envolvidos apresentam-se em grande número de indivíduos. A dinâmica aqui empreendida também é de ganhador e perdedor no final da controvérsia. Nesse sentido, a pessoa só tem participação ou influência mediante a pressão social ou política exercida sobre o legislador envolvido na votação e discussão do tema em pauta.

c) Na decisão administrativa existe a busca da tentativa de equilibrar as necessidades e os interesses tanto da Administração Pública como da pessoa envolvida. Na maioria dos casos, existe uma disputa interna na organização privada ou pública, sendo necessária a escolha de uma terceira parte que, após a sindicância, o contraditório e a autodefesa, decide o litígio demandado.

d) A decisão judicial exige a intervenção do Estado por meio do Poder Judiciário. O conflito que estava na esfera privada é encaminhado para a solução pública. As pessoas envolvidas no litígio buscam a intermediação de profissionais habilitados do direito, para que os representem ante o juízo e exerçam a

---

[4] CARMONA, Carlos Alberto. *Arbitragem e processo*: um comentário à Lei nº 9.307/96. 3. ed. São Paulo: Atlas, 2009. p. 8.

defesa de seus interesses e direitos. A solução advém após uma longa fase de conhecimento e recursos por meio de sentença de um juiz ou acórdão de tribunal. As decisões são tomadas respeitando-se a lei e a jurisprudência. A dinâmica revelará quem estava certo e será vencedor e quem estava errado e será considerado perdedor.

2) A autotutela é o meio extralegal, pois não possui o procedimento tutelado pelo Estado, não tendo o reconhecimento social aceitável, já que faz uso de instrumentos de coerção fortes para intimidar e coagir a parte oponente, buscando que esta ceda à demanda em conflito.

A autotutela poderá ser utilizada de duas maneiras. De um lado, temos a ação direta não violenta da qual fazem parte as greves, as manifestações, os piquetes e o locaute. A pressão é realizada por um indivíduo ou por um coletivo que pressiona para que a outra parte adote um comportamento que satisfaça ou até mesmo amenize a pressão. Há também os casos de desobediência civil, na qual ocorre violação às normas e leis vigentes para que o oponente se obrigue a praticar ações ou atividades que satisfaçam o grupo reivindicante. De outro lado, temos a utilização da coerção física e da violência. As ações buscam atingir o custo das operações e ações da parte contrária, obrigando-a a ceder às pressões e pleitos. Quando ocorre o uso da coerção física, uma das partes deverá ter poder maior ou suficiente para prejudicar o oponente.

3) A autocomposição é um mecanismo intermediário para a solução dos conflitos, que se caracteriza por apresentar as partes em litígio:

La autocomposición representa un mecanismo intermedio para la solución de los conflitos que se caracteriza por ser las partes en litigio quienes, bien por un sacrificio unilateral, bien por mutuo acuerdo en sus respectivas posiciones iniciales mantenidas al tiempo del planteamiento del conflito, deciden ponerle fin. En este sentido, tal y como sostiene GIMENO, dentro de esta evolución de los medios de solución de los conflitos la autocomposición aparece como una fórmula más civilizada. Este método partcipia de algunos caracteres de la autotutela en la medida en que, en ambos casos, el conflito es solucionado por los próprios interesados, sin que altere la natureza autocompositiva la eventual intervención de un tercero, cuya función se limita a aproximar a las partes al objeto de favorecer el consenso (tercero inter partes y no supra partes). Esta posición impide que el tercero pueda imponer coactivamente solución alguna, aspecto que distingue claramente las fórmulas autocompositivas com intervención de tercero de la heterocomposición.[5]

A autocomposição como método divide-se em 3 processos distintos: negociação, mediação e conciliação.

Na negociação os interessados se agregam voluntariamente para que ocorra a troca de conhecimentos, informações procedimentos, interesses e necessidades em uma relação temporal. Desse modo a negociação é uma forma autocompositiva direta, sem a intervenção de um terceiro desinteressado e neutro. Caso a negociação tenha dificuldade de se concretizar, poderão as partes escolher a interferência de um terceiro neutro, desinteressado e imparcial que as auxiliará a chegar a um acordo consensual. Tanto a mediação quanto a conciliação são métodos autocompositivos indiretos, devido à presença e à interferência de um terceiro para que ocorra o acordo de vontades.

Nos 3 métodos da autocomposição, podem ocorrer inúmeros desdobramentos, por exemplo:

I) As partes não são obrigadas a efetivarem um acordo.

II) As partes envolvidas apresentam maior poder de resolução, tendo maior controle sobre o processo.

III) As soluções são elaboradas considerando os interesses e as necessidades dos envolvidos.

IV) As partes têm a prerrogativa durante o processo de suspender, continuar, abandonar ou retomar as negociações a qualquer momento.

V) A dinâmica estabelecida na relação entre as partes é de ganha-ganha, pois a finalidade é encontrar uma justa medida para os interesses dos envolvidos.

VI) Há comunicação direta entre as partes, sendo que o mediador age como facilitador do processo de comunicação.

VII) Tende-se a criar opções, buscando-se superar os problemas econômicos, existindo a possibilidade de dialogar sobre questões que não estão relacionadas ao foco e ao objetivo da disputa, mas que influenciam a dinâmica do conflito.

---

[5] MUÑOS, Helena Soleto. *Mediación y resolución de conflitos*: técnicas y ámbitos. Madri: Tecnos, 2011. p. 31.

4 A mediação no Novo Código de Processo Civil

O art. 3º do Novo CPC prevê que "não se excluirá da apreciação judicial ameaça ou lesão a direitos ressalvados os litígios voluntariamente submetidos à solução arbitral na forma da lei". Com a salvaguarda legal de que não haverá violação a direito e à lei por parte dos integrantes de um procedimento de mediação, pois a qualquer momento uma das partes poderá desistir da mediação e optar que ela seja apreciada pelo Poder Judiciário.

O Novo CPC traz em seu texto o reconhecimento da mediação:

> O sistema multiportas de solução de controvérsias já existente em nosso sistema jurídico de modo claro, desde a Lei dos Juizados Especiais (9.099/1995) e alteração do art. 331 do CPC/1973 (Lei 10.444, de 07.05.2002), e passa a contar com um marco legal específico para a mediação e o Projeto de Novo Código de Processo Civil passa a sistematizar, ainda que com algumas críticas, os métodos de solução de conflitos e a sua dinâmica. Todo esse esforço, sem dúvida, vem também na esteira na Res. CNJ 125.[6]

A mediação encontra respaldo legal em suas múltiplas possibilidades: comunitária, consumerista, familiar, civil e empresarial, ao ser tutelada legalmente por parte do legislador. Embora a mediação no CPC tenha o enfoque judicial, a ampliação do horizonte de interpretação expande sua abrangência envolvendo os procedimentos de mediação conduzidos por particulares.

O Projeto de novo Código de Processo Civil, em seus arts. 166 e ss., trata dos casos de conciliação e mediação judicial, ou melhor, diz que tratará para depois abarcar questões envolvendo a mediação e a conciliação extrajudicial e até mesmo a conciliação e a mediação na administração pública (art. 175 do Projeto de CPC). O PL 517/2011, por sua vez, trata dos casos de composição de conflitos entre particulares e no âmbito da Administração Pública. A Res. CNJ 125, finalmente, trata da Política Judiciária Nacional de tratamento adequado dos conflitos de interesses no âmbito do Poder Judiciário.[7]

---

6 WALD, Arnoldo (Coord.). *Revista de Arbitragem e Mediação – RARB*, São Paulo, ano 11, n. 41, abr./jun. 2014. p. 23.

7 WALD, Arnoldo (Coord.). *Revista de Arbitragem e Mediação – RARB*, São Paulo, ano 11, n. 41, abr./jun. 2014. p. 23.

Vale ressaltar que são aplicados os mesmos princípios, isto é, fases da mediação judicial. Nosso estudo foca na apresentação da mediação empresarial no âmbito e na condução por particulares. Houve uma evolução significativa com a presença da mediação no Novo CPC, mesmo não tendo somente seu enfoque judicial disposto. Com a sanção da Presidente da República da Lei nº 13.140, de 26.6.2015, a mediação encontra salvaguarda legal e, após o período de *vacio legis*, que é de 180 dias, terá sua aplicação aos casos previstos.

5 A mediação empresarial

Até o momento, construímos um cenário das origens dos motivos e das finalidades, bem como a diversidade de resolução dos conflitos de maneira alternativa e consensual por meio da arbitragem, conciliação, mediação e processo judicial. Doravante abordaremos a mediação, que também possui inúmeras possibilidades, como a mediação comunitária, de políticas públicas, consumerista, empresarial, contratual, obrigacional, familiar, entre outras. Contudo, nosso trabalho segue com o enfoque na mediação empresarial.

A mediação empresarial vem sendo praticada no Brasil ainda timidamente. Existem diversos casos de sucesso de mediação no país em setores como seguro, resseguro, construção civil, energia, contratos comerciais, questões societárias e disputas internacionais, envolvendo grandes e importantes empresas nacionais e internacionais que atuam no Brasil e renomados escritórios de advocacia. O volume de casos ainda é pequeno e são poucos os profissionais que trabalham com mediação empresarial em tempo integral. A "promessa da mediação" no Brasil, todavia, é grande, seguindo a forte tendência mundial e dos movimentos que surgem de todas as partes da sociedade.[8]

Para que a mediação empresarial seja de fato consolidada no Brasil como método alternativo de resolução de conflito as empresas devem prevê-la em seu planejamento estratégico, pois será o planejamento estratégico que definirá os objetivos operacionais e estratégicos a serem buscados pela empresa. Nesse sentido o planejamento estratégico é o instrumento que define os resultados a serem obtidos, as metas, as atividades, os apoiadores e o financiamento. Sendo assim, é nesse

---

[8] WALD, Arnoldo (Coord.). *Revista de Arbitragem e Mediação – RARB*, São Paulo, jul./set. 2014. p. 264.

momento que a mediação deverá ser incluída no organograma da instituição empresarial. Assim, haverá como saber a visão da empresa a longo prazo, e a inserção da mediação auxiliará a saber que a implementará e o modo como será executada, criando uma cultura institucional de mediação para os possíveis conflitos que surgirem.

As empresas atualmente possuem a consciência do impacto positivo que a utilização dos métodos alternativos traz para a sua imagem no mercado. Uma pesquisa de satisfação implantada pelo Tribunal de Justiça do Distrito Federal revelou que as empresas que participam das sessões de conciliação tiveram uma melhoria de sua imagem na relação empresa-consumidor. As empresas que não buscaram negociar antecipadamente foram impactadas negativamente com relação à imagem deixada em seus clientes. Em contrapartida o desgaste no relacionamento após um longo processo judicial traz sempre impactos negativos, desde a rescisão contratual até a redução do banco de clientes, além do aumento dos custos da atividade empresarial.

A empresa que escolhe resolver suas demandas por meio de um processo judicial vê crescer o custo para manter o percurso legal do processo, como também o investimento em *marketing* para reverter a imagem negativa deixada no consumidor e no mercado, sendo que os custos com os processos judiciais podem chegar a até 2% do faturamento empresarial, dados esses pesquisados no ano de 2012.

> O deslocamento da atenção em direção à mediação se dá fundamentalmente pelo fato de que o método atende melhor às principais estratégias empresariais de gerenciamento de disputas: o controle de custos durante o processo e de riscos do resultado. Ademais, como revelam as pesquisas, a adoção do processo de mediação por essas empresas tem gerado alta insatisfação. As reações ao litígio ou arbitragem raramente provocam o mesmo grau de satisfação.[9]

Portanto, para que uma empresa aumente seus lucros, satisfaça seus clientes e reduza seus custos de maneira eficiente, um caminho apropriado é incluir em seu planejamento estratégico a busca de resolução de conflitos por meio de métodos alternativos como a mediação empresarial. Em 2014 foi realizado o I Encontro Brasileiro pela Solução Pacífica dos Conflitos Empresariais, iniciativa promovida pelo Sebrae e pela Confederação das Associações Comerciais e Empresariais

---

[9] WALD, Arnoldo (Coord.). *Revista de Arbitragem e Mediação – RARB*, São Paulo, jul./set. 2014. p. 265.

do Brasil, pela Secretaria de Reforma do Judiciário do Ministério da Justiça e pelo Conselho Nacional de Justiça.

A empresa que adotar a mediação como forma de resolução de seus conflitos deve organizar a sua dinâmica para que todos os departamentos participem dessa cultura institucional de mediar, e não somente o departamento jurídico da empresa. A nova abordagem administrativa exige uma constante e efetiva comunicação entre os departamentos de *marketing*, de planejamento, jurídico, de atendimento, de logística, de estratégia, entre outros.

A mediação empresarial configura-se como a busca entre as partes por meio de posturas e condutas de pacificação que alcancem com a facilitação do diálogo uma solução prática que atenda às necessidades, aos interesses e à satisfação de ambas as partes. A cultura da sentença, advindo da prolação de um juiz neutro, imparcial, desaparece com a solução construída consensualmente por meio do diálogo interpessoal. A dinâmica ganhador-perdedor advinda do processo jurídico cede espaço à dinâmica ganhador-ganhador da mediação.

A mediação empresarial oferece uma metodologia que resultará na resolução do conflito de maneira mais eficiente se considerarmos os fatores pessoais, econômicos, de *marketing* e o tempo de duração. Sem dúvida alguma a mediação traz uma resolução em muito menos tempo, isto é, entre 1 e 60 dias, dependendo das negociações necessárias para o consenso instaurar-se. No aspecto econômico, a vantagem encontra-se na ausência de multas e na atualização dos valores e juros agregados, os quais a dinâmica empresarial muda com rapidez e conforme as tendências do mercado. Essas, por sinal, não aguardam o tempo do processo judicial, mas em questão de meses mudam de direção e exigem respostas ágeis e estratégicas.

No aspecto pessoal, as partes saem do conflito satisfeitas, pois utilizaram de seu poder de convencimento ou de cessão para buscar um resultado compartilhado. Vale ressaltar que a mediação é caracterizada pela liberdade e pela autonomia de negociar, pois não se submete ou obriga a uma parte participar desse método alternativo de solução do conflito. Com isso, a maior vantagem oferecida pelo método da mediação consiste na capacidade de os interessados orientarem o rumo e o desfecho final do conflito. Além do mais, durante o processo de mediação, os interessados têm o controle e a liberdade de abandonar as negociações sem que haja uma solução, tendo a possibilidade de solucionar o conflito por outras vias.

O valor econômico despendido com a mediação é enormemente menor do que o gasto com a arbitragem, ou com o procedimento instaurado no Poder Judiciário. Na mediação não há necessidade de assessoria especializada, como acontece no procedimento judicial.

6 Os princípios da mediação empresarial

A mediação como método de resolução alternativa de conflitos dispõe de princípios para garantir aos interessados que participam do procedimento um resultado adaptado à sua demanda. Os princípios são utilizados para que ocorra a privacidade necessária a um bom procedimento de mediação. Os princípios adotados na mediação estão expressos no art. 2 da Lei nº 13.140 e são os seguintes:

> Art. 2º A mediação será orientada pelos seguintes princípios:
> I - imparcialidade do mediador;
> II - isonomia entre as partes;
> III - oralidade;
> IV - informalidade;
> V- autonomia da vontade das partes;
> VI - busca de consenso;
> VII - confidencialidade;
> VIII - boa-fé.

Dentre os inúmeros princípios da mediação destacamos os mais importantes: o respeito aos direitos e às garantias constitucionais e legais, a voluntariedade, a bilateralidade, a flexibilidade, a imparcialidade, a confidencialidade, a celeridade e a economia de custos.

O princípio da confidencialidade obriga os sujeitos que participam do procedimento de mediação. Nos impasses e conflitos empresariais, a confidencialidade torna-se importantíssima, pois os temas abordados requerem sigilo das partes, uma vez que aos empresários não interessa que as reclamações de ordem comercial ou de organização se tornem conhecidas. As demandas solucionadas por meio da mediação não podem expor as organizações empresárias, pois, caso contrário, traria uma exposição negativa e, consequentemente, o aumento do custo de *marketing*. Sendo assim, a mediação empresarial protege as partes, fornecendo-lhes seriedade e segurança aliadas à garantia da não publicidade do conteúdo abordado.

A Lei nº 13.140 traz nos arts. 30 e 31 a previsão expressa sobre a confidencialidade e suas exceções na mediação:

Art. 30. Toda e qualquer informação relativa ao procedimento de mediação será confidencial em relação a terceiros, não podendo ser revelada sequer em processo arbitral ou judicial salvo se as partes expressamente decidirem de forma diversa ou quando sua divulgação for exigida por lei ou necessária para cumprimentos de acordo obtido pela mediação.

§1º O dever de confidencialidade aplica-se ao mediador, às partes, a seus prepostos, advogados, assessores técnicos e a outras pessoas de sua confiança que tenham, direta ou indiretamente, participado do procedimento de mediação, alcançando:

I - declaração, opinião, sugestão, promessa ou proposta formulada por uma parte à outra na busca de entendimento para o conflito;

II - reconhecimento de fato por qualquer das partes no curso do procedimento de mediação;

III - manifestação de aceitação de proposta de acordo apresentada pelo mediador;

IV - documento preparado unicamente para os fins do procedimento de mediação.

§2º A prova apresentada em desacordo com o disposto neste artigo não será admitida em processo arbitral ou judicial.

§3º Não está abrigada pela regra de confidencialidade a informação relativa à ocorrência de crime de ação pública.

§4º A regra da confidencialidade não afasta o dever de as pessoas discriminadas no caput prestarem informações à administração tributária após o termo final da mediação, aplicando-se aos seus servidores a obrigação de manterem sigilo das informações compartilhadas nos termos do art. 198 da Lei nº 5.172, de 25 de outubro de 1966 – Código Tributário Nacional.

Art. 31. Será confidencial a informação prestada por uma parte em sessão privada, não podendo o mediador revelá-la às demais, exceto se expressamente autorizado.

Com o princípio da flexibilização no procedimento da mediação, o mediador pode entrar no conhecimento do conteúdo e até mesmo sugerir observações em determinados quesitos sem ser posto para seu conhecimento por parte dos participantes para que se atinja a melhor solução e consenso. A flexibilização não é possível no procedimento judicial pois este rege-se pelo princípio da justiça. O Poder Judiciário é movido pelas pretensões das partes e a elas deve se restringir, não podendo valorar nem conhecer questões que não estejam contidas e dispostas nos autos processuais.

O princípio da imparcialidade é exigido do mediador, ou seja, espera-se que a ação de mediar seja realizada com objetividade e independência na defesa dos interesses postos em pauta no procedimento.

Nesse sentido, o mediador agirá desapegado de influência ou interferência direta ou indireta no caso em foco. Caso o mediador tenha algum motivo que levante dúvida acerca de sua imparcialidade deverá expô-la para conhecimento das partes antes de sua indicação. Sendo o conhecimento sobre um impedimento ou suspeição posterior ao início do procedimento de mediação ou de sua indicação, o mediador deverá ser substituído. Encontramos a previsão da imparcialidade no art. 1, parágrafo único da Lei nº 13.140: *"Parágrafo único.* Considera-se mediação a atividade técnica exercida por terceiro imparcial sem poder decisório, que, escolhido ou aceito pelas partes, as auxilia e estimula a identificar ou desenvolver soluções consensuais para a controvérsia".

Outro princípio basilar da mediação é a autonomia da vontade das partes. Esse princípio deve ser observado tanto no momento da escolha da mediação como metodologia, quanto no momento do acordo que finda o impasse ou conflito. Vale ressaltar que as partes são totalmente livres para aderirem à mediação como também para desistirem desse procedimento, caso a solução gere a manutenção ou o agravamento do conflito. Segundo o doutrinador Orlando Gomes, o princípio da autonomia da vontade é entendido da seguinte forma: "O princípio da autonomia da vontade particulariza-se no Direito Contratual na liberdade de contratar. Significa o poder dos indivíduos de suscitar, mediante declaração de vontade, efeitos reconhecidos e tutelados pela ordem jurídica". Nesse sentido, toda pessoa capaz, por meio da declaração de vontade livre, pode pactuar contratos e encontrar soluções para conflitos decorrentes de contratos, pois a produção dos efeitos jurídicos são determinados por manifestação da vontade unilateral e/ou concurso de vontades.

Há a possibilidade de se prever a metodologia de mediação em cláusulas contratuais em momento anterior ao surgimento do conflito. As cláusulas são inseridas nos contratos tipificados por lei ou até mesmo nos contratos contemporâneos. Com isso, haverá a previsão contratual de que será obrigatório no primeiro momento a busca da solução por meio da mediação e só posteriormente o acesso ao Poder Judiciário.

Contudo não podemos nos descuidar do conteúdo das cláusulas contratuais que preveem a mediação como a primeira etapa para a resolução do conflito. A cláusula contratual pactuada pelas partes envolvidas pode obrigar a ocorrência da submissão expressa ao método da mediação, sem, contudo, obrigar que o conflito seja solucionado ao término do procedimento. Podemos construir da seguinte forma um exemplo de cláusula aplicada: compromisso de que surgindo conflito este seja submetido ao procedimento da mediação empresarial; e, em caso de não ocorrer consenso total ou parcial quanto ao resultado, ao final se buscará a tutela da arbitragem ou do procedimento judicial.

Portanto, não prevalece o argumento de limitação ao acesso à justiça, a previsão expressa em cláusula contratual que obriga, em um primeiro momento, a submissão ao procedimento de mediação. Assim, a liberdade para as partes preverem a mediação não significa de forma alguma a possibilidade de uma parte impor à outra o procedimento da mediação para solucionar o conflito, bem como não é permitido cláusula contratual que tenha por finalidade e objeto suprimir e impedir o exercício do acesso à justiça previsto no art. 5º, inc. XXXV, da Constituição da República Federativa do Brasil.

Outro princípio vital para a mediação é o da acessibilidade econômica. Ao compararmos com o custo de um processo judicial e até mesmo da arbitragem, constatamos que é uma opção muito mais econômica. Nesse caso, o custo será reduzido, pois o valor dos honorários do mediador deverá ser pactuado no momento de sua indicação. Além disso, no processo judicial os custos que ocorrem no seu itinerário vão repercutindo como despesas sobre uma das partes. No caso da mediação empresarial, os gastos advindos do procedimento são assumidos por ambas as partes, exceto os gastos provenientes da preparação individual, que recaem sobre a parte.

> De fato, a mediação gera drástica redução custos e enseja benefícios nítidos e impactantes nos resultados das empresas, como por exemplo: (i) solução rápida das disputas, com economia de tempo; (ii) redução dos custos direitos e indiretos de resolução de conflitos (iii) gasto reduzido de tempo de executivos e gerentes internos da empresa; (iv) redução do desgaste de relacionamentos importantes para a empresa; (iv) minimização de incertezas quanto aos resultados. Mesmo quando a mediação não gera um acordo imediatamente, sua utilização propicia vantagens para as partes, como a melhor compreensão da disputa e o estreitamento de ponte que posteriormente serão submetidos à arbitragem ou ao Poder Judiciário. Muitas, vezes, a mediação planta a semente do acordo, que talvez seja concretizado em um momento futuro.[10]

Outro ponto que diminui o custo da mediação empresarial é a ausência de obrigatoriedade de advogado para acompanhar o

---

[10] WALD, Arnoldo (Coord.). *Revista de Arbitragem e Mediação – RARB*, São Paulo, jul./set. 2014. p. 265.

procedimento (isso não ocorre no processo judicial). Contudo, a não obrigatoriedade não impede que a parte que quiser solicite orientação profissional. Sendo assim, a mediação empresarial torna-se o procedimento mais acessível ao cidadão, ao pequeno e médio empresário e até mesmo aos grandes empresários para solucionar o conflito de maneira rápida, econômica e eficiente.

7 O procedimento de mediação, suas fases e estrutura

O procedimento da mediação é regido pela flexibilidade, ou seja, as partes têm a liberdade de pactuar o resultado final ou até mesmo de não fechar acordo algum sobre o direito ou fato em conflito. As partes têm capacidade e autonomia para estabelecer os parâmetros da disputa, observando a complexidade da causa conflitiva.

O processo de mediação é flexível. O mediador e as partes definirão a sua estrutura e desenvolvimento, que dependerá do tipo de disputa, do estilo do mediador e das partes, e de o fato da mediação ser institucional ou ad hoc. O período de tempo do processo varia de caso a caso, a depender da complexidade da disputa. A maioria das mediações requer a participação das partes por mais de um dia para solucionar a disputa. Alguns casos demandam uma quantidade de reuniões curtas, outros são resolvidos em questões de horas, e alguns ainda requerem meses de trabalho.[11]

A mediação possui fases bem definidas para serem observadas pelas partes e pelo mediador, como podermos ver a seguir:

I) Fase inicial: na qual o mediador apresenta e explica às partes o que é a mediação e os princípios que regem e inspiram a mediação.

II) Fase de apresentação e exposição das partes: nesta etapa cada participante manifesta a sua percepção e entendimento sobre o conflito.

III) Fase da negociação: nesta etapa o mediador atuará apresentando e aproximando o conflito às partes por meio de reuniões, encontros, atividades e identificando as necessidade e interesses de cada participante.

---

[11] WALD, Arnoldo (Coord.). *Revista de Arbitragem e Mediação – RARB*, São Paulo, jul./set. 2014. p. 272.

IV) Fase de trabalho conjunto: tem como finalidade buscar o encontro de uma abordagem conjunta do conflito, propiciando às partes que apresentem soluções ao conflito.

V) Fase de valoração e discussão: entre as opções e alternativas que surgiram.

VI) Fase de conclusão: é nesta etapa que as partes optam pelo acordo.

As estruturações das fases sequenciais e progressivas da mediação se desenvolveram observando uma série de técnicas, como a proatividade, a escuta ativa, a assertividade, a rememoração, a anamnese, a normalização, o foco no futuro e a síntese final do conflito. Essas técnicas fortaleceram e forneceram instrumentos aos negociadores, o que resultou na melhora qualitativa do procedimento de mediação.

A mediação normalmente começa com reuniões em conjunto com as partes em que o mediador explicará o processo de mediação, se já não o fez em reuniões anteriores de pré-mediação. A introdução do mediador varia de acordo com as singularidades dos casos e das partes. O mediador inicialmente explica o seu papel, o benefício da cooperação, a afirmação da sua neutralidade, a regra de confidencialidade, a descrição da logística do processo e sugestões do comportamento esperado das partes. Uma abordagem baseada na discussão dos reais interesses das partes é incentivada e promovida desde o início do processo.[12]

A comunicação é vital na mediação, isto é, uma comunicação truncada e com ruídos torna-se prejudicial. O mediador deve zelar pelo conhecimento completo da situação conflitiva para somente assim adentrar num processo comunicativo de qualidade entre as partes. Assim, o mediador favorecerá uma comunicação saudável entre as partes, retomando a confiança na relação interpessoal rompida exatamente em consequência de uma má comunicação. Para o mediador tomar conhecimento dos interesses e necessidades das partes e assim contribuir para os encaminhamentos saudáveis ele necessita da técnica da escuta ativa.

Dessa maneira, a construção de um bom acordo entre as partes somente é possível com a intermediação de uma linguagem compreensível entre as partes. De outro lado, no processo judicial, a linguagem é

---

[12] WALD, Arnoldo (Coord.). *Revista de Arbitragem e Mediação – RARB*, São Paulo, jul./set. 2014. p. 273.

técnica e segue o ritmo do procedimento jurídico. Com isso, o mediador necessita da assertividade para conduzir a situação com segurança entre os integrantes da mediação. A apresentação ou, por vezes, a rememoração dos acontecimentos e das informações é imprescindível para que a comunicação flua de maneira objetiva e produtiva.

Tendo em vista que os conflitos abordados pela mediação empresarial podem interferir na dinâmica das empresas multinacionais, podem-se estruturar algumas ferramentas inovadoras proporcionadas pela tecnologia e pela internet. A mediação poderá ocorrer por videoconferência, diminuindo significativamente os custos para as empresas, pois não haverá necessidade de prepostos, representantes ou diretores deslocarem-se para o procedimento.

Durante a mediação o mediador deverá auxiliar os interessados para que distingam as posições e os interesses em jogo. A distinção entre as posições e os interesses é fundamental, pois a mediação deverá centrar-se e focar-se com objetividade nos interesses das partes.

O acordo final da mediação poderá ser substancial, procedimental, parcial, integral, verbal ou escrito. Assim, os acordos finais quanto à estrutura e ao procedimento podem ser adotados nas diferentes etapas desenvolvidas na mediação.

8 O mediador

A função central e imprescindível do mediador é facilitar o fortalecimento dos vínculos entre os interessados que participam da mediação. O mediador deve levar as partes a serem as únicas protagonistas na busca alternativa da solução do conflito. Dessa maneira, o comportamento ético do mediador impede que ele determine a solução ou profira direcionamento tendencioso sobre o conflito.

O mediador deve ser um terceiro neutro que auxilie as partes, tendo como função aproximar as posições e os interesses conflitantes para que as partes encontrem e elaborem em conjunto o acordo e pactuem a solução. Serão as partes que escolherão e indicarão o mediador. A liberdade de escolha é uma vantagem na mediação, pois as partes podem eleger profissional que conheçam e tenha experiência na área de conflito, trazendo segurança e confiança para que o acordo encontre o melhor termo que atenda satisfatoriamente aos envolvidos.

O momento de contratação do mediador é um momento crítico, em que as partes devem "dar um passo para trás" no contexto adversial de sua relação e trabalhar conjuntamente, com o objetivo de encontrar consenso na nomeação de um profissional que seja efetivamente capaz de assisti-las na resolução de sua disputa. Contratar um mediador é bem diferente de se contratar um árbitro. O mediador não tem o poder de impor uma decisão para as partes. Assim o nível de risco e preocupação das partes é naturalmente bem menor. As partes são bem representadas por advogados em processos de mediação empresarial. Partes em mediações empresariais têm total capacidade e autonomia de tomar a sua própria decisão soberana, e em regra existe alto grau de paridade de poder nessa modalidade de mediação.[13]

Como verificado, o mediador tem a tarefa de orientar os sujeitos do conflito para que controlem as próprias decisões por meio da comunicação de informações. As partes tornam-se conscientes de que a negociação começara com uma atmosfera de desconfiança e de que ao progresso das etapas o ambiente vai suavizando-se pela presença e orientação do orientador, instigando-os e provocando-os à solução e ao acordo do impasse inicial.

Está confirmado que nas mediações empresariais há a exigência das partes interessadas de escolherem um profissional com conhecimento em administração empresarial e jurídico para que a mediação alcance resultados mais satisfatórios para os interessados. Será de extrema importância que os mediadores conheçam teorias psicológicas e comunicacionais aplicáveis para compor com maior amplitude as etapas, com a finalidade de alcançar uma solução satisfatória. Assim, haverá elementos para o mediador discernir sobre os temas resolvíveis pela mediação e outros em que será necessário o procedimento judicial.

Mediadores empresariais tendem a ser mais pragmáticos e adaptáveis às necessidades das partes e da disputa. A prática demonstra que a flexibilidade, a experiências com casos comerciais e a mentalidade voltada para os negócios de um mediador são fundamentais para a sua atuação em disputas comerciais.[14]

O mediador deverá ater-se à atitude de orientação, centrando-se unicamente no favorecimento da aproximação de interesses das partes, sendo que na mediação empresarial permite-se um rol de maior ingerência do mediador na propositura de soluções aceitáveis

---

[13] WALD, Arnoldo (Coord.). *Revista de Arbitragem e Mediação – RARB*, São Paulo, jul./set. 2014. p. 268.

[14] WALD, Arnoldo (Coord.). *Revista de Arbitragem e Mediação – RARB*, São Paulo, jul./set. 2014.

e satisfatórias do conflito. Contudo, deve ater-se e não perder o foco, que sempre será as partes que assumirão as consequências e serão as responsáveis pela solução acordada.

Nas relações empresariais, há sempre o intuito e a lógica jurídica de preservar e manter as relações comerciais futuras. Em muitas negociações e mediações, será o fundamento central para a chegada a um termo de acordo. Por isso, o mediador deverá contar com uma formação jurídica e empresarial e dispor dos métodos e técnicas mais desenvolvidos para uma negociação eficaz, aproximando as partes para que com o diálogo cheguem a um acordo.

A criação de um ambiente propício para fechar um acordo é básica. Sendo assim, deve-se evitar que esse local gere tensão para alguma das partes. O encontro informal, tranquilo, livre, espontâneo será vital, pois, do contrário, um ambiente que gere desconforto a uma das partes poderá ser motivo para que a mediação não obtenha o êxito inicialmente desejado. A mediação empresarial para que obtenha maior eficácia deverá ser composta por equipe multidisciplinar dependendo dos conhecimentos específicos necessários.

Com a aprovação da Lei nº 13.140, no dia 26.6.2015 ocorreu a solidificação jurídica dos métodos autocompositivos. O Novo Código de Processo Civil havia previsto a mediação, contudo, a lei específica ultrapassa o regulamento mínimo necessário. Portanto, o objetivo e a finalidade é que as partes desenvolvam, busquem e encontrem soluções consensuais aos seus conflitos, operando assim um processo de transformação cultural da sentença judicial para dirimir os litígios.

9 Conclusão

O crescimento exponencial do acesso à justiça sem que ocorra o acompanhamento e a modernização do sistema do Poder Judiciário ocasionou a lentidão e o aumento de custo para solucionar os conflitos. O paradigma tradicional de resolução de conflitos tem se tornado um obstáculo à sustentabilidade, à viabilidade e à continuidade para algumas empresas. A celeridade com que as tendências de criação, de produção e de consumo ocorrem tornam-se incompatíveis com o aprimoramento da gestão de recursos financeiros, humanos, de logística, entre outros. Com esse panorama torna-se imperativa a necessidade estratégica por parte de grandes empresas de buscarem novos meios para a solução alternativa de seus conflitos com parceiros comerciais, fornecedores e clientes.

A mediação empresarial surge como uma das possibilidades reais para tornar os conflitos mais céleres, satisfatórios e menos onerosos para as partes envolvidas. A mediação constitui-se como metodologia e procedimento fundamentados em um conjunto de princípios como: sigilo, celeridade, confidencialidade, imparcialidade, flexibilidade, economia, voluntariedade e liberdade.

O grande diferencial da mediação empresarial é a autonomia dos envolvidos que, ao restabelecerem a comunicação e o diálogo por intermédio do mediador, têm a possibilidade de pactuarem um acordo de consenso que seja satisfatório para ambos. Ao encontrarem uma solução livre e satisfatória, os envolvidos no processo não fazem uso do Poder Judiciário para que este lhes forneça uma sentença judicial da qual uma das partes será a vencedora e a outra sairá perdedora do conflito.

Referências

AZEVEDO, André Gomma de (Org.). *Manual de mediação judicial*. Brasília, Ministério da Justiça e Programa das Nações Unidas para o Desenvolvimento – PNUD, 2011.

BACELLAR, Roberto Portugal. *Juizados Especiais* – A nova mediação paraprocessual. São Paulo: Revista dos Tribunais, 2004.

CARMONA, Carlos Alberto. *Arbitragem e processo*: um comentário à Lei nº 9.307/96. 3. ed. São Paulo: Atlas, 2009.

DEUTSCH, Morton. *The resolution of conflict*: constructive and deconstructive processes. New Haven: Yale University Press, 1973.

FISHER, Roger; URY, William. *Como chegar ao sim*: a negociação de acordos sem concessões. Rio de Janeiro: Imago, 2005.

GOMES, Orlando. *Contratos*. 17. ed. Rio de Janeiro: Forense, 1997.

GUERREIRO, Luis Fernando. Conciliação e mediação – Novo CPC e leis específicas. *Revista Arbitragem e Mediação*, São Paulo, p. 19-42, 2014.

MUÑOS, Helena Soleto. *Mediación y resolución de conflitos*: técnicas y ámbitos. Madri: Tecnos, 2011.

PEASE, Allan; PEASE, Barbara. *Desvendando os segredos da linguagem corporal*. Rio de Janeiro: Sextante, 2005.

SHELL, G. Richard. *Negociar é preciso* – estratégias de negociação para pessoas de bom senso. São Paulo: Elsevier, 2001.

STONE, Douglas; PATTON, Bruce; HEEN, Sheila. *Conversas difíceis*. São Paulo: Elsevier, 2004.

URY, William. *Supere o não* – Negociando com pessoas difíceis. São Paulo: Best Seller, 2003.

WALD, Arnoldo (Coord.). *Revista de Arbitragem e Mediação – RARB*, São Paulo, ano 11, n. 41, abr./jun. 2014.

WATANABE, Kazuo. *Modalidade de mediação*. Disponível em: <http://www.cjf.jus.br/revista/seriecadernos/vol22/artigo04.pdf>. Acesso em: 20 mar. 2015.

YARCHELL, Flávio Luiz; MORAES, Maurício Zanoide (Orgs.). *Estudos em homenagem à Professora Ada Pellegrini Grinover*. São Paulo: DPJ, 2005.

Informação bibliográfica deste texto, conforme a NBR 6023:2002 da Associação Brasileira de Normas Técnicas (ABNT):

BURATTI, Itamar. A mudança paradigmática com a mediação empresarial: suas limitações e possibilidades na resolução alternativa de conflitos. In: GONÇALVES, Guilherme Alberto Marinho; HECKERT JÚNIOR, Ival; QUEIROZ JÚNIOR, Antônio Raimundo de Castro (Coord.). *A teoria do direito aplicada*: seleção dos melhores artigos científicos do Programa de Pós-Graduação da Escola Superior de Advocacia da OAB/MG. Belo Horizonte: Fórum, 2016. v. 1. p. 47-72. ISBN 978-85-450-0109-6.

AÇÃO DE USUCAPIÃO EXTRAJUDICIAL E O NOVO CÓDIGO DE PROCESSO CIVIL (LEI Nº 13.105, DE 16.3.2015) – VANTAGENS E DESVANTAGENS DO NOVO PROCEDIMENTO

JORGETE DAS GRAÇAS CAETANO

Resumo: O presente trabalho visa tratar do Novo Código de Processo Civil (Lei nº 13.105, de 16.3.2015, Novo CPC) no que diz respeito à ação de usucapião extrajudicial (disposta no livro complementar – disposições finais e transitórias da mencionada lei, art. 1.071), aduzindo sobre as vantagens e as desvantagens do novo procedimento. A questão será abordada sob o ponto de vista da desjudicialização de acordo com a nova lei, e de outros procedimentos, a exemplo da retificação administrativa, do divórcio consensual e do inventário. É importante considerar que o Novo CPC não cria a usucapião administrativa, pois essa modalidade já existia para os casos de regularização fundiária de assentamentos urbanos, regulada pela Lei nº 11.977/2009, em seus arts. 46 e seguintes. A novidade ocorre em relação à generalização do procedimento a qualquer suporte fático de usucapião em que haja consenso, ampliando sensivelmente o âmbito de aplicação do instituto. Ressalta-se, desse modo, a importância do tema, pois muitos cidadãos buscam, por meio da justiça, garantir o direito constitucional de propriedade, recorrendo às diversas modalidades de usucapião. Em princípio, o Novo CPC aparentemente apresenta-se mais destemido, sobretudo pela possibilidade de obtenção de uma declaração de domínio de bem imóvel, via extrajudicial, mediante apresentação de documentos perante o Oficial de Registro de Imóveis. Observa-se que a nova lei não responde questões, como exemplo, se a nova modalidade de usucapião extrajudicial será cabível para todas as demais modalidades existentes. Também não aduz em relação ao papel do Ministério Público, antes obrigatório, agora suprimido, sem configurar nenhuma espécie de nulidade. Para uma melhor compreensão do tema foram utilizadas a pesquisa bibliográfica e dedutiva, bem como as informações necessárias à análise, obtidas através de doutrinas, jurisprudências, e outras publicações e trabalhos relativos ao assunto. Enfim, pretende-se ilustrar de forma simples e prática a nova situação fática trazida pela Lei nº 13.105/2015, Novo CPC, no tocante ao livro complementar – disposições finais e transitórias. Em especial, o art. 1.071, que aduz sobre usucapião extrajudicial, seguido da ideia de desjudicialização do Poder Judiciário.

Palavras-chave: Ação. Usucapião. Extrajudicial. Administrativo. Imóvel. Cartório. Registro. Novo Código de Processo Civil. Desjudicialização.

Sumário: 1 Introdução – 2 Princípio da função social da propriedade – 3 Direito adquirido – 4 Procedimentos para requerer a usucapião extrajudicial – 5 Vantagens do novo procedimento – 6 Desvantagens do novo procedimento – 7 Menção ao direito alienígena – 8 Conclusão – Referências

1 Introdução

Inicialmente propõe-se explicitar, da maneira mais sucinta possível, o objetivo deste trabalho, e assim também os questionamentos que se buscam responder por meio deste estudo. A Lei nº 13.105/2015, Novo CPC, em seu livro complementar das disposições finais e transitórias, art. 1.071, traz para o ordenamento jurídico brasileiro, de forma opcional para o cidadão, o instituto da usucapião extrajudicial. Esta poderá ser processada perante o Cartório de Registro de Imóveis, prometendo maior celeridade na tramitação desse tipo de ação, consequentemente, em uma tentativa de desafogar o Poder Judiciário, conforme já acontece com o procedimento para solicitação do divórcio consensual e do inventário, ou seja, visando à desjudicialização.

O novo instituto da usucapião extrajudicial (como já foi dito, a nova lei não cria a usucapião administrativa, pois esta já existia para os casos de regularização fundiária de assentamentos urbanos, da Lei nº 11.977/2009), aparentemente, demonstra uma simplicidade quanto ao seu procedimento. Isso quer dizer que o possuidor que comprovar os elementos típicos e caracterizadores da usucapião (posse mansa, pacífica e ininterrupta com *animus domini*), devidamente representado por advogado, juntamente com o requerimento da ata notarial (lavrada em Cartório de Notas), planta, memorial descritivo do imóvel, certidões negativas, dentre outros documentos, poderá apresentar seu pedido ao Cartório de Registro de Imóveis da situação do bem, para requerer a sua propriedade.

Esse será um procedimento alternativo, com requisitos específicos, portanto, não há nenhum impedimento quanto à sua utilização pela via jurisdicional ordinária. Em outras palavras, se o possuidor assim o desejar, poderá propor a ação em fórum apropriado, sem perigo de ferir o princípio da inafastabilidade do controle jurisdicional, consagrado no art. 5º, inc. XXXV, da Constituição da República de 1988, que aduz: "A lei não excluirá da apreciação do Poder Judiciário lesão ou ameaça a direito [...]" (BRASIL, 2005).

Ainda nesta introdução, alguns questionamentos devem ser feitos, como exemplo, se essa possibilidade de usucapião extrajudicial vai contemplar todas as demais modalidades existentes. Adiantando a resposta, em princípio, pode-se dizer que sim, pois não há qualquer modalidade específica ou privilegiada mencionada no livro complementar das disposições finais e transitórias, no art. 1.071, do Novo CPC.

Outro questionamento poderia ser levantado em relação à figura do Ministério Público, que aparentemente foi dispensado pelo novo instituto, sem sequer configurar qualquer tipo de nulidade. Também cabe salientar a situação dos imóveis sem matrícula, nem mesmo transcrição, ou seja, áreas onde o possuidor se instalou e ali reside com sua família.

Enfim, feitas tais ponderações, pode-se adentrar no novo procedimento da usucapião extrajudicial, regulado pela Lei nº 13.105, de 16.3.2015, disposto no livro complementar das disposições finais e transitórias, art. 1.071.

2 Princípio da função social da propriedade

Para se realizar um estudo que pretenda aduzir sobre a usucapião, é necessário mencionar a relevância do princípio da função social da propriedade. De forma bastante genérica e sucinta, define-se que a função social é princípio básico, imprescindível, que incide no próprio conteúdo do direito de propriedade.

A tutela jurisdicional da propriedade, de acordo com o art. 5º inc. XXII, é seguida pelo inc. XXIII, disciplinando que "a propriedade atenderá a sua função social".

O aludido artigo desse modo se traduz:

> Art. 5º Todos são iguais perante a lei, sem distinção de qualquer nature-za, garantindo-se aos brasileiros e aos estrangeiros residentes no país a inviolabilidade do direito à vida, à liberdade, à igualdade, a segurança e à propriedade, nos termos seguintes: [...]
> XXII - é garantido o direito de propriedade;
> XXIII - a propriedade atenderá a sua função social. (BRASIL, 1988)

Ainda, quanto ao art. 170, observa-se:

> A ordem econômica, fundada na valorização do trabalho humano e na livre iniciativa, tem por fim assegurar a todos a existência digna, con-forme os ditames da justiça social, observados os seguintes princípios:
> III - função social da propriedade. (BRASIL, 1988)

Esses artigos foram expostos para demonstrar que o consagrado princípio da função social da propriedade, em seu cunho, atua quase como norma impositiva. Há uma proposta de mudança quanto ao comportamento do proprietário, ou seja, se este possuir bem imóvel deverá, qualquer que seja a destinação, imprimir-lhe uma dimensão de relevância social.

Em outras palavras, o proprietário poderá e deverá (poder no sentido de dever) utilizar das faculdades de uso, gozo e disposição de seu imóvel, porém com finalidade que se concilie com as metas do organismo social. Assim, ele poderá alienar, doar, cultivar, dentre tantas outras maneiras de socializar o uso da propriedade. Ou seja: o princípio da função social não se coaduna com propriedade improdutiva, estéril, enfim, sem finalidade social.

Menciona-se o professor Caio Mário da Silva Pereira, que, em sua obra, argumenta o seguinte: "Bombardeado de todos os ângulos, o absolutismo do direito de propriedade cede lugar a uma nova concepção. A ordem jurídica reconhece que os bens não são dados ao homem para que levem a sua fruição até o ponto em que seu exercício atente contra o bem comum" (PEREIRA, 2004, p. 71).

Compactua-se, neste trabalho, com o mestre, afirmando que todo e qualquer ato de uso, gozo e disposição da coisa será submetido a um exame de finalidade, passando pelo crivo do atendimento ao princípio da função social da propriedade. Sobre a função social da propriedade, é relevante salientar, ainda, que eventual pretensão reivindicatória poderá permanecer paralisada, se o proprietário não conceder destinação relevante ao bem, apesar de ostentar a titularidade formal, como exemplo, bem imóvel registrado em seu nome.

A nova modalidade usucapião extrajudicial, em princípio, poderá fomentar os cidadãos a procurarem o Cartório de Registro de Imóveis, alegando posse de determinado terreno, neste caso, o cartório deverá avaliar os critérios e os requisitos necessários para efetivar o registro do título de propriedade. A partir daí, já é possível verificar a incidência do âmbito de aplicação do princípio da função social da propriedade, por meio do Registrador. Tal princípio ganhará força, como já dispõe o art. 5º *caput*, inc. XXII, consagrando o direito à propriedade e o atendimento de sua função social, pois isso representa a garantia de uma moradia, idealizada pelo cidadão.

Para finalizar, observa-se que, embora o possuidor apresente todos os requisitos perfeitamente adequados para propor a ação de usucapião administrativa perante o Registrador, ainda assim, o proprietário poderá impedir o procedimento e remeter o caso para a via ordinária judicial. Para tanto, ele deve demonstrar que sua propriedade atendeu ao princípio da função social, cuja análise não será mais de alçada do Oficial Registrador, e ficará a cargo do magistrado para posterior comprovação dos fatos.

3 Direito adquirido

A nova modalidade de usucapião extrajudicial, trazida pela Lei nº 13.105/16.3.2015, conforme entendimento aqui explicitado, vem consagrar a proteção ao chamado direito adquirido, disposto no art. 5º, inc. XXXVI, disciplinando que "a lei não prejudicará o direito adquirido, o ato jurídico perfeito e a coisa julgada". Compreende-se que ato jurídico perfeito é aquele que se aperfeiçoou, que reuniu todos os elementos necessários à sua formação sob a vigência de determinada lei. Ao cumprir todos os requisitos para a satisfação de um direito sob a vigência da lei que assim exige, protegido estará o indivíduo de alterações futuras, provocadas por nova lei, que estabeleça disciplina diversa para a matéria.

Ora, é perfeitamente cabível a aplicação desse instituto. A ação de usucapião pede sentença meramente declaratória, pois ela nada mais é do que a reunião de elementos capazes de demonstrar que o possuidor é, na verdade, legítimo proprietário do imóvel e na maioria das vezes falta-lhe apenas o título.

Assim explica Adriano Stanley Rocha Souza:

> A usucapião consiste no fato de alguém, que exerça uma posse mansa, pacífica, ininterrupta e com ânimo de dono (elemento *animus domini* da teoria subjetiva de Savigny), ou seja, alguém que exerça a chamada *"posse ad usucapionem"*, se torne proprietário daquela coisa pelo seu uso. (SOUZA, 2009, p. 84)

Assim, se o possuidor estiver ocupando um bem imóvel, por determinado lapso temporal especificado em lei, e realizando atitudes de como se dono fosse, por exemplo, construção de casa, pagamento de impostos como o IPTU, dentre outros requisitos, isso caracteriza, a princípio, uma junção de elementos aptos a embasar a propositura de uma ação de usucapião, ou seja, titularizar o direito adquirido do possuidor.

4 Procedimento para requerer a usucapião extrajudicial

Como já citado anteriormente, por ser declaratório, o novo instituto da usucapião extrajudicial se apresenta como um procedimento simples, sem deixar de lado os requisitos legais que o possuidor deve demonstrar para ver declarada a propriedade do bem em seu favor. Nesse sentido, este estudo volta-se para a nova redação do art. 1.071, no livro complementar – disposições finais e transitórias, do Novo CPC, que acrescenta o art. 216-A à Lei de Registros Públicos (Lei nº 6.015/73), com a seguinte redação:

> Art. 216-A. Sem prejuízo da via jurisdicional, é admitido o pedido de reconhecimento extrajudicial de usucapião, que será processado diretamente perante o cartório do registro de imóveis da comarca em que estiver situado o imóvel usucapiendo, a requerimento do interessado, representado por advogado, instruído com:
>
> I - ata notarial lavrada pelo tabelião, atestando o tempo de posse do requerente e seus antecessores, conforme o caso e suas circunstâncias;
>
> II - planta e memorial descritivo assinado por profissional legalmente habilitado, com prova de anotação de responsabilidade técnica no respectivo conselho de fiscalização profissional, e pelos titulares de direitos reais e de outros direitos registrados ou averbados na matrícula do imóvel usucapiendo e na matrícula dos imóveis confinantes;
>
> III - certidões negativas dos distribuidores da comarca da situação do imóvel e do domicílio do requerente;
>
> IV - justo título ou quaisquer outros documentos que demonstrem a origem, a continuidade, a natureza e o tempo da posse, tais como o pagamento dos impostos e das taxas que incidirem sobre o imóvel.
>
> §1º O pedido será autuado pelo registrador, prorrogando-se o prazo da prenotação até o acolhimento ou a rejeição do pedido.
>
> §2º Se a planta não contiver a assinatura de qualquer um dos titulares de direitos reais e de outros direitos registrados ou averbados na matrícula do imóvel usucapiendo e na matrícula dos imóveis confinantes, esse será notificado pelo registrador competente, pessoalmente ou pelo correio com aviso de recebimento, para manifestar seu consentimento expresso em 15 (quinze) dias, interpretado o seu silêncio como discordância.
>
> §3º O oficial de registro de imóveis dará ciência à União, ao Estado, ao Distrito Federal e ao Município, pessoalmente, por intermédio do oficial de registro de títulos e documentos, ou pelo correio com aviso de recebimento, para que se manifestem, em 15 (quinze) dias, sobre o pedido.
>
> §4º O oficial de registro de imóveis promoverá a publicação de edital em jornal de grande circulação, onde houver, para a ciência de terceiros eventualmente interessados, que poderão se manifestar em 15 (quinze) dias.

§5º Para a elucidação de qualquer ponto de dúvida, poderão ser solicitadas ou realizadas diligências pelo oficial de registro de imóveis.

§6º Transcorrido o prazo de que trata o §4º deste artigo, sem pendência de diligências na forma do §5º deste artigo e achando-se em ordem a documentação, com inclusão da concordância expressa dos titulares de direitos reais e de outros direitos registrados ou averbados na matrícula do imóvel usucapiendo e na matrícula dos imóveis confinantes, o oficial de registro de imóveis registrará a aquisição do imóvel com as descrições apresentadas, sendo permitida a abertura de matrícula, se for o caso.

§7º Em qualquer caso, é lícito ao interessado suscitar o procedimento de dúvida, nos termos desta Lei.

§8º Ao final das diligências, se a documentação não estiver em ordem, o oficial de registro de imóveis rejeitará o pedido.

§9º A rejeição do pedido extrajudicial não impede o ajuizamento de ação de usucapião.

§10. Em caso de impugnação do pedido de reconhecimento extrajudicial de usucapião, apresentada por qualquer um dos titulares de direito reais e outros direitos registrados ou averbados na matrícula do imóvel usucapiendo e na matrícula dos imóveis confinantes, por algum dos entes públicos ou por algum terceiro interessado, o oficial de registro de imóveis remeterá os autos ao juízo competente da comarca da situação do imóvel, cabendo ao requerente emendar a petição inicial para adequá-la ao procedimento comum. (BRASIL, 2015)

A nova lei se insere no fenômeno da desjudicialização ou extrajudicialização do direito, caracterizado pelo deslocamento de competências do Poder Judiciário para órgãos extrajudiciais, notadamente as serventias notariais e registrais. Desse modo, o possuidor do imóvel apresentará a ata notarial, juntamente com toda a documentação exigida pelo art. 216-A da LRP, ao Oficial de Registro de Imóveis competente. Este autuará o pedido e prenotará.

Aqui cabem algumas observações, primeiramente relacionadas ao inc. I do art. 216-A do Novo Código de Processo Civil, sobre a ata notarial que deverá ser lavrada pelo Ofício de Notas. A lei não especifica o Ofício de Notas competente para lavrar a ata notarial, mas, pelo que parece, o mais indicado seria o da comarca do imóvel usucapiendo, até mesmo para constatação física do objeto (caso seja necessário), e somente poderá fazê-lo se estiver situado em sua área de atribuição.

Ainda, em relação à ata notarial, trata-se de um documento público realizado através de requerimento de pessoa interessada, com objetivo de constatar uma realidade ou um fato, percebido pelo Ofício de Notas.

Ressalta-se que cabe ao Ofício de Notas colher as declarações do requerente ou possuidor, que deverá ser maior e capaz. Para lavrar a escritura, é preciso também coletar informações sobre a forma de aquisição do imóvel e o tempo de sua posse. Além disso, deverá ouvir testemunhas que conheçam o possuidor e estejam aptas a certificar que ele exerce a posse mansa, pacífica e ininterrupta, pelo período declarado, alegações que serão transcritas na ata.

O Ofício de Notas deve fazer a análise e certificar-se da apresentação dos documentos que comprovem a aquisição da posse, tais como contratos particulares, que porventura não cumpriram as formalidades legais para o registro da propriedade, mas que comprovem a posse, cujo conteúdo fará parte da ata notarial.

Ressalta-se que a ata notarial é lavrada no "livro de notas", possui fé pública, e permanece arquivada em cartório. Sendo assim, dela podem ser extraídas quantas cópias precisar e quando for necessário; por tais razões foi inserida como requisito para o reconhecimento da usucapião extrajudicial.

Na nova modalidade de usucapião, a presença do advogado é imprescindível, pois este profissional deve acompanhar o requerente na lavratura da ata notarial, como já acontece em outros procedimentos extrajudiciais, como é o caso do divórcio e do inventário extrajudiciais (Lei nº 11.441/2007). O advogado, regularmente inscrito nos quadros da OAB, deve ser contratado pelo requerente, e não pode ser indicado pelo Ofício de Notas, nem pelo Registro de Imóveis.

Em relação aos incs. II e IV, §2º, do mencionado art. 216-A do Novo CPC, é necessário que a planta do imóvel contenha a assinatura do titular, de todos os que têm direito sobre o imóvel da usucapião e dos confinantes. Se não forem colhidas todas as assinaturas, o Oficial do Registro de Imóveis deverá notificar o interessado, pessoalmente ou pelo correio com aviso de recebimento, a fim de que ele manifeste seu consentimento no prazo máximo de 15 dias. Caso contrário, será considerado que ele discordou.

O renomado professor Luiz Antônio Scavone Júnior desse modo interpreta o tema:

> Assim, não poderá haver reconhecimento de usucapião extrajudicial sem que os titulares do domínio e de outros direitos reais estejam de acordo, sob pena de ferimento do princípio segundo o qual *ninguém será privado da liberdade ou de seus bens sem o devido processo legal*. (SCAVONE JÚNIOR, 2015, p. 1087)

Pretende-se aqui salientar a relação dos titulares de direitos reais e de quaisquer outros direitos registrados ou averbados na matrícula do imóvel usucapiendo. Estes deverão ser notificados pelo Oficial de Registro de Imóvel competente, caso a planta e o memorial descritivo não contenham a assinatura deles. Isso demonstra o devido processo legal, pois as "partes" estariam de acordo com o procedimento, e não gera insegurança jurídica a nenhum dos participantes. Conforme dispõe o inc. IV, §3º, o Oficial do Registro de Imóveis dará ciência à União, ao estado, ao Distrito Federal e aos municípios para manifestação em 15 dias sobre o pedido, neste caso a comunicação poderá se dar pessoalmente, por meio do correio com AR ou ainda do Registro de Títulos e Documentos.

Em seguida, procede-se à publicação de edital em jornal de grande circulação, de tal modo terceiros interessados poderão se manifestar em 15 dias. O Registrador poderá manter diligências para a elucidação de dúvidas, e o registro do imóvel com suas descrições e a possibilidade de abertura de matrícula se darão após o prazo da última diligência, conforme dispõe o inc. IV, §6º, do art. 216-A.

O requerente, possuidor ou interessado sempre poderá suscitar a dúvida registral, perante o Oficial de Registro de Imóveis, se houver problemas com a documentação, também o pedido de usucapião poderá ser rejeitado pelo Registrador. Neste caso, o requerente poderá ainda ajuizar a ação de usucapião, todavia, tal pretensão não mais se submete a um procedimento especial de jurisdição contenciosa, mas a um procedimento comum.

Da mesma maneira, em caso de qualquer impugnação do processo por terceiros, o Oficial de Registro de Imóveis remeterá os autos ao juízo da comarca do imóvel, cabe ao requerente emendar a petição inicial para adequá-la. Assim, entende-se que apenas haverá a judicialização do procedimento se houver lide, ou seja, se o terceiro impugnar o ingresso do imóvel, passando então a seguir ao procedimento comum.

A respeito da "emenda da inicial" cabe importante observação. Considera-se imprópria a forma trazida pela nova lei, pois, na prática, será um novo pedido, tendo em vista que o requerimento perante o Oficial de Registro de Imóveis não possui natureza jurisdicional.

Ainda, sobre a impugnação, apresenta-se o comentário de João Pedro Lamana Paiva (Presidente do Instituto de Registro Imobiliário do Brasil – IRIB):

> Existindo impugnação ao pedido de usucapião, o Tabelião de Notas dará ciência de seus termos ao usucapiente e promoverá a audiência de conciliação entre os interessados que deverão comparecer assistidos

por seus advogados. Havendo acordo entre impugnante e usucapiente, o Tabelião de Notas lavrará a escritura pública declaratória em nome dos requerentes da usucapião. Não havendo acordo entre impugnante e usucapiente, a questão deve ser encaminhada à apreciação do juízo competente. (PAIVA, s./d.)

Assim, percebe-se que a usucapião extrajudicial vem solucionar problemas antigos para a aquisição do título de propriedade, principalmente nos casos em que o possuidor não consegue atender aos requisitos para lavrar a escritura e levá-la para registro (em muitos casos há apenas um recibo de compra e venda). Com o novo instituto, o possuidor contará com uma maneira célere e eficaz de garantir a legitimidade de sua propriedade, sem ter que esperar por mais longos anos na justiça comum.

5 Vantagens do novo procedimento

O novo Código de Processo Civil inseriu o art. 216-A, na Lei de Registros Públicos (nº 6.015/73), e permitiu a implantação da usucapião extrajudicial/administrativa, com a participação do Ofício de Notas e do Oficial de Registro de Imóveis nesse procedimento, sem que seja necessário o Poder Judiciário reconhecer a propriedade, em princípio. O reconhecimento da usucapião extrajudicial/administrativa será realizado apenas perante o Oficial de Registro de Imóveis com apresentação de documentos e uma Ata Notarial lavrada pelo Tabelião de Notas da situação do imóvel.

Nesse sentido, considera-se a nova modalidade de usucapião vantajosa para o requerente ou possuidor, pois o fato de os Tabeliães e Oficiais de Registro de Imóveis serem, em regra, profissionais do direito, prestarem o serviço por delegação do Poder Público (a maioria aprovada em concurso público de provas e títulos) e vinculados ao Poder Judiciário (que normatiza o modo e procedimentos para a atividade), de forma célere, eficiente, correta e segura, contribui para essa nova atribuição.

Outro ponto positivo diz respeito à possibilidade de a nova modalidade de usucapião extrajudicial contemplar todas as demais existentes. Como já dito inicialmente, não há qualquer modalidade específica ou privilegiada que esteja mencionada com maior enfoque no art. 1.071, do Novo CPC. Isso significa que esse artigo veio substituir os arts. 941-945 do atual CPC, razão pela qual sua incidência estaria restrita às modalidades extraordinária e ordinária, regendo-se a usucapião especial urbana individual e coletiva, e a usucapião especial rural por leis antigas e mais específicas, a exemplo do Estatuto da Cidade e Estatuto da Terra.

Entende-se também como vantagem, e muito bem-vinda, o tempo dispensado à nova modalidade de usucapião extrajudicial, pois o novo procedimento deverá ser concluído num período muito menor do que se estivesse correndo no Poder Judiciário. Sobre isto aduz o Presidente do Instituto de Registro Imobiliário do Brasil – IRIB, Dr. João Pedro Lamana Paiva:

> A característica diferencial desse novo procedimento será, entretanto, o da celeridade, sendo possível estimar que terá uma duração aproximada de 90 a 120 dias, uma vez que se assemelha à retificação consensual prevista nos artigos 212 e 213 da Lei de Registros Públicos. (BRASIL, 1973)

Outra vantagem se refere ao uso da via extrajudicial, já que esta será facultativa. O possuidor poderá requerer o reconhecimento de sua posse e, consequentemente, o título de propriedade, pelo modo ordinário (via judicial) ou por meio do novo procedimento para o reconhecimento da usucapião, ou seja, ele não está impedido de utilizar as vias judiciais, se assim preferir. Em caso de alguma discordância entre o possuidor e o Oficial Registrador, suspende-se a ação e aguarda-se o desfecho do procedimento administrativo. Se o Oficial Registrador não acolher o pedido, a ação poderá ser proposta no Judiciário, por meio de procedimento comum.

Além disso, a ação de usucapião tradicional é muito dispendiosa, por essa razão a população economicamente mais carente seria contemplada, diante da redução do custo da peça notarial. A gratuidade do serviço seria concedida para aqueles considerados pobres no sentido legal, devendo constar o pedido na própria escritura pública declaratória da usucapião (à semelhança do disposto no §3º do art. 1124-A, introduzido no CPC pela Lei nº 11.441/07).

6 Desvantagens do novo procedimento

Neste tópico pretende-se demonstrar alguns aspectos negativos do novo procedimento, como exemplo, a dispensa da intervenção do Ministério Público. Segundo o art. 944 do atual CPC, a intervenção do Ministério Público nas ações declaratórias de usucapião é obrigatória.

Tal intervenção foi suprimida no novo procedimento e sem configuração de nulidade absoluta.

Entende-se que a usucapião é de interesse público, o que reclama a necessária intervenção do *parquet*, na condição de *custos legis*. Para o autor Marcus Vinícius Rios Gonçalves:

> É indispensável que seja intimado o Ministério Público quando se trata de usucapião de imóveis. A intervenção será como custos legis, e se justifica porque a ação repercute no registro de imóveis, do qual o parquet é fiscal permanecente. Desnecessária a manifestação do Ministério Público nas ações de usucapião de bens móveis. (GONÇALVES, 2013, p. 313)

Outra desvantagem diz respeito ao silêncio do titular do direito real, sem que isso signifique propriamente uma discordância com a realização do procedimento (§2º do art. 216-A), mas uma demonstração de indiferença quanto às consequências de sua não manifestação expressa. Dessa forma, percebe-se que o novo procedimento visa a uma modalidade de usucapião extrajudicial denominada consensual, pois a impugnação, tal qual o silêncio, implicam discordância e daí deverá a remessa do procedimento ser enviado para o âmbito jurisdicional.

Ainda, pelo que parece, o §2º do art. 216-A é inadequado ao procedimento, no sentido de que o instituto da usucapião se caracteriza pela exigência de consenso entre as partes, tal como ocorre no procedimento de retificação extrajudicial. Este, sim, por natureza consensual, já que, embora ausente o consenso, se preenchidas as condições legais pelo usucapiente, este estará em plenas condições de adquirir a propriedade imobiliária.

A partir da exposição realizada neste tópico, propôs-se a abordar, de forma sucinta, porém objetiva, as desvantagens do novo procedimento para aquisição de imóvel por meio da usucapião extrajudicial.

7 Menção ao direito alienígena

No direito estrangeiro, mais precisamente em Portugal, diferentemente do Brasil, o registro imobiliário não é obrigatório, de modo que quase todos os direitos de propriedade adquiridos por usucapião são procedidos por Escritura Pública de Justificação Notarial. A via judicial é procurada apenas em raríssimas situações, sobretudo em razão da existência de conflitos.

O Ofício de Notas atua diretamente na usucapião administrativa, por meio da lavratura dessa escritura específica. A opção se justifica tendo em vista a competência notarial para a recepção da vontade das partes, expressando-as em termos jurídicos para o aperfeiçoamento e a segurança do ato pretendido.

A aquisição do direito de propriedade por usucapião ocorre com a justificação, na qual a parte interessada declara e prova, perante o Tabelião, sua posse sobre o imóvel. Essa é a Justificação da Posse, que, por sua vez, se constitui fase inicial na qual o Ofício de Notas irá verificar se os pressupostos legais para a lavratura dela foram atendidos, podendo ser conceituada como a verificação da plausibilidade do direito alegado.

Posteriormente, o Tabelião examinará de forma rigorosa os documentos trazidos à justificação. Se de algum modo o alegado pelo justificante e confirmado pelas testemunhas se revelar condizente com a realidade documental, será lavrado o documento com a prova da posse, iniciando o procedimento da usucapião.

A escritura deve ser levada à Serventia Imobiliária, sob o comando do Registrador (como ocorre no Brasil, em virtude das leis nºs 11.441/07 e 11.481/07). Assim, será o título acolhido no álbum imobiliário nas seguintes hipóteses: a) para resolver a questão do adquirente que não possui prova do seu direito (título); e b) para garantir o direito daquele que detém a inscrição prévia no Registro Imobiliário se o titular do domínio não é encontrado. Essa alusão serve para demonstrar que a nova modalidade de usucapião administrativa, trazida pelo Novo CPC, pode ser bem aproveitada aqui, a exemplo do modelo português, pois este se assemelha ao ordenamento jurídico brasileiro.

8 Conclusão

Após toda essa exposição, podem ser retomados alguns posicionamentos. O processo civil, como instrumento de composição de conflitos, deve comtemplar, dentre seus objetivos, a previsibilidade, a efetividade e a segurança jurídica, a celeridade, sem perder de vista o princípio do máximo proveito, com ênfase nas soluções conciliatórias e nas decisões parciais de questões incontroversas.

Observa-se que a nova lei, de certo modo, imprimirá simplicidade ao procedimento para requerimento da usucapião extrajudicial, possibilitando ao requerente ou possuidor a aquisição da propriedade imobiliária fundada na posse prolongada. Isso significa que o possuidor, devidamente representado por advogado e mediante requerimento instruído com ata notarial, planta e memorial descritivo do imóvel, certidões negativas e demais documentos necessários, apresentará o pedido ao Oficial de Registro de Imóveis, em cuja circunscrição esteja localizado o imóvel usucapiendo. Daí, será devidamente protocolado e tomadas as demais providências necessárias ao reconhecimento da posse aquisitiva da propriedade imobiliária.

Desse modo, já se percebe a desjudicialização do procedimento, pois a adoção do procedimento extrajudicial trará vantagens para o direito brasileiro, sobretudo nos aspectos de agilidade, simplicidade, celeridade e segurança jurídica. Mesmo havendo impasse, o procedimento será enviado ao Judiciário, já com provas consistentes e em etapa avançada, sem ferir o princípio da inafastabilidade do controle jurisdicional.

Nesse sentido, o Tabelionato de Notas e o Ofício de Registro de Imóveis são titulares de fé pública, cuja função se baseia na independência, na confiança do Estado e das pessoas. Devem, pois, executar o trabalho com prudência e plena informação ao possuidor ou requerente, a fim de irradiar a aplicação dos princípios integradores dos negócios jurídicos, assegurando a segurança jurídica, a paz social e a contribuição para a dinâmica das relações privadas.

Nessa nova modalidade de usucapião, também é importante levar em conta os menos favorecidos, que poderão requerer o procedimento para a regularização do seu imóvel, de forma menos dispendiosa, amparados pelo disposto no §3º do art. 1124-A, do CPC.

Portanto, a única falha cometida pela Lei nº 13.105, 16.3.2015, Novo CPC, corresponde à não intervenção do Ministério Público no feito, pois, como já dito, o *parquet* é fiscal permanente do registro de imóveis, por isso mesmo sua presença é necessária na condição de *custos legis*. Assim, o novo CPC pode ser visto com bons olhos, pois a nova lei processual traz inovações que retratam a necessidade da resolução dos conflitos de maneira célere, porém com segurança jurídica (sem atropelar o direito). E a desjudicialização (no que lhe cabe) é o caminho adequado para se alcançar um estado democrático de direito em toda sua plenitude.

Abstract: This study aims to address the new Civil Procedure Code (Law N. 13 105 of 03.16.2015, New CPC.) With regard to action of extrajudicial prescription, (prepared in the supplementary book - transitional and final provisions of mentioned law, art. 1071), adducing the advantages and disadvantages of the new procedure. It will be addressed under the desjudicialização point of view according to the new law, and other procedures, such as the administrative rectification, the consensual divorce and inventory. It is important to consider that the CPC does not create new administrative prescription because this type already existed for cases of regularization of urban settlements, regulated by Law 11,977 / 2009 in its articles. 46 ff. The novelty is in relation to the spread of the procedure to any factual support prescription where there is consensus, significantly expanding the institute's scope. It is noteworthy, therefore, the importance of the issue, as many people seek, through justice, ensuring the constitutional right to property, resorting to various forms of adverse possession. In principle, the New CPC apparently has become more fearless, especially the possibility of obtaining a real estate domain statement, extrajudicial, upon presentation of documents before the Official Real Estate Registry. It is observed that the new law does not answer questions, such as if the new form of extrajudicial prescription will be applicable for all other existing methods. It also does not put forward regarding the role of the prosecution, before mandatory, now suppressed, without setting any kind of nullity. For a better understanding of the subject it used the literature and deductive, as well as the information necessary for analysis, obtained by doctrines, jurisprudence, and in other publications and work on the subject. Finally, we intend to illustrate in a simple and practical way the new factual situation brought by Law no. 13,105 / 2015, New CPC, regarding the complementary book – transitional and final provisions. In particular, the art. 1071, which adds on extrajudicial prescription, followed by desjudicialização idea of the Judiciary.

Keywords: Action. Adverse possession. Extrajudicial. Administrative. Immobile. Registry. Record. New Civil Procedure Code. Desjudicialização.

Referências

BRASIL. *Constituição (1988)*. Constituição da República Federativa do Brasil. 35. ed. São Paulo: Saraiva, 2005.

BRASIL. Lei n. 11.977 de 7 de julho de 2009. Dispõe sobre o Programa Minha Casa, Minha Vida – PMCMV e a regularização fundiária de assentamentos localizados em áreas urbanas; altera o Decreto-Lei no 3.365, de 21 de junho de 1941, as Leis nos 4.380, de 21 de agosto de 1964, 6.015, de 31 de dezembro de 1973, 8.036, de 11 de maio de 1990, e 10.257, de 10 de julho de 2001, e a Medida Provisória no 2.197-43, de 24 de agosto de 2001; e dá outras providências. *Diário Oficial da União*. Disponível em: <http://www.planalto.gov.br/ccivil_03/_ato2007-2010/2009/lei/l11977.htm>. Acesso em: 28 jul. 2015.

BRASIL. Lei n. 13.105, de 16 de março de 2015. Altera dispositivos da Lei n. 5.869, de 11 de janeiro de 1973 – Código de Processo Civil. *Diário Oficial da União*, Brasília, 16 mar. 2015. Disponível em: <http://www.planalto.gov.br/ccivil_03/Leis/LEIS_2001/L10352.htm>. Acesso em: 9 jun. 2015.

BRASIL. Lei n. 6.015 de 31 de dezembro de 1973. Dispõe sobre os registros públicos, e dá outras providências. *Diário Oficial da União*. Disponível em: <http://www.planalto.gov.br/ccivil_03/leis/L6015original.htm >. Acesso em: 28 jul. 2015.

BUENO, Raquel. *Palavra de quem entende*: usucapião extrajudicial? Avanço ou retrocesso no novo CPC? Informe-se! Disponível em: <http://www.blog.grancursosonline.com.br>. Acesso em: 9 jun. 2015.

GONÇALVES, Marcus Vinícius Rios. *Novo curso de direito processual civil*: processo de conhecimento (2ª parte) e procedimentos especiais. São Paulo: Saraiva, 2013. v. 2.

KÜMPEL, Vitor Frederico. *O novo Código de Processo Civil*: o usucapião administrativo e o processo de desjudicialização. Disponível em: <http://www.migalhas.com.br>. Acesso em: 9 jun. 2015.

MODANEZE, Jussara Citroni. *A usucapião extrajudicial*. Disponível em: <http://www.cartaforense.com.br>. Acesso em: 9 jun. 2015.

PAIVA, João Pedro Lamana. *A usucapião extrajudicial*. Disponível em: <http://www.lamanapaiva.com.br>. Acesso em: 9 jun. 2015.

PEREIRA, Caio Mário da Silva. *Instituições de direito civil* – Direitos reais. Rio de Janeiro: Forense, 2004.

SÃO PAULO. Tribunal de Justiça de São Paulo – TJSP. *BDI nº 13, 2015* – Assuntos Cartorários. Apelação nº 1024081-02.2014.8.26.0100-SP, Apelante Investprev Seguros e Previdência S/A, Apelado 5º Ofício de Registro de Imóveis da Comarca da Capital, Rel. Elliot Akel. Julg. 19.12.2014.

SCAVONE JÚNIOR, Luiz Antônio. *Direito imobiliário*. Teoria e prática. 9. ed. Rio de Janeiro: Forense, 2015.

SOUZA, Adriano Stanley Rocha. *Direito das coisas*. 1. ed. Belo Horizonte: Del Rey, 2009. Coleção Direito Civil.

VERONESE, Yasmim Leandro; SILVA, Caique Leite Thomas da. *Os notários e registradores e sua atuação na desjudicialização das relações sociais*. São Paulo: Revista dos Tribunais, 2014. v. 4.

Informação bibliográfica deste texto, conforme a NBR 6023:2002 da Associação Brasileira de Normas Técnicas (ABNT):

CAETANO, Jorgete das Graças. Ação de usucapião extrajudicial e o Novo Código de Processo Civil (Lei nº 13.105, de 16.3.2015) – Vantagens e desvantagens do novo procedimento. In: GONÇALVES, Guilherme Alberto Marinho; HECKERT JÚNIOR, Ival; QUEIROZ JÚNIOR, Antônio Raimundo de Castro (Coord.). *A teoria do direito aplicada*: seleção dos melhores artigos científicos do Programa de Pós-Graduação da Escola Superior de Advocacia da OAB/MG. Belo Horizonte: Fórum, 2016. v. 1. p. 73-88. ISBN 978-85-450-0109-6.

PARTE II

DIREITO PENAL

HOMICÍDIO DISCRIMINATÓRIO POR RAZÕES DE GÊNERO

CEZAR ROBERTO BITENCOURT

Sumário: 1 Considerações preliminares – 2 Impropriedade terminológica: "feminicídio" – 3 Matar alguém: feminicídio ou homicídio – 4 Elementos qualificadores do feminicídio – 5 Sujeitos ativo e passivo – 6 Majorantes ou causas especiais de aumentos

1 Considerações preliminares

A *violência* representa uma das maiores ameaças à humanidade, fazendo-se presente em todas as fases da história da civilização humana. Pode-se dizer que a violência é parte significativa do cotidiano, retratando a trajetória humana através dos tempos, e que é intrínseca à existência da própria civilização. Como parte desse fenômeno, inserida num contexto histórico-social e com raízes culturais, encontra-se a *violência familiar* (violência conjugal, violência contra a mulher, maus-tratos infantis, abuso sexual intrafamiliar etc.). Essa violência é um fenômeno complexo e multifacetado, atingindo todas as classes sociais e todos os níveis socioeducativos; apresenta diversas formas, como exemplo, maus-tratos físicos, psicológicos, abuso sexual, abandono, e, principalmente, a agressão física, chegando, muitas vezes, a ceifar a própria vida da mulher, da companheira e de filhos.

Destacamos, em especial, a violência contra a mulher. Por ser mulher, uma das mais graves formas de agressão ou violação, pois lesa a honra, o amor próprio, a autoestima, e seus direitos fundamentais, apresentando contornos de *durabilidade* e *habitualidade*; trata-se, portanto, de um crime que deixa mais do que marcas físicas, atingindo a própria dignidade da mulher, enquanto ser humano e enquanto cidadã, que merece, no mínimo, um tratamento igualitário, urbano e respeitoso por sua própria condição de mulher.

A origem da violência contra a mulher, por outro lado, transcende as fronteiras das culturas e tem seus precedentes nos primórdios da civilização humana, percorrendo o longo período medieval, ultrapassa a modernidade e chega a nossos dias, tão aviltante, constrangedora e discriminatória, como sempre foi. Segundo Alice Bianchini:

> Ao longo da História, nos mais distintos contextos socioculturais, mulheres e meninas são assassinadas pelo tão só fato de serem mulheres. O fenômeno forma parte de um contínuo de violência de gênero expressada em estupros, torturas, mutilações genitais, infanticídios, violência sexual nos conflitos armados, exploração e escravidão sexual, incesto e abuso sexual dentro e fora da família.[1]

Atendendo à Convenção Interamericana para Prevenir, Punir e Erradicar a Violência contra a Mulher, concluída em Belém do Pará, em 9.6.1994, na linha da Lei Maria da Penha (Lei nº 11.340/06), o Brasil editou a Lei nº 13.104/2015, criando a qualificadora do "feminicídio", exasperando a sua punição. O *feminicídio* – afirma Alice Bianchini – constitui a manifestação mais extremada da violência machista, fruto das relações desiguais de poder entre os gêneros.[2]

Convém destacar, de plano, que estamos diante de uma *política repressora* da criminalidade discriminatória da mulher, e precisamos, nessa área, de políticas preventivas buscando diminuir essa violência condenável e insuportável em um Estado Democrático de Direito, prevenindo sua ocorrência, e devemos, mais que punir, buscar salvar vidas cuja perda será sempre irreparável.[3] Na realidade, quando o Poder Judiciário é chamado a intervir na seara penal já houve a perda de uma vida, que é em si mesmo inaceitável. Por isso, precisamos antes prevenir, orientar, educar, ou, em outros termos, impedir que

---

[1] BIANCHINI, Alice. *O feminicídio*. Disponível em: <https://pt-br.facebook.com/portalatuali dadesdodireito/posts/800493170021386>. Acesso em: 10 maio 2015.

[2] BIANCHINI, Alice. *O feminicídio*. Disponível em: <https://pt-br.facebook.com/portalatuali dadesdodireito/posts/800493170021386>. Acesso em: 10 maio 2015.

[3] Estima-se que no Brasil, entre 2001 a 2011, ocorreram mais de 50 mil assassinatos de mulheres: ou seja, em média, 5.664 mortes de mulheres por causas violentas a cada ano, 472 a cada mês, 15,52 a cada dia, ou uma morte a cada 1 hora e 30 minutos. Esses dados foram divulgados pelo Instituto de Pesquisa Econômica Aplicada (Ipea) em uma pesquisa inédita, que reforçou as recomendações realizadas pela CPMI (Comissão Parlamentar Mista de Inquérito), que avaliou a situação da violência contra mulheres no Brasil.

se chegue a esse trágico desfecho, não apenas mudando toda uma herança histórico-cultural machista, mas formando novos cidadãos e cidadãs, procurando sepultar todo um passado cujas raízes remontam o período medieval, que precisa, de uma vez por todas, ser superado, sem machismo ou feminismo, em que mulheres e homens possam conviver harmonicamente, sem qualquer disputa de gênero, na qual todos perdem.

2 Impropriedade terminológica: "feminicídio"

Tecnicamente, a nosso juízo, é um erro grosseiro repetir a linguagem da imprensa afirmando "que foi criado um crime de feminicídio", pois, na realidade, matar alguém continua sendo um homicídio, e tanto mulher, como homem, estão abrangidos por esse pronome indefinido – alguém – que não faz exceção a nenhum ser humano. Com efeito, quando examinamos o crime de homicídio, em nosso Tratado de Direito Penal, afirmamos: "A expressão alguém, contida no tipo legal, abrange, indistintamente, o universo de seres humanos, ou seja, qualquer deles pode ser sujeito passivo do homicídio".[4] Por outro lado, o legislador não criou nenhum novo tipo penal, apenas acrescentou uma qualificadora especial para ampliar o combate à violência de gênero, que continua dizimando milhares de mulheres todos os anos em nosso país. Portanto, convém não se olvidar que o tal feminicídio constitui somente uma qualificadora especial do homicídio discriminatório de mulher, praticado em "situação caracterizadora" de (i) violência doméstica e familiar, ou "motivado" por (ii) menosprezo ou discriminação à condição de mulher.

No entanto, a despeito da terminologia utilizada, quer nos parecer que, no particular, isto é, criando uma qualificadora especial, andou bem o legislador, por que conseguiu, adequadamente, ampliar a proteção da mulher vitimada pela violência de gênero, assegurando-lhe maior proteção sem incorrer em inconstitucionalidade por dedicar-lhe uma proteção excessiva e discriminatória, o que, a nosso juízo, poderia ocorrer se, em vez da qualificadora, houvesse criado um novo tipo penal, isto é, uma nova figura penal paralela ao homicídio, com punição mais grave sempre que se tratasse de vítima do sexo feminino. Assim, a opção político-legislativa foi feliz e traduz a preocupação com a situação calamitosa sofrida por milhares de mulheres discriminadas por sua

---

[4] BITENCOURT, Cezar Roberto. *Direito penal* – Dos crimes contra a pessoa. 15. ed. São Paulo: Saraiva, 2015. p. 58. v. 2.

simples condição de mulher, permitindo, na prática, a execução de uma política criminal mais eficaz no combate a essa chaga que contamina toda a sociedade brasileira.

3 Matar alguém: feminicídio ou homicídio

Não existe crime de feminicídio, como tipo penal autônomo, ao contrário do que se tem apregoado, pois, como veremos, "matar alguém" continua sendo homicídio, que, se for motivado pela discriminação da condição de mulher, ou seja, por razões de gênero, será qualificado, e essa qualificadora recebeu expressamente o *nomen iuris* de "feminicídio". Aliás, o próprio texto legal refere-se a homicídio, *verbis*: "se o homicídio é cometido por questões de gênero".

Em outros termos, a lei pretendeu criar uma qualificadora especial do homicídio para a hipótese de ser *motivado por razões de gênero*, caracterizadora de (i) violência doméstica e/ou familiar, (ii) menosprezo ou discriminação pela condição de mulher. Destaca Alice Bianchini:

> Não se trata de dar um tratamento vantajoso para as mulheres à custa dos homens, senão de se conceder uma tutela reforçada a um grupo da população cuja vida, integridade física e moral, dignidade, bens e liberdade encontram-se expostas a uma ameaça específica e especialmente intensa, evitando violarmos o princípio da proteção deficiente.[5]

Essa alteração foi realizada pela Lei nº 13.104/2015, com o acréscimo do inc. VI no §2º do art. 121 do Código Penal, destacando que "se o homicídio é cometido contra a mulher por razões de gênero". E, em seguida, o próprio texto legal define objetivamente o que sejam "razões de gênero", acrescentando o §2º - A, *verbis*: "Considera-se que a há razões de gênero quando o crime envolve: I – violência doméstica e familiar; II – menosprezo ou discriminação à condição de mulher". Reforçando a maior punição dessa infração penal, o legislador criou também uma majorante "feminicista", no §7º, prevendo o acréscimo de 1/3 (um terço) até a metade se o crime for praticado: "I – durante a gestação ou nos 3 (três) meses posteriores ao parto; II – contra pessoa menor de 14 (quatorze) anos, maior de 60 (sessenta) anos ou com deficiência; III – na presença de descendente ou de ascendente da

---

[5] BIANCHINI, Alice. *O feminicídio*. Disponível em: <https://pt-br.facebook.com/portalatualidadesdodireito/posts/800493170021386>. Acesso em: 17 maio 2015.

vítima". Aproveitou, ainda, o legislador contemporâneo, para atribuir a qualidade de hediondo a esse homicídio qualificado, aliás, apenas atualizou o art. 1º da Lei nº 8.072, pois, como homicídio qualificado, a hediondez é uma decorrência natural.

4 Elementos qualificadores do feminicídio

Convém destacar, contudo, que não basta tratar-se de homicídio de mulher, isto é, ser mulher o sujeito passivo do homicídio para caracterizar essa novel qualificadora. Com efeito, para que se configure a qualificadora do feminicídio[6] é necessário que o homicídio discriminatório seja praticado em situação caracterizadora de (i) violência doméstica e familiar, ou motivado por (ii) menosprezo ou discriminação à condição de mulher. No mesmo sentido, manifesta-se Rogério Sanches afirmando:

> Feminicídio, comportamento objeto da Lei em comento, pressupõe violência baseada no gênero, agressões que tenham como motivação a opressão à mulher. É imprescindível que a conduta do agente esteja motivada pelo menosprezo ou discriminação à condição de mulher da vítima.

Não difere muito o entendimento de Rogério Greco, *verbis*:

> Devemos observar, entretanto, que não é pelo fato de uma mulher figurar como sujeito passivo do delito tipificado no art. 121 do Código Penal que já estará caracterizado o delito qualificado, ou seja, o feminicídio. Para que reste configurada a qualificadora, nos termos do §2-A, do art. 121 do diploma repressivo, o crime deverá ser praticado *por razões de condição de sexo feminino*, o que efetivamente ocorrerá quando envolver: I – violência doméstica e familiar; II – menosprezo ou discriminação à condição de mulher.[7]

Em outros termos, nem todos os crimes de homicídio em que figure uma mulher como vítima configura esta qualificadora, pois somente a tipificará quando a ação do agente for motivada pelo

---

[6] CUNHA, Rogério Sanches. *Lei do feminicídio*: breves comentários. Disponível em: <http://rogeriosanches2.jusbrasil.com.br/artigos/172946388/lei-do-feminicidio-breves-comentarios>.

[7] GRECO, Rogério. *Feminicídio* – Comentários sobre a Lei nº 13.104, de 9 de março de 2015. Disponível em: <http://rogeriogreco.jusbrasil.com.br/artigos/173950062/feminicidio-comentarios-sobre-a-lei-n-13104-de-9-de-marco-de-2015>. Acesso em: 18 maio 2015.

menosprezo ou discriminação à condição de mulher da vítima. Com efeito, a tipicidade estrita exige que esteja presente, alternativamente, a situação caracterizadora de (i) violência doméstica e familiar, ou (ii) a motivação de menosprezo ou discriminação à condição de mulher (§2º - A do art. 121 CP). Assim, *v. g.*, se alguém (homem ou mulher), que é credor de uma mulher, cobra-lhe o valor devido e esta se nega a pagá-lo, enraivecido o cobrador desfere-lhe um tiro e a mata. Nessa hipótese, não se trata de um crime de gênero, isto é, o homicídio não foi praticado em razão da condição de mulher, mas sim de devedora, e tampouco foi decorrente de violência doméstica e familiar; logo, não incidirá a qualificadora do feminicídio, embora possa incidir a qualificadora do motivo fútil, por exemplo.

4.1 Violência doméstica e familiar

Chama atenção que a redação do inc. I do §2º - A do art. 121 apresente-se com uma redação, no mínimo, inadequada, para não dizer imprópria, *verbis*: "violência doméstica e familiar". Efetivamente, observando-se numa análise estrita do vernáculo, esse texto legal está exigindo que a situação fática apresente dupla característica, qual seja, que situação em que ocorra o crime seja de violência doméstica e familiar, como se fosse a mesma coisa. No entanto, embora possa ser a regra, ela não é exclusiva, embora possa ser excludente. Explicamos: nem toda violência doméstica é familiar e vice-versa. Na verdade, poderá haver violência doméstica que não se inclua na familiar, *v. g.*, alguém estranho à relação familiar que, por alguma razão, esteja coabitando com o agressor, ou então, que a violência recaia sobre um empregado ou empregada que presta serviços à família etc. Pois, essa relação, a despeito de caracterizar-se como doméstica não é estritamente familiar, e, com a ligação com a preposição aditiva "e", poderá gerar intermináveis discussões sobre a necessidade de a referida violência abranger as duas circunstâncias, "doméstica e familiar", em obediência ao princípio da tipicidade estrita. Por isso, a nosso juízo, teria andado melhor o legislador se tivesse adotado uma fórmula alternativa, qual seja, "violência doméstica ou familiar".

4.2 Menosprezo ou discriminação da mulher

Embora se trate de um crime que tem como fundamento político-legislativo a *discriminação da mulher*, pode-se constatar que o texto legal qualifica o homicídio em duas hipóteses distintas, quais sejam, (i) quando se tratar de violência doméstica e familiar, ou (ii) quando for motivado por menosprezo ou discriminação à condição de mulher.[8] Na primeira hipótese o legislador presume o menosprezo ou a discriminação, que estão implícitos, pela vulnerabilidade da mulher vítima de violência doméstica ou familiar, isto é, o ambiente doméstico e/ou familiar são as situações caracterizadoras em que ocorre com mais frequência a violência contra a mulher por discriminação; na segunda hipótese, o próprio móvel do crime é o menosprezo ou a discriminação à condição de mulher, mas é, igualmente, a *vulnerabilidade da mulher* tida, física e psicologicamente, como mais frágil, que encoraja a prática da violência por homens covardes, na presumível certeza de sua dificuldade em oferecer resistência ao agressor machista.

5 Sujeitos ativo e passivo

5.1 Sujeito ativo

Tratando-se tão somente de uma modalidade qualificada do crime de homicídio, resulta claro que pode ser praticado por qualquer pessoa, homem ou mulher, independentemente do gênero masculino ou feminino. Não há exigência de qualquer qualidade ou condição especial para ser autor dessa forma qualificada de homicídio, basta a conduta adequar-se à descrição típica, e que esteja presente, alternativamente, a situação *caracterizadora* de (i) violência doméstica ou familiar, (ii) ou *motivadora* de menosprezo ou discriminação à condição de mulher (§2º - A do art. 121 CP).

5.2 Sujeito passivo

É, via de regra, uma mulher, ou seja, *pessoa do sexo feminino*, e que o crime tenha sido cometido *por razões de sua condição de gênero*, ou que ocorra em situação caraterizadora de violência doméstica ou familiar. O substantivo *mulher* abrange, logicamente, lésbicas, transexuais e travestis, que se identifiquem como do sexo feminino. Além das esposas, companheiras, namoradas ou amantes, também podem ser vítimas desse crime filhas e netas do agressor, como também mãe,

---

[8] "§2º - A. Considera-se que há razões de condição de sexo feminino quando o crime envolve: I - violência doméstica e familiar; II - menosprezo ou discriminação à condição de mulher".

sogra, avó ou qualquer outra parente que mantenha vínculo familiar com o sujeito ativo.

No entanto, uma questão, outrora irrelevante, na atualidade mostra-se fundamental, e precisa ser respondia: quem pode ser considerado *mulher* para efeitos da tipificação da presente qualificadora? Seria somente aquela nascida com a anatomia de mulher, ou também quem foi transformado cirurgicamente em mulher, ou algo similar? E aqueles que, por opção sexual, acabam exercendo na relação homoafetiva masculina a "função de mulher"? Há alguns critérios para buscar a melhor definição sobre quem é ou pode ser considerado mulher, para efeitos dessa qualificadora. Vejamos a seguir algumas reflexões a respeito.

Vários critérios poderão ser utilizados para uma possível definição, com razoável aceitação, de quem pode ser considerado *mulher* para efeitos da presente qualificadora. Assim, por exemplo, pelo *critério de natureza psicológica*, isto é, alguém mesmo sendo do sexo masculino acredita pertencer ao sexo feminino, ou, em outros termos, mesmo tendo nascido biologicamente como homem, acredita, psicologicamente, ser do sexo feminino, como, sabidamente, acontece com os denominados transexuais. Há, na realidade, uma espécie de negação ao sexo de origem, levando o indivíduo a perseguir uma reversão genital, para assumir o gênero desejado.

De um modo geral, não apresentam deficiência ou deformação em seu órgão genital de origem, apenas, psicologicamente, não se aceitam, não se conformando enquanto não conseguem, cirurgicamente, a transformação sexual, isto é, transformando-se em mulher. Segundo Genival Veloso de França "As características clínicas do transexualismo se reforçam com a evidência de uma convicção de pertencer ao sexo oposto, o que lhe faz contestar e valer essa determinação até de forma violenta e desesperada".[9]

Por essa razão, consideramos perfeitamente possível admitir o transexual, desde que transformado cirurgicamente em mulher, como vítima da violência sexual de gênero caracterizadora da qualificadora do feminicídio, como demonstraremos adiante.

Contudo, não se admite que o *homossexual masculino*, que assumir na relação homoafetiva o "papel ou a função de mulher", possa figurar como vítima do feminicídio, a despeito de entendimentos em sentido

---

[9] FRANÇA, Genival Lacerda Veloso de. *Fundamentos de medicina legal*. Rio de Janeiro: Guanabara Koogan. p. 142.

diverso. Com efeito, o texto do inc. VI do §2º do art. 121 não nos permite ampliar a sua abrangência, pois é taxativo: "se o homicídio é cometido contra a mulher por razões de gênero". E o novo §2º - A – acrescido pela Lei nº 13.104/15 – reforça esse aspecto ao esclarecer que "Considera-se que há razões de condição de sexo feminino quando o crime envolve: [...] II - menosprezo ou discriminação à condição de mulher". Aqui, claramente, o legislador pretendeu destacar e proteger a mulher, isto é, pessoa do sexo feminino, *pela sua condição de mulher*, quer para evitar o preconceito, quer por sua fragilidade física, por sua compleição menos avantajada que a do homem, quer para impedir o prevalecimento de homens fisicamente mais fortes etc. É necessário, em outros termos, que a conduta do agente seja motivada pela violência doméstica ou familiar, e/ou pelo menosprezo ou discriminação à *condição de mulher*, que o homossexual masculino não apresenta.

Não se trata, por outro lado, de norma penal que objetive proteger a homossexualidade ou coibir a homofobia, e tampouco permite sua ampliação para abranger o homossexual masculino na relação homoafetiva, ao contrário do que pode acontecer com o denominado crime de "violência doméstica" (art. 129, §9º, do CP, acrescentado pela Lei nº 10.886/2004). Com efeito, nesse caso, independentemente do gênero, o ser masculino também pode ser vítima de violência doméstica, como sustentamos ao examinarmos esse crime previsto no referido dispositivo legal, no volume 2º de nosso Tratado de Direito Penal,[10] para onde remetemos o leitor.

Ademais, o homossexual masculino, independentemente de ser ativo ou passivo, via de regra, não quer ser mulher, não se porta como mulher, não é mulher, mas apenas tem como opção sexual a preferência por pessoa do mesmo sexo. E ainda que pretendesse ou pretenda ser mulher, e haja como tal, mulher não é, além de não ser legalmente reconhecido como tal, e sua eventual discriminação, se houver, não será por sua condição de mulher, pois não a ostenta. E admiti-lo como sujeito passivo de feminicídio implica ampliar a punição, indevidamente, para considerar uma qualificadora com situação ou condição que não a caracteriza (é do sexo masculino), tornando-se, portanto, uma punição absurda, ilegal, arbitrária e intolerável pelo direito penal da culpabilidade, cujos fundamentos repousam em seus sagrados dogmas da tipicidade, antijuridicidade e culpabilidade, próprios de um Estado Democrático do Direito.

---

[10] BITENCOURT, Cezar Roberto. *Direito penal* – Dos crimes contra a pessoa. 15. ed. São Paulo: Saraiva, 2015. p. 215-218. v. 2.

E, por fim, o eventual desiderato dramático da morte de um homem por seu companheiro não terá sido pela discriminação de sua condição de mulher, pois de mulher não se trata, logo, não será um homicídio "contra a mulher por razões da condição de sexo feminino", como é tipificado no texto legal (art. 121, §2º, VI, CP). Estar-se-ia violando o princípio da tipicidade estrita. Poderá até tipificar um homicídio qualificado, quiçá, por motivo fútil, motivo torpe etc., mas, certamente, não tipificará a qualificadora de gênero.

Uma questão precisa ser esclarecida: a Lei do Feminicídio (Lei nº 13.104/15), não tem a mesma abrangência da Lei Maria da Penha. Esta trata, fundamentalmente, de medidas protetivas, corretivas e contra a discriminação, independentemente da opção sexual. Nessa seara, por apresentar maior abrangência e não se tratar de matéria penal, admite, sem sombra de dúvidas, analogia, interpretação analógica e interpretação extensiva, inclusive para proteger pessoas do sexo masculino nas relações homoafetivas. Nesse sentido, há, inclusive, decisões de nossos tribunais superiores reconhecendo essa aplicabilidade. Não é outro o entendimento de Luiz Flavio Gomes e Alice Bianchini, *verbis*:

> Na qualificadora do feminicídio, o sujeito passivo é a mulher. Aqui não se admite analogia contra o réu. Mulher se traduz num dado objetivo da natureza. Sua comprovação é empírica e sensorial. De acordo com o art. 5º, par. Ún., a Lei 11.340/2006 deve ser aplicada, independentemente de orientação sexual. Na relação entre mulheres hetero ou transexual (sexo biológico não correspondente à identidade de gênero; sexo masculino e identidade de gênero feminina), caso haja violência baseada no gênero, pode caracterizar o feminicídio.[11]

Por outro lado, admitimos, sem maior dificuldade, a possiblidade de figurarem na relação homossexual feminina, ambas, tanto como autora quanto como vítima, indistintamente, do crime de feminicídio. Rogério Sanches destaca, com muita propriedade que "A incidência da qualificadora reclama situação de violência praticada contra a mulher, em contexto caracterizado por relação de poder e submissão, praticada por homem ou mulher sobre mulher em situação de vulnerabilidade".[12]

---

[11] GOMES, Luiz Flavio; BIANCHINI, Alice. *Feminicídio*: entenda as questões controvertidas da Lei 13.104/2015. Disponível em: <http://professorlfg.jusbrasil.com.br/artigos/173139525/feminicidio-entenda-as-questoes-controvertidas-da-lei-13104-2015?ref=topic_feed>. Acesso em: 18 maio 2015.

[12] CUNHA, Rogério Sanches. *Lei do feminicídio*: breves comentários. Disponível em: <http://rogeriosanches2.jusbrasil.com.br/artigos/172946388/lei-do-feminicidio-breves-comentarios>.

Na hipótese de relação homoafetiva entre mulheres, por sua vez, é absolutamente irrelevante quem exerça o papel feminino ou masculino no quotidiano de ambas, pois, em qualquer circunstância, ocorrendo um homicídio, nas condições definidas no texto legal, estará configurada a qualificadora do feminicídio.

Pelo critério biológico identifica-se uma mulher em sua concepção genética ou cromossômica. Segundo os especialistas,

> o sexo morfológico ou somático resulta da soma das características genitais (órgão genitais externos, pênis e vagina, e órgãos genitais internos, testículos e ovários) e extragenitais somáticas (caracteres secundários – desenvolvimento de mamas, dos pelos pubianos, timbre de voz, etc.).

Com essas características todas, certamente, não será difícil identificar o sexo de qualquer pessoa, pelo menos, teoricamente.

Mas, na atualidade, com essa diversificação dos "espectros" sexuais, para fins penais, precisa-se mais do que simples critérios biológicos ou psicológicos para definir-se o sexo das pessoas, para identificá-las como femininas ou masculinas. Por isso, quer nos parecer que devemos nos socorrer de um critério estritamente jurídico, por questões de segurança jurídica em respeito à tipicidade estrita, sendo insuficiente simples critério psicológico ou biológico para definir quem pode ser sujeito passivo desta novel qualificadora.

Por isso, na nossa ótica, somente quem for oficialmente identificado como mulher (certidão do registro de nascimento, identidade civil ou passaporte), isto é, apresentar sua documentação civil identificando-a como mulher, poderá ser sujeito passivo dessa qualificadora. Nesse sentido, é irrelevante que tenha nascido do sexo feminino, ou que tenha adquirido posteriormente, por decisão judicial, a condição legalmente reconhecida como do sexo feminino. Nesses casos, não cabe discutir no juízo penal a justiça ou injustiça, correção ou incorreção de sua natureza sexual. Cumpridas essas formalidades a pessoa é reconhecida legalmente como do sexo feminino e ponto final. É *mulher* e tem o direito de receber as mesmas garantias e a mesma proteção legal dispensadas a quem nasceu mulher.

Assim, concluindo, entre os critérios psicológico, biológico e jurídico, somente este último apresenta-nos a segurança necessária para efeitos de reconhecimento da condição de mulher, para fins penais, considerando que estamos diante de uma norma penal incriminadora, a qual deve ser interpretada restritivamente, evitando-se uma indevida ampliação do seu conteúdo que ofenderia diretamente o princípio da legalidade estrita.

6 Majorantes ou causas especiais de aumentos

A Lei nº 13.104/15 aproveitou para acrescentar o §7º ao art. 121 do Código Penal, determinando o aumento de pena de um terço (1/3) até metade se o crime for praticado: I – durante a gestação ou nos 3 (três) meses posteriores ao parto; II – contra pessoa menor de 14 (catorze) anos, maior de 60 (sessenta) anos ou com deficiência; III – na presença de descendente ou de ascendente da vítima. Vejamos, sinteticamente, cada uma dessas majorantes.

6.1 Durante a gestação ou nos 3 (três) meses posteriores ao parto

Esta majorante não se aplica a partir do nascimento, como parece terem entendido alguns doutrinadores, sendo despiciendo definir quando se inicia efetivamente o parto, pois durante o parto e até três meses após o nascimento da criança, o fato continua a integrar esta majorante. Contudo, para nós, a despeito da grande divergência doutrinária, inicia-se o parto com a dilatação, ampliando-se o colo do útero; a seguir o nascente é impelido para o exterior, caracterizando a fase da expulsão. Por fim, a placenta destaca-se e também é expulsa pelo organismo, sendo esvaziado o útero. Com isso encerra-se o parto. Quando o parto é produto de cesariana, o começo do nascimento é determinado pelo início da operação, ou seja, pela incisão abdominal.

Essa qualificadora perdura, por outro lado, até três meses após a conclusão do parto. Como tivemos oportunidade de afirmar: "O Direito Penal protege a vida humana desde o momento em que o novo ser é gerado. Formado o ovo, evolui para o embrião e este para o feto, constituindo a primeira fase da formação da vida".[13] *Gestação*, por sua vez, pressupõe gravidez em curso, sendo irrelevante que o feto ainda se encontre com vida ou não. O período em que vigora a possível configuração dessa majorante encerra-se na data em que completar noventa dias da realização do parto. Esse marco é taxativo, não admitindo, por nenhuma razão, qualquer prorrogação.

---

[13] BITENCOURT, Cezar Roberto. *Direito penal* – Dos crimes contra a pessoa. 15. ed. São Paulo: Saraiva, 2015. p. 169. v. 2.

6.2 Contra pessoa menor de 14 (catorze) anos e maior de 60 (sessenta) ou com deficiência

Essa causa de aumento segue a mania do legislador contemporâneo em agravar sempre as punições, de qualquer crime, quando o vitimado for menor de quatorze anos ou maior de sessenta. Não deixa de ser uma previsão discriminatória, como se a vida de pessoas nessas faixas etárias, por si só, fosse superior à dos demais mortais. E esse penduricalho pode aumentar: hoje menoridade, velhice, amanhã, quem sabe, desempregado, sem-teto, sem juízo, incolor etc. De certa forma repete a previsão que já constava no §4º do mesmo art. 121, embora, nesse parágrafo, o aumento seja fixo de um terço, ao contrário deste, cujo aumento varia de um terço até metade.

A terceira figura, deste dispositivo legal, contempla a pessoa com deficiência, que pode ser física ou mental, indistintamente. Trata-se de uma norma penal em branco heterogênea, necessitando de complemento, ante a ausência de definição da abrangência da locução "deficiência". O Decreto nº 3.298, de 20.12.1999, que regulamentou a Lei 7.853, de 24.10.1989, em seus arts. 3º e 4º, considera "pessoa portadora de deficiência", in verbis:

> Art. 3º Para os efeitos deste Decreto, considera-se: I – deficiência – toda perda ou anormalidade de uma estrutura ou função psicológica, fisiológica ou anatômica que gere incapacidade para o desempenho de atividade, dentro do padrão considerado normal para o ser humano; II – deficiência permanente – aquela que ocorreu ou se estabilizou durante um período de tempo suficiente para não permitir recuperação ou ter probabilidade de que se altere, apesar de novos tratamentos; e III – incapacidade – uma redução efetiva e acentuada da capacidade de integração social, com necessidade de equipamentos, adaptações, meios ou recursos especiais para que a pessoa portadora de deficiência possa receber ou transmitir informações necessárias ao seu bem-estar pessoal e ao desempenho de função ou atividade a ser exercida.
> Art. 4º É considerada pessoa portadora de deficiência a que se enquadra nas seguintes categorias:
> I – deficiência física – alteração completa ou parcial de um ou mais segmentos do corpo humano, acarretando o comprometimento da função física, apresentando-se sob a forma de paraplegia, paraparesia, monoplegia, monoparesia, tetraplegia, tetraparesia, triplegia, triparesia, hemiplegia, hemiparesia, ostomia, amputação ou ausência de membro, paralisia cerebral, nanismo, membros com deformidade congênita ou adquirida, exceto as deformidades estéticas e as que não produzam dificuldades para o desempenho de funções; II – deficiência auditiva –

perda bilateral, parcial ou total, de quarenta e um decibéis (dB) ou mais, aferida por audiograma nas frequências de 500Hz, 1.000Hz, 2.000Hz e 3.000Hz; III – deficiência visual – cegueira, na qual a acuidade visual é igual ou menor que 0,05 no melhor olho, com a melhor correção óptica; a baixa visão, que significa acuidade visual entre 0,3 e 0,05 no melhor olho, com a melhor correção óptica; os casos nos quais a somatória da medida do campo visual em ambos os olhos for igual ou menor que 60º; ou a ocorrência simultânea de quaisquer das condições anteriores; IV – deficiência mental – funcionamento intelectual significativamente inferior à média, com manifestação antes dos dezoito anos e limitações associadas a duas ou mais áreas de habilidades adaptativas, tais como: a) comunicação; b) cuidado pessoal; c) habilidades sociais; d) utilização dos recursos da comunidade; e) saúde e segurança; f) habilidades acadêmicas; g) lazer; e h) trabalho; V – deficiência múltipla – associação de duas ou mais deficiências.

6.3 Na presença de descendente ou de ascendente da vítima

A locução do texto legal "na presença de" significa algo que acontece ou se realiza diante de alguém, perante alguém que está presente, isto é, *in loco*. Em outros termos, a conduta agressiva realiza-se no mesmo local em que se encontra, fisicamente, ascendente ou descendente da vítima. A nosso juízo, o princípio da tipicidade estrita não admite que se dê interpretação mais abrangente para incluir, por exemplo, os mecanismos avançados da tecnologia virtual, tipo câmeras de vídeos, filmadoras, telefone, televisão, Skype etc. Em sentido contrário, no entanto, manifesta-se Rogério Sanches Cunha,[14] *verbis*:

> Ao exigir que o comportamento criminoso ocorra na "presença", parece dispensável que o descendente ou o ascendente da vítima esteja no local da agressão, bastando que esse familiar esteja vendo (ex: por skype) ou ouvindo (ex: por telefone) a ação criminosa do agente.

Venia concessa, discordamos do eminente professor, por tratar-se de norma penal criminalizadora, consequentemente, é vedada interpretação extensiva por que incluiria aspectos ou fatos não abrangidos

---

[14] CUNHA, Rogério Sanches. *Lei do feminicídio*: breves comentários. Disponível em: <http://rogeriosanches2.jusbrasil.com.br/artigos/172946388/lei-do-feminicidio-breves-comentarios>.

pela definição legal, violando a tipicidade estrita, e o dogma *nullum crimen nulla sine legis.*

Logicamente, como se trata de crime doloso, é absolutamente indispensável que o sujeito ativo (agressor) tenha conhecimento da existência dos fatos ou circunstâncias que caracterizem qualquer das majorantes elencadas, sob pena de atribuir-se-lhe autêntica responsabilidade penal objetiva, que é absolutamente vedada em matéria penal.

Informação bibliográfica deste texto, conforme a NBR 6023:2002 da Associação Brasileira de Normas Técnicas (ABNT):

BITENCOURT, Cezar Roberto. Homicídio discriminatório por razões de gênero. In: GONÇALVES, Guilherme Alberto Marinho; HECKERT JÚNIOR, Ival; QUEIROZ JÚNIOR, Antônio Raimundo de Castro (Coord.). *A teoria do direito aplicada*: seleção dos melhores artigos científicos do Programa de Pós-Graduação da Escola Superior de Advocacia da OAB/MG. Belo Horizonte: Fórum, 2016. v. 1. p. 91-105. ISBN 978-85-450-0109-6.

UNA CRÍTICA A LOS DELITOS DE POSESIÓN A PARTIR DEL CONCEPTO DE ACCIÓN SIGNIFICATIVA. CONEXIONES ENTRE EL *CIVIL LAW* Y EL *COMMON LAW* EN LAS TESIS DE TOMÁS VIVES ANTÓN Y GEORGE FLETCHER

PAULO CÉSAR BUSATO

Resumen: El presente trabajo se dispone a discutir críticamente la fórmula de los delitos de posesión a partir de la teoría de la acción significativa. Para ello, comenta el desarrollo de las teorías de la acción en el Derecho penal del *civil law* y del *common law* hacia llegar al punto de conexión en las tesis de Vives Antón y George Fletcher respecto del concepto de acción.

Palabras-clave: Delitos de posesión. Teoría de la acción significativa. *Common law*. *Civil law*. Vives Antón. George Fletcher.

Sumario: Introducción – **1** El *rise* and fall del concepto de acción en la dogmática penal continental hasta el funcionalismo – **2** El debate sobre el concepto de acción derivado del *act requirement* en Estados Unidos de Norte América – **3** El escenario legislativo de avances de barreras de imputación del moderno Derecho penal – **4** ¿Existen coincidencias político criminales? – **5** El concepto de acción de Vives Antón – **6** El concepto de acción de George Fletcher – **7** El coincidente rol político-criminal del concepto de acción de Vives y Fletcher. Especial atención a la crítica a los delitos de posesión – **8** A modo de conclusión. El efecto de acercamiento entre el *civil law* y el *common law*: un síntoma de adecuación epistemológica – Bibliografía

Introducción

El presente trabajo ha sido desarrollado a partir de una ponencia en el Congreso sobre *La crisis de la dogmática: nuevas perspectivas,* que tuvo lugar en Valencia y Castellón en los días 19 y 20 de junio del 2014, organizado por las Universidades de las los ciudades valencianas.

En la ocasión, se trataba de discutir las aportaciones de la filosofía del lenguaje como paradigma epistemológico para la crítica al Derecho penal, en especial a los modelos dogmáticos tradicionales.

La discusión dogmática siempre tuvo un trasfondo vinculado a una ilusión cientificista que pretendía explicar lo que hacemos bajo una forma de ciencia.

Las vinculaciones de la estructuración dogmática ha siempre estado alrededor, de alguna forma, de la filosofía kantiana, pero, bastante más cercana de la *crítica de la razón pura*.

Los trabajos del Prof. Vives Antón y del Prof. George Fletcher, de alguna manera, proponen un abandono del paradigma *kantiano* de la razón pura y proponen un acercamiento a los puntos que interesan en al *crítica de la razón práctica*. El estudio de derecho penal debe de desvincularse de una perspectiva dogmática que espera solucionar a todo con absoluta precisión y acercarse de la *praxis*, estudiando los usos de los términos como forma de su reconocimiento práctico.

Así, lo que ofrece el paradigma del lenguaje es una reconstrucción de la misma dogmática a partir del sentido de las palabras, con lo cual, deja de importar *lo que es* un concepto dogmático o una realización criminal, para importar *el cómo se reconoce el sentido* de un concepto dogmático o una realización criminal.

Tanto la evolución del Derecho penal continental, bajo la perspectiva del *civil law* cuanto el Derecho penal anglosajón, en la forma de *common law* encuentran, en el paradigma del lenguaje, el más importante desarrollo de los últimos tiempos y en ello aparece un acercamiento que tiene por eje el concepto de acción.

Evidentemente, todos los aspectos de la teoría del delito cambian a partir de un paradigma del lenguaje y no cabría, en este trabajo, tratarlos a todos. Pero, justamente con el intento de apuntar para el concepto de acción como eje de los cambios, se utilizará la crítica al delito de posesión como ejemplo de lo que puede aportar la filosofía del lenguaje en términos jurídico penales.

1 El *rise and fall* del concepto de acción en la dogmática penal continental hasta el funcionalismo

La importancia del tema de la acción en la teoría del delito del sistema jurídico continental europeo, hacia poco tiempo, se podría describir perfectamente por una parábola, no en sentido del lenguaje, sino en el mismo sentido matemático.

En los albores de la composición de un concepto analítico de delito no se tenía en cuenta la importancia del elemento *acción*, sino que, la gran discusión se enredaba alrededor de la causalidad, que se elegía como el punto clave de determinación del carácter científico del Derecho penal.[1]

Refiere Gimbernat,[2] que el primer intento de desarrollo de la teoría del delito buscaba su anclaje en la causalidad.

Pero, la excesiva amplitud del concepto ontológico de causa (*conditio sine qua non*) y la insuficiencia de rendimiento de las teorías normativas (causalidad adecuada, por ejemplo), que negaban la causalidad en situaciones en donde esta estaba indudablemente presente, han llevado la doctrina a decantarse por el desarrollo del otro elemento del injusto - la acción – como el elemento base de la teoría del delito.[3]

En el comienzo de las formulaciones de un concepto analítico de delito, la pretensión de darle al mismo sistema de imputación un cariz científico,[4] hizo adoptar para la definición de delito, conceptos afirmados por otras ciencias, entre ellos, el mismo concepto de acción, tomado de la física *newtoniana*.[5]

Para von Liszt, que ha sido el autor del tratado más importante de finales del Siglo XIX y principio del Siglo XX, la acción consistía en una modificación del mundo exterior, perceptible por los sentidos, producida por una manifestación de voluntad que se expresaba en la realización u omisión de un movimiento corporal voluntario. Para él, "la manifestación de voluntad, e resultado y la relación de causalidad son los tres elementos del concepto de acción".[6]

---

[1] No es demasiado acordar que la principal pretensión de las estructuras analíticas causales-naturalistas era ofrecer un perfil científico para la teoría del delito.

[2] En ese sentido GIMBERNAT ORDEIG, Enrique. *Estudios de Derecho penal.* 3. ed. Madrid: Tecnos, 1990. p. 169.

[3] Al dato histórico refiere Gimbernat *in* GIMBERNAT ORDEIG, Enrique. *Estudios...* cit., p. 169.

[4] La pretensión era producto no sólo del impacto producido en el mundo por tesis como la de Darwin, como también pela pretensión de dar una respuesta para la conocida crítica de Kirchmann, en 1847, en el sentido de que tres palabras del legislador bastarían para convertir bibliotecas enteras en basura (Véase KIRCHMANN, Julius Hermann von. *La Jurisprudencia no es ciencia.* Traducción de Antonio Truyol y Serra. Madrid: Instituto de Estudios Políticos, 1949. p. 29).

[5] En ese sentido, TOLEDO, Francisco de Assis. *Princípios básicos de direito penal.* São Paulo: Saraiva, 1994. p. 93.

[6] LISZT, Franz von. *Tratado de Derecho Penal.* 3. ed. Traducción de Luís Jiménez de Asúa. Madrid: Instituto Editorial Reus S.A., 1927. p. 297-300 e 302. t. 2.

En un primer momento, los conceptos no salían demasiado del eje propuesto por Liszt.[7] El avance de los modelos de sistemas de imputación, con la constante quiebra de los paradigmas[8] en uno y otro punto, ha obligado a la reconstrucción permanente del mismo concepto de acción.[9] Sirve de ejemplo la influencia que tuvo el *neokantismo*, como perspectiva epistemológica axiológica en el planteamiento de conceptos penales como el concepto social de acción.[10]

Ello se puede notar en los comentarios que hizo Eberhard Schmidt[11] al tratado de su maestro von Liszt, en un intento de depurar el concepto causal propuesto por aquél de la excesiva influencia de las ciencias naturales, al definir la acción como "conducta llevada por la voluntad que concierne, a través de sus efectos, a la esfera de la vida del próximo y se presenta, bajo aspectos normativos, como unidad de sentido social".

El punto de partida de Eberhard Schmidt ha sido compartido y desarrollado por muchos otros autores como Wessels,[12] Jescheck,[13] Kienapfel,[14] Oehler[15] e Wolff,[16] además de recibir la adhesión de los

---

[7] Como ejemplo más evidente se puede referir al trabajo de Beling, disponible en lengua española como BELING, Ernst. *Esquema de Derecho penal*. La doctrina del delito-tipo. Traducción de Sebastián Soler, Buenos Aires: Depalma, 1944. p. 19. "«acción» es un *comportamiento corporal (fase externa, "objetiva" de la acción)* producido por el dominio sobre el cuerpo, consistente en la libertad de inervación muscular, o «voluntariedad» *(fase interna "subjetiva" de la acción)*".

[8] La tesis de Kuhn es de que la ciencia evoluciona a través de una sucesión de quiebra de paradigmas. Véase KUHN, Thomas. *La estructura de las revoluciones científicas*. 1. ed. 12. reimp. Traducción de Agustín Contin. Madrid: Fondo de Cultura Económica, 1987. p. 27.

[9] Cf. LUZÓN PEÑA, Diego-Manuel. *Derecho penal*. Parte General I. Madrid: Editorial Universitas S.A., 1996. p. 250.

[10] En ese sentido el comentario de TAVARES, Juarez. *Teoria do crime culposo*. 3. ed. Rio de Janeiro: Lumen Juris, 2009. p. 106, notas 290 e 291 e GUARAGNI, Fábio André. *As teorias da conduta em direito penal*. São Paulo: Revista dos Tribunais, 2005. p. 104.

[11] SCHMIDT, Eberhart. Soziale Handlungslehre. *In: Festschrift für Karl Engish*. Frankfurt: Vittorio Klostermann, 1969. p. 339.

[12] WESSELS, Johannes. *Derecho penal*. Parte General. Traducción de Conrado A. Finzi. Buenos Aires: Depalma, 1980. p. 20.

[13] JESCHECK, Hans-Heinrich. *Lehrbuch des Strafrechts*. Berlin: Duncker & Humblot, 1969. p. 149.

[14] KIENAPFEL, Diethelm. *Das erlaubte Risiko im Strafrecht*: zur Lehre vom sozialen Handlungsbegriff. Frankfurt a.M.: Klostermann, 1966.

[15] OEHLER, Dietrich Der rechtswidrige Vorsatz. *In: Juristenzeitung*. Tübingen: Mohr Siebeck, 1951.

[16] WOLFF, Ernst Amadeus. *Dre Hanlungsbegriff in der Lehre vom Verbrechen*. Heidelberg: Carl Winter Universitätsverlag, 1964.

partidarios del concepto *objetivo-final* de la acción como Honig, Engisch[17] o Maihofer.[18]

El concepto general de delito ha recibido constantes y sucesivas reformulaciones, siempre teniendo como base un concepto de acción hasta encontrar su cumbre en el punto donde todo el sistema de imputación se ha amparado en él.

Con el finalismo – planteamiento que se pretendía oponer, de modo indistinto, al causalismo y al neokantismo[19] – se establece una división que ha asumido perfiles de una verdadera guerra de escuelas, que ha dominado la discusión en el Derecho penal del *civil law* en todas las partes del mundo, por alrededor de unos cincuenta años.[20]

No se olvida que ello ha sido impulsado artificialmente por intereses de orden político-criminal de algún autor, como bien ha puesto de relieve la conocida investigación de Muñoz Conde.[21] Pero, ello no borra de la historia el protagonismo que el concepto de acción ha alcanzado en términos de teoría del delito con la discusión entre *causalistas* y *finalistas*.

Al final, en términos dogmáticos, era posible plantear, a partir de cada uno de estos conceptos de acción, sistemas de imputación completos y absolutamente distintos el uno del otro.

Esta clase de discusión – igual que el protagonismo del concepto de acción en materia penal – ha durado, como mínimo, más que un par de décadas.

El principio de la pérdida de importancia del concepto de acción en materia penal coincide con el desarrollo de las bases teóricas del funcionalismo.

---

[17] Para Engisch la acción es *"voluntaria* realización de consecuencias previsibles y *socialmente relevantes"*, cf. ENGISCH, Karl. *Vom Weltbild des Juristen*. Heidelberg: Carl Winter Universitätsverlag, 1965. p. 38 e ss.

[18] Para Maihofer, acción es "conducta que el hombre está objetivamente en condiciones de dominar, dirigida hacia un resultado social objetivamente previsible" (MAIHOFER, Werner. Der soziale Handslungnegriff. *In: Festschrift für Eberhard Schmidt*. Göttingen: Vandenhoeck & Ruprecht, 1971. p. 178).

[19] Véase comentario en ese mismo sentido en WELZEL, Hans. *Introducción a la filosofía del Derecho*. Derecho natural y Justicia material. Traducción de Felipe González Vicén. Madrid: Aguilar, 1977. p. 197.

[20] Así refieren MUÑOZ CONDE, Francisco; CHIESA, Luís Ernesto. A exigência de ação (*act requirement*) como um conceito básico em Direito penal. *Revista Justiça e Sistema Criminal*, n. 1, Curitiba, Traducción de Rodrigo Jacob Cavagnari y Paulo César Busato, 2009. p. 9.

[21] Véase sobre ello MUÑOZ CONDE, Francisco. *Edmund Mezger y el Derecho penal de su tiempo*. Los orígenes ideológicos de la polémica entre causalismo y finalismo. 2. ed. Valencia: Tirant lo Blanch, 2001.

Demostrada la artificialidad de la idea de los vínculos ontológicos,[22] se trasladó, quizás indebidamente las críticas válidas en contra del ontologicismo para el mismo concepto de acción.

En el plan epistemológico el funcionalismo básicamente ha cambiado la pregunta sobre el Derecho penal, pues ya no se trataba de discutir lo que es el Derecho penal sino para lo que sirve.

De alguna manera, esta perspectiva tuvo la ventaja de alejarse de la pretensión de verdad latente en todos los modelos de imputación de base ontológica.

Por otra parte, una vez que el concepto de acción simbolizaba entonces tal base, las construcciones funcionales de la teoría del delito han progresivamente abandonado las referencias a este concepto, alejándole, primeramente, de la base estructural de la teoría del delito, que pasaba a empezar por la idea de imputación o por la categoría de la tipicidad, o aún, la misma ilicitud.[23]

La funcionalización del Derecho penal ha traducido, sin lugar a dudas, una migración desde el campo ontológico para el axiológico en términos de base estructural del sistema de imputación.

Este recorte conlleva, naturalmente, una mejor visión del escenario político-criminal, dejando claro que la composición del sistema punitivo es, antes de todo una elección y, como tal, representa el modelo de Estado de dónde deriva.

Por otra parte, el punto más agudo del funcionalismo conduce el eje del debate penal hacia la norma.

No es un acaso que, a partir del funcionalismo se haya desarrollado intenso debate sobre la estabilidad de la norma como eje del sistema de imputación; se haya cuestionado la validez y capacidad de rendimiento de la teoría del bien jurídico como criterio de limitación de la intervención penal; se haya desarrollado una teoría de la prevención general positiva como fundamento de la pena y se haya reanudado la importancia de la teoría de la impresión como fundamento de la culpabilidad.

---

[22] Véase, a respecto de ello, la célebre crítica de Roxin, cuando refiere que "Si realmente se puede obtener resultados prácticos de un concepto supuestamente ontológico, la causa reside en la proyección inadvertida de contenidos jurídicos sobre este concepto y que con posterioridad de él se vuelve a deducir" (ROXIN, Claus. Contribuição para a crítica da teoria finalista da ação. *In: Problemas fundamentais de direito penal.* 3. ed. Traducción de Ana Paula dos Santos Luís Natscheradetz. Lisboa: Vega, 1998. p. 108).

[23] Expuse más extensamente mis opiniones sobre el tema en BUSATO, Paulo César. *Derecho penal y acción significativa.* Valencia: Tirant lo Blanch, 2007. p. 135 y ss.

Al lado de todo ello, y en el plan de las normas incriminadoras, aparece con cada vez más frecuencia el empleo de técnicas de tipificación que traducen avances de barreras de imputación y, no pocas veces, aunque traducidos en expresiones verbales, disfrazan un evidente déficit de conducta, como son ejemplo, los llamados delitos de posesión.[24]

Si se parte de una reducción de la importancia del concepto de acción en la teoría del delito, la senda está abierta para construcciones no comprometidas con el control de conductas, sino que mucho más volcadas hacia un control de comportamientos o de *estados personales*.

2 El debate sobre el concepto de acción derivado del *act requirement* en Estados Unidos de Norte América

Se puede describir un escenario político-jurídico muy similar en los países del *common law*, en especial en Estados Unidos de Norte América, si se toma en cuenta la discusión alrededor del *act requirement*.

Desde el precedente *Robinson vs. California*,[25] en dónde la Suprema Corte estadounidense rechazó la posibilidad de cargo en contra del reo por "estar viciado no uso de narcóticos", con base en la prohibición de incriminación de estados de personas, se ha convenido, en aquél espacio jurídico, que sólo es posible incriminar al alguien por una conducta, es decir, que existe la exigencia de una acción para determinar la posibilidad de cargarse responsabilidad criminal.

Así, se afirmó, en el ámbito jurídico de *Estados Unidos de America del Norte*, como principio jurídico penal, el *act requirement*.

Desde aquél entonces, con distintas fórmulas, ha ganado fuerza esta conclusión en la doctrina, que se ha afirmado como dominante,

---

[24] Se toma aquí como delitos de posesión todos aquellos cuyos núcleos del tipo traducen situaciones equivalentes al estado de posesión. Así, además de poseer, se incluya *custodiar*, *almacenar*, *tener o mantener disponible*, etc.

[25] Lawrence Robinson ha sido abordado en la calle en Los Ángeles por un policía, que ha percibido que los brazos de Robinson estaban malheridos, pálidos y llenos de marcas de agujas. El policía ha llevado Robinson a la cárcel. Al día siguiente, un perito de la división de narcóticos ha examinado sus brazos y concluido que las marcas y la palidez de sus brazos resultaban del uso de agujas hipodérmicas no esterilizadas. Robinson ha admitido el uso ocasional de narcóticos y ha sido acusado de violar la ley de California que incriminaba "la adicción al uso de narcóticos". Al revés de la mayor parte leyes penales, que exigen que a una persona se condene tan solo por un hecho criminal, en este caso, Robinson podría ser condenado por su condición, o su *status* de adicto en drogas. El jurado la condenó y el Tribunal de casación de California ha confirmado la condena. La decisión ha sido reformada por la Suprema Corte Estadounidense con base en la exigencia de una acción para incriminar.

hacia el punto que incluso sus detractores reconocen que "virtualmente todos los libros de texto y tratados contestan afirmativamente"[26] a tal exigencia.

En principio, empero, hay coincidencia en afirmar la acción en Derecho penal desde un punto de vista que coincide básicamente con las fórmulas causales más elementales, tales cómo, la idea del movimiento corporal voluntario, que vienen de escritos ya del mismo siglo XIX.[27]

La evolución de la discusión sobre la exigencia de una acción como fórmula de incriminación en Estados Unidos ha llegado a su cumbre, tal y como ha pasado en el ámbito del *civil law*, con la consagrada fórmula de Michael Moore, que pone el eje de la acción en la intención de realización, en una perspectiva muy similar a las primeras formulaciones de Welzel, una vez que reconoce en la voluntariedad que rige el movimiento corporal, la expresión del estado mental de deseos y creencias.

Moore[28] afirma que "existe un estado (o conjunto disyuntivo de estados) que provoca el movimiento motor, y es casi obviamente probable que tales estados sean distintos cuando el movimiento motor es una acción y cuando no es". Pero, luego, añade que el contenido de tal conjunto de estados que dispara el movimiento motor de la acción es un estado de volición que se debe de discutir en el mismo nivel que se discute la existencia de creencias, deseos y intenciones.

Así, trata las voliciones como los estados que han sido estudiados desde los griegos como parte del sentido común de la psicología de las personas racionales.

Como se nota, la similitud con el planteamiento de Welzel es más que evidente,[29] cuando este afirma que "es la voluntad consciente del fin, que rige el acontecer causal, la columna vertebral de la acción final. Ella es el factor de dirección que sobredetermina el acontecer causal exterior y en virtud de esto lo convierte en una acción dirigida finalmente".[30]

---

[26] En ese sentido la afirmación de HUSAK, Douglas. The Alleged Act Requirement in Criminal Law. *In*: DEIGH, John; DOLINKO, David (Ed.). *The Oxford Handbook of Philosophy of Criminal Law*. New York: Oxford University Press, 2011. p. 107.

[27] Así la multireferida idea de John Austin de identificar la acción con el movimiento del cuerpo causado por un estado mental voluntario (AUSTIN, John. *The Philosophy Of Positive Law*. 3. ed. London: John Murray, 1869. p. 424 y ss).

[28] MOORE, Michael. *Act and Crime. The Philosophy of Action and its Implications for Criminal Law*. New York: Oxford University Press, 1993. p. 133.

[29] Se percató de ello George Fletcher, que compara las dos concepciones en FLETCHER, George. *The Grammar Of Criminal Law*. New York: Oxford University Press, 2007. p. 269-270.

[30] WELZEL, Hans. *Derecho penal alemán*. 11. ed. Traducción de Juan Bustos Ramírez y Sergio Yáñez Pérez. Santiago: Editorial Jurídica de Chile, 2003. p. 49.

El contenido de la acción como el direccionamiento de una intención es el argumento común entre Moore y Welzel hasta el punto que la afirmación del profesor alemán de que "la voluntad final pertenece, por ello, a la acción como factor integrante [...] ya que configura el acontecer exterior"[31] podría tranquilamente ser atribuido al autor estadounidense.

En *Act and Crime*, Michael Moore traduce el *act requirement* como "antes de alguien ser punido por cualquier delito que sea, debe de tener realizado un movimiento corporal causado por una intención".[32] A las omisiones, justifica el castigo a partir de un postulado de libertad, limitando su punibilidad a situaciones en que al déficit de libertad representado por el castigo de la omisión se pueda contraponer la injusticia de no castigarla, con lo cual, tan sólo en contados casos se autorizaría el castigo de las omisiones.[33]

Este punto de vista ha sido muy bien recibido por la doctrina anglo-americana,[34] no obstante su evidente fragilidad en el fundamento del castigo de la omisión.[35]

De hecho, no hay duda de que el deber de solidaridad, especialmente relacionado con la condición de las personas en el contexto social del hecho es lo que determina la relevancia de la omisión y no cualquier clase de discusión sobre la libertad.[36]

Pero, después de un amplio reconocimiento del *act requirement* en materia jurídico-penal, cada vez se amplia más el número de autores que desprecian tal exigencia, por distintos motivos.[37]

---

[31] WELZEL, Hans. *Derecho penal alemán...* cit., p. 49.

[32] MOORE, Michael. *Act and Crime...* cit., p. 45.

[33] Cf. MOORE, Michael. *Act and Crime...* cit., p. 59.

[34] Véase, por ejemplo, los comentarios de PILLSBURY, Samuel H. Crimes of indifference. *Rutger's Law Review*, v. 105, Newark, Rutger's School of Law, 1996, p. 112 e HURD, Heidi M. What In the World Is Wrong?. *Journal of Contemporary Legal Issues*, v. 5, Newcastle, p. 157-184, 1994.

[35] Sobre ello, véase la crítica de Francisco Muñoz Conde y Luís Chiesa en MUÑOZ CONDE, Francisco; CHIESA, Luís Ernesto. A exigência de ação... cit., p. 17-18, en donde ellos defienden el fundamento normativo del castigo de la omisión sobre un deber de solidaridad.

[36] En ese sentido la observación crítica de MUÑOZ CONDE, Francisco; CHIESA, Luís Ernesto. A exigência de ação... cit., p. 18.

[37] Por ejemplo, DUFF, Antony. Action, the Act Requirement and Criminal Liability. *Royal Institute of Philosophy Supplement*, v. 55, p. 69-103, septiembre del 2004; SIMESTER, A. P. On the So-Called Requirement for Voluntary Action. *Buffalo Criminal Law Review*, 403, v. 2, n. 1, 1997 y HUSAK, Douglas. The Alleged Act Requirement in Criminal Law... cit., p. 107-123.

En especial Douglas Husak,[38] sostiene que "la determinación de si la responsabilidad penal requiere o no una acción no es de vital importancia" y que a los filósofos del Derecho penal les ha importado más la afirmación en si misma que los efectos substanciales de tal afirmación.

El autor sostiene[39] que no ha sido difícil para el legislador de California, por ejemplo, después del caso *Robinson*, simplemente convertir la ley que trataba de la adicción, por una prohibición del *uso* de narcóticos, lo que ha permitido la continuidad de la llamada *war on drugs*.

Por ello, Husak[40] entiende que el *act requirement* tiene como única función práctica de la delimitación de la imputación en un número muy estrecho de situaciones en que igualmente se escapa la culpabilidad y no se puede reconocer, igualmente, la intención o la negligencia.

A ello, añade Husak[41] la crítica de no existir una uniformidad respecto de lo que *es* efectivamente la *acción* y, como consecuencia de ello, no hay uniformidad sobre como el *act requirement* debe de ser formulado.

Presenta[42] los clásicos problemas de imputación en supuestos de omisión y las dificultades de reconocimiento de una acción ontológica – ya sea en las bases clásicas o en la fórmula de Moore – en casos limítrofes como el conocido ejemplo del guardia del Palacio de Buckinham, quien, aunque remanezca inmóvil durante mucho tiempo, realiza la acción de vigilar.

Como proposición, Husak[43] migra hacia el campo normativo, planteando, en oposición al *act requirement* el *control principle*.

Husak[44] toma como campo de prueba de su planteamiento justamente los delitos de posesión, en dónde sostiene que no existe una *acción* propiamente dicha.

Hay, en efecto, un gran número de incriminaciones de delitos de posesión en Estados Unidos de Norte América, tales como posesión de drogas, armas de juguetes, máquinas de grabación de tarjetas de

---

[38] HUSAK, Douglas. The Alleged Act Requirement in Criminal Law... cit., p. 107.
[39] HUSAK, Douglas. The Alleged Act Requirement in Criminal Law... cit., p. 108.
[40] HUSAK, Douglas. The Alleged Act Requirement in Criminal Law... cit., p. 108.
[41] HUSAK, Douglas. The Alleged Act Requirement in Criminal Law... cit., p. 108.
[42] HUSAK, Douglas. The Alleged Act Requirement in Criminal Law... cit., p. 109-110.
[43] HUSAK, Douglas. The Alleged Act Requirement in Criminal Law... cit., p. 110.
[44] HUSAK, Douglas. The Alleged Act Requirement in Criminal Law... cit., p. 111-112.

crédito, registros de préstamos usurarios, registros de apuestas, material pornográfico, materiales contaminantes y un largo etc.

Es más que evidente que uno que esté en posesión de dichas cosas, por el echo de estar en posesión no realiza – al menos en el plan ontológico – una acción.

Por ello, el *Model Penal Code* determina la legitimación de los delitos de posesión "si el poseedor conscientemente obtuvo o ha recibido la cosa poseída y estaba conciente de su control respecto de ella durante un período suficiente para tener sido capaz de rescindir su posesión". Es decir: se puede castigar la posesión, pero la justificación del castigo se basa no sobre la misma posesión sino que sobre el hecho de la obtención o recibimiento de la cosa de que se debería librar, que son, ellos sí, acciones.

A partir de ello, Husak[45] sostiene que no es razonable sostener los castigos a partir de que la situación castigada, aunque no sea en si misma una acción, se basa en una acción previa o futura a ella conectada, una vez que, de ser así, se podría legítimamente castigar a uno que pensara en derrumbar la Estatua de la Libertad en un ataque terrorista, porque es una idea que se *basa* en una acción.

De todo ello, saca la conclusión de que más que el *acto* en si mismo, lo que sostiene la responsabilidad penal es el *control* sobre una situación.

Es decir, lo decisivo al castigar tanto una omisión, cuanto una acción no es la realización sino la capacidad de *control* que uno ejerce sobre la situación misma. Propone, por fin, la sustitución del *act requirement*, por un *control requirement*.[46]

Opone a Moore específicamente, que lo decisivo para el reconocimiento de la responsabilidad penal no es ni la acción misma, ni siquiera la elección respecto de dicha acción, sino que es el control que se ejerce sobre la elección respecto de actuar o no.[47] Así, para el castigo del que conduce sin tomar su medicina contra la epilepsia o del guardia del Palacio de Buckingham, lo decisivo es el control que poseen sobre la realización de lo que hacen, así como para el sonámbulo o el que reacciona al insecto que le da en la cara tras entrar por la ventana del coche, lo que se les quita la posibilidad de imputación es la pérdida del control y no la falta de la acción.

---

[45] HUSAK, Douglas. The Alleged Act Requirement in Criminal Law... cit., p. 114-115.
[46] HUSAK, Douglas. The Alleged Act Requirement in Criminal Law... cit., p. 166 y ss.
[47] HUSAK, Douglas. The Alleged Act Requirement in Criminal Law... cit., p. 118.

Su conclusión, obviamente, traslada la cuestión para el plan exclusivamente normativo,[48] porque, sin dudas, el análisis respecto del *control* es un juicio de valor que se hace sobre la capacidad de uno de controlar determinada situación específica y los resultados de ella derivados.[49]

La crítica de Husak hacia el concepto de acción cuestiona directamente la validez del concepto de acción como elemento fundante de la responsabilidad penal, llegando a afirmar que "debemos parar de formar opiniones sobre la acción y, posiblemente, rechazarla por completo".[50]

El normativismo evidente en el planteamiento de Husak remite a tratar el concepto de acción con el mismo escepticismo manifestado alguna vez por Roxin, en su crítica a Welzel, cuando ha calificado los conceptos de acción propuestos por la doctrina causal y final como absolutamente inservibles fuera del Derecho penal y de escasa importancia teórica y nula significación práctica dentro del mismo. No reconocía en este supraconcepto sistemático otro valor que el puramente estético-arquitectónico.[51]

3 El escenario legislativo de avances de barreras de imputación del moderno Derecho penal

No estoy seguro de que se pueda afirmar, como ya es común en la literatura jurídico-penal y criminológica la existencia de un proceso de expansión del Derecho penal a partir de la existencia de un número creciente de leyes conteniendo normas incriminadoras.

Ello porque, si es cierto que la revolución cibernética y los demás avances tecnológicos propios de nuestro tiempo han multiplicado el

---

[48] El autor hace mención expresa a que su proposición consiste en un análisis normativo-axiológico en HUSAK, Douglas. The Alleged Act Requirement in Criminal Law... cit., p. 118 y 121.

[49] La otra interpretación posible – que no parece ser la opinión defendida por Husak – es entender el *control* en el sentido ontológico, como efectivo control por parte del agente, que remite quizás a algo similar a la tercera formulación de la teoría de la acción de Welzel, bautizada de *kybernetischer Handlung*, en dónde abandona la perspectiva final de la acción por un modelo de *acción cibernética*. Se trata del título *Das neue Bild des Strafrechtssystems. Eine Einführung ind die finales Handlugnslehre*, publicada en Brasil, traducida de la versión española de Cerezo Mir como WELZEL, Hans. *O novo sistema jurídico-penal*. São Paulo: Revista dos Tribunais, 2001.

[50] HUSAK, Douglas. *Philosophy of Criminal Law*. Totowa: Rowman & Littlefield, 1987. p. 97.

[51] La publicación original data del año 1962, como ROXIN, Claus. Kritik der finalen Handlungslehre. *In*: *ZStW*, 74, p. 515-520. El artículo ha sido incluído en el recompilatorio ROXIN, Claus. Contribuição para a crítica da teoria finalista da ação... cit., 1998.

número de relaciones sociales diarias que tenemos todos, es cierto que una parte de estas mismas relaciones ciertamente será ilícita. Es decir: un aumento en el número de relaciones sociales castigadas normativamente no sirve, por si sólo, a la demostración de que existe un proceso de expansión del Derecho penal. Habría que buscar – y no tengo noticia de su existencia – a estos fines, un estudio detallado y comparativo entre las relaciones de proporción entre conductas lícitas e ilícitas antes y después del avance tecnológico-cibernético.

Por otra parte, es cierto que la expansión del Derecho penal está claramente presente en otro plan, lo de las técnicas de tipificación.

Si todo delito se equilibra en un desvalor de acción y un desvalor de resultado, las técnicas de tipificación que acortan exigencias respecto de estos dos polos, ciertamente pueden corresponder a un real proceso de expansión.

Y es eso que se nota en nuestros días. Basta, para ello, una mirada atenta a la clásica división entre el desvalor de acción y desvalor de resultado sobre la cual se equilibra el proceso de formulación de la imputación.

El avance en el ámbito del desvalor de resultado se traduce en el aumento progresivo del empleo de la técnica de delitos de peligro, en especial los de peligro abstracto.

Por otra parte, en lo que refiere al desvalor de acción, la quiebra de la exigencia de una acción propiamente deriva justamente en la criminalización de un estado de persona que se traduce en la técnica de los delitos de posesión y de tenencia.

Evitando, desde luego, una mayor digresión respecto del tema,[52] se puede, con tranquilidad, afirmar que hay consenso doctrinal sobre la existencia, en nuestros días, de un avance de barreras de imputación y que una de ellas, que ha despertado un creciente interés doctrinal, ha sido precisamente la técnica normativa de establecimiento de delitos de posesión. Se afirma que "el recurso a los delitos de posesión se ha convertido en una de las estrategias predilectas del nuevo modelo denominado Derecho penal del riesgo o de la seguridad".[53]

---

[52] Para mayores detalles sobre la situación político criminal, en España, véase MENDOZA BUERGO, Blanca. *El derecho penal en la sociedad del riesgo*. Madrid: Civitas, 2001. En Alemania, PRITTWITZ, Cornelius. El derecho penal alemán, ¿fragmentario? ¿subsidiario? ¿*ultima ratio*? Reflexiones sobre la razón y los límites de los principios limitadores del Derecho penal. *In: La insostenible situación del derecho penal*. Traducción de Castiñeira. Granada: Comares, 2002. p. 427 y ss.

[53] COX LEIXELARD, Juan Pablo. *Delitos de posesión. Bases para una dogmática*. Buenos Aires – Montevideo: BdeF, 2012. p. 19.

La cuestión central en estos supuestos es que la conducta de posesión no suele ser, en si misma, nociva, sino que, lo que es nocivo es la utilización del objeto que se posee, circunstancia que precede o sucede el acto de posesión mismo.[54]

Así, en realidad, lo que se puede afirmar es que el castigo de tales delitos no es más que una pretensión de reducir el potencial de utilización de un objeto peligroso.[55]

En ello, lo cuestionable es justamente la existencia de una conducta. Aparece aquí algo muy cercano a lo que alguna vez la doctrina alemana ha calificado de *Zustandsdelikte* (delitos de estado),[56] con el claro problema de que se puede preguntar, con respuestas negativas si el sujeto *ha hecho* algo o si el sujeto *ha dejado de cumplir un deber*. El castigo de un estado de persona abre paso para las peligrosas posibilidades de un Derecho penal de autor, aunque siempre existan herederos del burdo e inútil discurso punitivo saliendo en defensa del empleo de fórmulas capaces de distender indebidamente el castigo.[57]

Por otra parte, importa dejar constancia de que esta situación político-criminal, coincide, al menos en los dos principales sistemas jurídicos occidentales, en un momento en que el concepto de acción se traslada para la una posición de ostracismo en las fórmulas de imputación.

4 ¿Existen coincidencias político criminales?

Existe, por tanto, una coincidencia que no puede pasar en blancas nubes: la falencia de los conceptos ontológicos de acción, tanto en el *civil law* como en el *common law*, han producido un déficit de contención del sistema punitivo.

En ese punto, a mi juicio, existe un papel importante a cumplir para un concepto significativo de acción.

Las bases teóricas ofrecidas por el Prof. Vives Antón han puesto de relieve que a partir de la filosofía del lenguaje, un nuevo concepto

---

[54] En ese sentido MUÑOZ CONDE, Francisco; CHIESA, Luís Ernesto. A exigência de ação... cit., p. 25.

[55] MUÑOZ CONDE, Francisco; CHIESA, Luís Ernesto. A exigência de ação... cit., p. 25.

[56] Sobre la relación entre delitos de posesión e delitos de estado, véase ECKSTEIN, Ken. *Besitz als Straftat*. Berlin: Dunker & Humblot, 2001, en especial p. 227 y ss.

[57] Por ejemplo, COX LEIXELARD, Juan Pablo. *Delitos de posesión*... cit.. p. 69 e ss.; quien trata de distorsionar la teoría de la acción de Vives, en aras de defender el castigo de la posesión con un discurso político criminal más adecuado a posiciones ciegas a los efectos de la actuación del sistema de imputación como las de Jakobs o el mismo Mezger.

de acción puede, perfectamente constituir una de las bases para la estructuración del sistema de imputación.

Según Hassemer, esta aproximación progresiva entre el Derecho y el lenguaje deviene justamente de la necesidad de aquél de producir respuestas a problemas prácticos: "La clasificación de la semiótica – teoría del lenguaje y de su uso-es muy útil, si se quieren conocer los límites hasta los que la ley puede vincular en sí al juez. En la "sintaxis" o *sintáctica* se trata de las relaciones de los signos lingüísticos entre sí, de gramática, de lógica, de formas y de estructuras. En la *semántica* se trata de las relaciones de los signos lingüísticos con la realidad, de significado, de experiencia, de realidad. En la *pragmática* se trata de la relación de los signos lingüísticos con la realidad, de significado, de experiencia, de realidad. En la *pragmática* se trata de la relación de los signos lingüísticos con su uso en situaciones concretas, de acción, de comunicación, de retórica, de narración".[58]

Un nuevo referencial para el desarrollo de esta pretensión se ofrece a partir de la Filosofía del lenguaje. Las teorías de la argumentación y de la comunicación, han posibilitado un cambio de punto de vista desde las aspiraciones del mismo derecho, en el sentido de, por un lado, cambiar la pretensión de verdad por una pretensión de justicia y de otro, permitir la confluencia de aspectos normativos y ontológicos bajo la medida de la comunicación de un sentido.

Esta posición, porque novedosa, naturalmente cuenta con adhesión todavía tímida, aunque nítidamente creciente, en el escenario jurídico penal del *civil law*.[59]

---

[58] HASSEMER, Winfried. *Fundamentos del derecho penal*. Traducción de Francisco Muñoz Conde y Luís Arroyo Zapatero. Barcelona: Bosch, 1984. p. 221.

[59] Veja-se, por ejemplo, además del precursor VIVES ANTÓN, Tomás Salvador. *Fundamentos del sistema penal*. Valencia: Tirant lo Blanch, 1996; también MARTÍNEZ-BUJÁN PÉREZ, Carlos. *Derecho penal económico y de la empresa*. Parte General. 4. ed. Valencia: Tirant lo Blanch, 2014; ORTS BERENGUER, Enrique; GONZÁLEZ CUSSAC, Jose Luiz. *Compendio de derecho penal*. Parte General y parte especial. Valencia: Tirant lo Blanch, 2004; BORJA JIMÉNEZ, Emiliano. Algunas reflexiones sobre el objeto, el sistema y la función ideológica del Derecho penal. *Nuevo Foro Penal*, n. 62, 1999 p. 117 y ss.; CUERDA ARNAU, María Luísa. Límites constitucionales de la comisión por omisión. *In: Constitución, derechos fundamentales y sistema penal (semblanzas y estudios con motivo del setenta aniversario del profesor Tomás Salvador Vives Antón)*. Valencia: Tirant lo Blanch, 2009; CARBONELL MATTEU, Juan Carlos. Sobre tipicidad e imputación: reflexiones básicas en torno a la imputación del dolo e imprudencia. *In:* CARBONELL MATEU, Juan Carlos *et al.* (Coords.). *Estudios penales en recuerdo del Prof. Ruiz Antón*. Valencia: Tirant lo Blanch, 2004. p. 139 y ss.; GORRIZ ROYO, Elena. *El concepto de autor em derecho penal*. Valencia: Tirant lo Blanch, 2008; RAMOS VÁZQUEZ, José Antonio. *Concepción significativa de la acción y teoría jurídica del delito*. Valencia: Tirant lo Blanch, 2008. En Brasil, asumiendo expresamente la dimensión del lenguaje en la elaboración de la teoría del delito BUSATO, Paulo César. *Derecho penal*

Hay, sin duda, algún factor que lo explica.

La dogmática penal ha sido, para Alemania, un producto de exportación de mucho éxito, pero, ha sido vendido como un producto dotado de una precisión que, en realidad, simplemente no existe.

Por primera vez en la historia de la dogmática jurídico-penal, la proposición de un nuevo paradigma epistemológico para la teoría del delito no nace en Alemania.

La amplia difusión del pensamiento jurídico y filosófico alemán en todo el mundo y la escasa atención dedicada por los autores alemanes hacia lo que pasa en otros ámbitos jurídicos asociada a la velocidad de las informaciones en los días de hoy, ha terminado por desplazar el lugar de desarrollo de los sistemas de imputación.

Por ello, la filosofía del lenguaje, tan impulsada por los filósofos alemanes, no ha rendido, en aquél país, unos frutos tan impresionantes en el Derecho penal como es el trabajo del Prof. Vives Antón.

Asimismo, quisiera destacar que, el estudio de las bases filosóficas que remontan a Wittgenstein igualmente ha inspirado una disidencia en el ámbito del *common law*, en lo que refiere a la estructura del sistema de imputación, en especial, en lo que refiere al concepto de acción.

Se trata de la obra del Profesor de Columbia George Patrick Fletcher, cuyas conexiones con la idea de acción trabajada por Vives Antón son más que evidentes e, incluso, admitidas expresamente por el primero.[60]

Aunque vinculado a una forma de trabajo bastante más pragmática – y luego, más sencilla – que el monumental libro de fundamentos del Prof. Vives, Fletcher ofrece un concepto *intersubjetivo* de acción que, por una parte, pretende superar el modelo ontológico que ha orientado siempre los estudios jurídico-penales estadounidenses y, por otra, establece una base estructural para el mismo sistema de imputación.[61]

---

y acción significativa. Valencia: Tirant lo Blanch, 2007; MASCARENHAS JÚNIOR, Walter Arnaud. *Ensaio crítico sobre a ação*. Porto Alegre: Nuria Fabris, 2009. Adoptando el modelo comunicativo de un concepto de acción, TAVARES, Juarez. *Teoria do crime*... cit., p. 200 e ss. De un modo un poco mas superficial también QUEIROZ, Paulo. *Direito penal*. Parte geral. 4. ed. Rio de Janeiro: Lumen Juris, 2008. p. 9.

[60] Fletcher refiere que "La teoría comunicativa que mantengo aquí se basa en la distinción entre comprensión (*verstehen*) y explicación (*erklaren*), tal como fue desarrollada por William Dilthey y otros humanistas del siglo XIX. Un argumento parecido para la comprensión de la noción de la acción apareció también en la obra de un colega jurista español, Tomás Vives Antón" (FLETCHER, George. *The Grammar*... cit., p. 281-282).

[61] Comentan la coincidencia metodológica entre las proposiciones de Vives y Fletcher, MUÑOZ CONDE, Francisco; CHIESA, Luís Ernesto. A exigência de ação... cit., p. 13.

Así como la teoría de Vives, las proposiciones de Fletcher todavía no son dominantes en el ámbito jurídico del *common law*, aunque nítidamente reciben cada vez más atención de los penalistas.

Importa destacar, por tanto, las coincidencias de los planteamientos de Fletcher y Vives respecto de la teoría de la acción, en especial el rol central que tal concepto de acción juega en sus estructuraciones.[62]

5 El concepto de acción de Vives Antón

Vives parte de la concepción fundamental de que la acción no puede ser un hecho específico y ni tampoco ser definida cómo el sustrato de la imputación jurídico-penal, sino que mas bien representa "un proceso simbólico regido por normas"[63] que viene a traducir "el significado social de la conducta".[64] Así, para Vives el concepto de acciones es el siguiente: "interpretaciones que, según los distintos grupos de reglas sociales, pueden darse al comportamiento humano"[65] y, por lo tanto, ellas deberán representar, en términos de estructura del delito, ya no el sustrato de un sentido sino el sentido de un sustrato.[66]

Con ello, Vives logra diferenciar entre acciones – que son dotadas de sentidos o significados[67] y comportan interpretaciones – y hechos - que no tienen sentido y comportan, tan sólo – descripciones –.

Por otra parte, el sentido de dichas acciones es dictado por reglas que las rigen.[68] Tales reglas, empero, se reconocen como tales en cuanto tengan su uso establecido, pues, sólo así pueden determinar el sentido de una conducta y no pueden ser reducidas únicamente al patrón de reglas jurídico-positivas o legales, como alguna vez se ha hecho.[69]

---

[62] Otras coincidencias derivadas de la adopción de conceptos similares o coincidentes entre Vives y Fletcher se pueden notar en los términos de separación entre justificación y exculpación, en del tratamiento del dolo y las soluciones del problema del error.

[63] VIVES ANTÓN, Tomás Salvador. *Fundamentos...* cit., p. 205.

[64] VIVES ANTÓN, Tomás Salvador. *Fundamentos...* cit., p. 205.

[65] VIVES ANTÓN, Tomás Salvador. *Fundamentos...* cit., p. 205.

[66] VIVES ANTÓN, Tomás Salvador. *Fundamentos...* cit., p. 205.

[67] Con la palabra "sentido", o "significado", Vives pretende referir a la teoría del significado como uso de expresiones, que arranca del pensamiento del primero Wittgenstein, del *Tractatus*, y se combina con la teoría de los juegos del lenguaje, para cuya descripción más detenida remito a VIVES ANTÓN, Tomás Salvador. *Fundamentos...* cit., p. 208-211.

[68] VIVES ANTÓN, Tomás Salvador. *Fundamentos...* cit., p. 213.

[69] Jakobs (JAKOBS, Günther. *Derecho penal*. Parte General. 2. ed. Corregida. Traducción de Joaquín Cuello Contreras y José Luis Serrano Gonzales de Murillo. Madrid: Marcial Pons, 1997. p. 865 y ss.) igualmente adopta una injustificada interpretación reduccionista del concepto de acción comunicativa propuesto por Habermas, Lo que hace Jakobs es recoger el concepto de "acción formativa" o "acción regulada por normas" presentado por

Es decir, el reconocimiento de la acción deriva de la expresión de sentido que una acción posee. La expresión de sentido, empero, no deviene de las intenciones que los sujetos que actúan pretendan expresar, sino del "significado que socialmente se atribuya a lo que hagan".[70] Así, no es el fin sino el significado que determina la clase de las acciones, luego, no es algo en términos ontológicos, sino normativos. Vives lo deja claro con un ejemplo:

> [...] mi comprensión de un partido de fútbol depende de conozca las reglas del juego y, de que, por consiguiente, pueda efectuar una correcta atribución de intenciones a los movimientos de los jugadores: si desconozco las reglas, no soy capaz de inferirlas y nadie me las explica, no entenderé el juego y no sabré, en realidad, qué está pasando allí (ni siquiera podré predecir qué intenta hacer un jugador que se halle en posesión de la pelota). Pero, una vez las conozco y puedo hacer por consiguiente, las atribuciones de intención correctas, no siempre calificaré las jugadas (las acciones de los jugadores) en base a las intenciones que les atribuyo: v.g., si un defensa tiene la intención de despejar, pero introduce el balón en su portería, no diré que ha despejado, sino que ha marcado un gol a su propio equipo. Las atribuciones de intención se hallan, según lo dicho, enclavadas en el seguimiento de reglas y son constructivas del significado, en términos generales, pero no en la forma de una relación uno a uno: las reglas, que se materializan en atribuciones de intención, operan, a menudo, prescindiendo del propósito de quien las sigue o infringe.[71]

Habermas como introducción a su propuesta y lo presenta como si eso fuera el resumen de la teoría de la comunicación. Incluso conviene decir que este modelo, es completamente rechazado por este autor como insuficiente para describir el proceso de comunicación. Habermas describe en detalles la concepción adoptada por Jakobs (*Vide* HABERMAS, Jurgen. *Teoría de la acción comunicativa.* Traducción de Manuel Jiménez Redondo. Madrid: Taurus, 1987. p. 127-129. v. I), incluso describiendo lo que Jakobs llama proceso de comunicación personal, la aceptación compartida de reglas, no como acción comunicativa, sino como "acción regulada por normas", la cual ubica conjuntamente al "modelo de acción teleológico" y la "acción dramatúrgica", como proposiciones que no logran llegar a la profundidad de la "acción comunicativa, la cual opera "un supuesto más: el de un *medio lingüístico* en que se reflejan como tales las relaciones del actor con el mundo". Habermas sostiene que mientras "el *modelo normativo de acción* concibe el lenguaje como un medio que transmite valores culturales y que es portador de un consenso que simplemente queda ratificado con cada nuevo acto de entendimiento", por otro lado "sólo el concepto de *acción comunicativa* presupone el lenguaje como medio de entendimiento sin más abreviaturas, en el que hablantes y oyentes se refieren, desde el horizonte preinterpretado que su mundo de la vida *representa, simultáneamente a algo en el mundo objetivo, en el mundo social y en el mundo subjetivo*" (HABERMAS, Jurgen. *Teoría de la acción comunicativa...* cit., p. 137-138). En el mismo error categorial incurre Cox Leixelard en COX LEIXELARD, Juan Pablo. *Delitos de posesión...* cit., p. 95.

[70] VIVES ANTÓN, Tomás Salvador. *Fundamentos...* cit., p. 214.

[71] VIVES ANTÓN, Tomás Salvador. *Fundamentos...* cit., p. 215

El fin queda claramente desvinculado de la determinación de la acción. La acción es determinada por el sentido que le dan las reglas según las cuales se le interpreta. Por ello, "la determinación de la acción que se realiza no depende de la concreta intención que el sujeto quiera llevar a cabo, sino del código social conforme al que se interpreta lo que hace".[72]

Las prácticas sociales son pues, contingentes de la acción y de la intención.[73] Se habla de intenciones ya expresas en las acciones y no determinantes de ellas. Por ello, "los movimientos corporales no son interpretados como acciones a causa de la presencia previa o coetánea de intenciones",[74] en realidad, es la existencia de un seguimiento de reglas que permite identificar el sentido que yace en la acción e inferir la realización de una intención.[75] Luego, "hay una intencionalidad externa, objetiva, una práctica social constituyente del significado".[76]

Empero, es también cierto que no toda acción es intencional,[77] lo que otra vez comprueba que el núcleo de la acción no está en la intencionalidad, lo que explica claramente el fracaso del modelo finalista propuesto por Welzel en explicar el delito imprudente. Al revés, la propuesta de Vives en seguir al modelo filosófico de Wittgenstein, se aleja de todo eso para identificar la acción según el significado, las reglas y el seguimiento de las reglas, lo que si, por un lado, reconoce que hay una relación interna entre acción e intención, en modo alguno determina que toda la acción, en cuanto expresión de sentido, deba consistir, necesariamente, expresión de una intención.[78]

Resulta, pues, que en términos normativos, hay tanto supuestos imprudentes cuanto dolosos, siendo que lo que identifica estos últimos – por cierto – normativamente, es la expresión de sentido que se traduce en el compromiso con la producción del resultado típico, que no ocurre en la imprudencia.

Es necesario, finalmente, dejar puesto que el elemento fundamental que orienta el esquema de Vives y que, al mismo tiempo le insiere la dimensión de preservación del componente humano - aunque

---

[72] VIVES ANTÓN, Tomás Salvador. *Fundamentos...* cit., p. 216.
[73] VIVES ANTÓN, Tomás Salvador. *Fundamentos...* cit., p. 218.
[74] VIVES ANTÓN, Tomás Salvador. *Fundamentos...* cit., p. 218.
[75] VIVES ANTÓN, Tomás Salvador. *Fundamentos...* cit., p. 218.
[76] VIVES ANTÓN, Tomás Salvador. *Fundamentos...* cit., p. 219.
[77] VIVES ANTÓN, Tomás Salvador. *Fundamentos...* cit.. p. 215-216.
[78] VIVES ANTÓN, Tomás Salvador. *Fundamentos...* cit., p. 223. Sobre la crítica al modelo welzelizano véase VIVES ANTÓN, Tomás Salvador. *Fundamentos...* cit., p. 222, especialmente nota 54.

sea normativamente estructurado – es la idea de libertad de acción, que es justamente el punto de unión entre su teoría de la acción y su teoría de la norma (los dos pilares básicos de su sistema de imputación).

Para Vives, la idea de libertad de acción que ubicada en la culpabilidad ha provocado un intenso y aporético debate entre el determinismo y el libre albedrío, a nada conduce.

Así, propone Vives algo completamente distinto: que la libertad de acción no fundamenta la culpabilidad sino la acción. La libertad de acción ha de ser el presupuesto de la imagen de mundo que da sentido la misma acción.[79]

Es que no se comprueba la libertad de acción en bases empíricas, sino que se trata de concebir el mundo desde la libertad de acción en ella misma expresada, que es lo que permite el juicio de aplicabilidad de alguna norma. Por el contrario, si se reconoce la ausencia de dicha libertad, no se puede pretender aplicación de ninguna clase de reglamentación jurídica.[80]

5.1 La importancia del concepto de acción en el sistema de Vives

Tras el largo recorrido que Vives emprende, tanto en su análisis de la doctrina penal cuanto de la filosofía sobre la acción, el autor apunta hacia la importancia de la adopción de un adecuado concepto de acción en materia jurídico-penal.

Esta no reside en dar respuesta a las interrogantes que la doctrina tradicionalmente viene planteando a partir de distintos conceptos explicativos de acción. Al revés, lo que se propone es justamente cambiar a la pregunta misma.

Es decir, la proposición de entender la acción como un sentido ofrece el punto de vista adecuado para percibir que el problema del *supraconcepto de acción* estaba, en realidad, mal planteado, debiendo disolverse como problema, para dejar revelar lo que va debajo, que es la auténtica esencia de los problemas relacionados a la acción en materia jurídico-penal.[81]

---

[79] MARTÍNEZ-BUJÁN PÉREZ, Carlos. *Derecho penal económico y de la empresa. Parte General* 4ª ed. Valencia: Tirant lo Blanch, 2014. p. 62 y ss.

[80] COBO DEL ROSAL, Manuel y VIVES ANTÓN, Tomás Salvador. *Derecho Penal*. 5. ed. Valencia: Tirant lo Blanch, 1999. p. 542-543.

[81] VIVES ANTÓN, Tomás Salvador. *Fundamentos...* cit., p. 206.

Entre ellos, abultan como evidentes recortes minimalistas las preguntas sobre ¿qué es, y como se produce el significado? y ¿que *es una* intención y cuando podemos atribuir intenciones?[82]

Con ello, es más que evidente que, partiendo de otro referente epistemológico, se renueva, en la discusión sobre la imputación, la necesidad de demostración de la acción como elemento clave de la misma imputación.

Después de intensa crítica metodológica y de funcionalidad a las fórmulas ontológicas (causalistas y finalisas) y a los modelos de imputación funcionalistas, que sobrecargaran aspectos relacionados a la *relevancia* del acto, a la *lesividad* del acto y también a la *contrariedad del deber*, Vives propone la reconstrucción de la teoría del delito a partir de la categoría del tipo de acción.[83]

El análisis que se procede, en esta categoría, de la acción en si misma, tiene el objetivo de reconocer "si, en efecto, estamos o no ante una acción de una clase que se trate o, incluso, si podemos o no hablar de acción – cualquiera que sea la clase de acción en que pensamos".[84] Esto es, si "nos hallamos ante una acción (esto es, ante una conducta que *sigue una regla* y que, por consiguiente, puede ser entendida como una acción en tanto incorpora un significado) y no ante un simple hecho natural".[85]

O sea, a partir de Vives, se pone de relieve, otra vez, la discusión respecto de la acción.

6 El concepto de acción de George Fletcher

En su libro *Basic Concepts In Criminal Law*, Fletcher inicia la discusión sobre la acción en Derecho penal con la afirmación sobre una concordancia entre todos los sistemas jurídicos: que *la pena sólo se puede imponer por una acción humana.*[86]

No hay dudas que este es un punto de intersección indudable. Sea un sistema jurídico basado en la teoría del delito, sea un sistema

---

[82] Véase estas entre otras preguntas que se propone discutir Vives en VIVES ANTÓN, Tomás Salvador. *Fundamentos...* cit., p. 222.

[83] VIVES ANTÓN, Tomás Salvador. *Fundamentos...* cit., p. 273.

[84] VIVES ANTÓN, Tomás Salvador. *Fundamentos...* cit., p. 260.

[85] VIVES ANTÓN, Tomás Salvador. *Fundamentos...* cit., p. 276.

[86] FLETCHER, George Patrick. *Basic Concepts in Criminal Law.* New York: Oxford University Press, 1998. p. 44.

jurídico basado en precedentes judiciales, no hay dudas que la pena es una respuesta a conductas humanas.[87]

Otra cosa, muy distinta, es la definición de lo que es, efectivamente, *acción* a efectos penales.

Para discutirlo, Fletcher adopta un método de recorte negativo, es decir, procura atacar las respuestas a la pregunta sobre la acción que considera insuficientes.

En primer lugar, como es obvio, rechaza la idea de acción como *movimiento corporal*.[88] Apunta como razón más fuerte para ello, el hecho de que "si A coge la mano de B y golpea a C, la mano de B ciertamente se ha movido, pero, ello no constituye una acción".[89] En su planteamiento, admitir eso como acción equivaldría a tratar el autor como objeto y no como sujeto.[90]

En efecto, el hecho de imputar la responsabilidad penal no puede ser una imposición en contra de alguien por el simple movimiento, porque este puede ser el resultado de una intervención ajena. El castigar por el simple movimiento implica reconocer en la misma fórmula del castigo una especie de imposición que no trata su destinatario como un sujeto capaz de interferir en la posibilidad de aplicación de la norma a partir de sus decisiones, sino como mero objeto de interferencia estatal.

Seguidamente, Fletcher apunta que, de manera general, la condición de sujeto, que determina la acción, es decir, de sujeto que es "dueño y señor" de determinada conducta, se suele asociar a la manifestación de voluntad.

Es decir: para que a un movimiento corporal se le pueda identificar como acción, hace falta vincularlo a la voluntad de un autor.

De ello deriva una opinión, más o menos extendida, tanto en el Derecho estadounidense, cuanto en el Derecho europeo continental, de que la acción seria una *contracción muscular voluntaria*,[91] *movimiento corporal voluntario*.[92]

---

[87] Aunque quepa, hoy por hoy, discutir la responsabilidad penal de las personas jurídicas, incluso, su capacidad de acción, parece correcto deducir que ello no puede llevar a más que la aplicación de medidas, vinculadas a la peligrosidad y no a la pena.

[88] FLETCHER, George Patrick. *Basic Concepts...* cit., p. 44.

[89] FLETCHER, George Patrick. *Basic Concepts...* cit., p. 44.

[90] FLETCHER, George Patrick. *Basic Concepts...* cit., p. 44.

[91] Esta concepción ya aparecía en el ámbito jurídico del *common law* en el Siglo XIX, como, por ejemplo, en HOLMES JR., Oliver Wendel. *The Common law*. Boston: Little Brown, 1881.

[92] Así, la proposición de Michael Moore en MOORE, Michael. *Act and crime...* cit., mencionada por Fletcher en FLETCHER, George Patrick. *Basic concepts...* cit., p. 44, nota 4.

Fletcher, empero, advierte que la idea de que la acción, en términos penales, pueda ser concebida como un *movimiento voluntario*, conduce a distintos problemas, uno de ellos de tipo filosófico: "¿Cómo saber cuando el movimiento de la mano es consecuencia de una voluntad de mover la mano?".[93]

A parte de ello, es bastante obvio que la falta de este mismo movimiento voluntario no siempre puede representar la ausencia de una acción, como se puede pensar respecto del psiquiatra que utiliza el silencio como terapia o los estudiantes que escuchan callados las explicaciones del profesor o de la persona que, maquilada y vestida de época, permanece inmoble en una plaza, al lado de un sombrero con un cartel pidiendo por donaciones.[94] En ninguno de estos casos, se puede hablar que el sujeto no ha realizado una acción.

Por otra parte, el mismo psiquiatra, si se quedó dormido durante la sesión, no podrá decir que *hizo terapia*.[95]

El profesor estadounidense apunta que esta constatación conduce a un ciclo vicioso, pues, "definimos la acción como manifestación de la voluntad, pero sabemos que la voluntad es operativa sólo si percibimos la acción en el movimiento corporal del autor".[96]

Así, parece evidente que no es posible basar la identificación de la acción ni en el simple movimiento voluntario, ni en la simple voluntad interna del sujeto. Hay algo más que conduce a reconocer en una situación concreta que un sujeto tiene una realización como *obra suya* y por ello, debe de ser responsable por los resultados que derivan de ella.

Este punto es mejor aclarado más tarde, por Fletcher, en su *Grammar Of Criminal Law*, al proponer que es "la noción de habla y de significado comunicativo del habla que nos ofrece, pues, una toma adecuada de la teoría de la acción".[97]

El punto fundamental desde donde se debe estudiar la acción es que se trata de un concepto de debe de ser fijado en el futuro y por terceros, con lo cual, está lejos de poder establecerse a partir de una abstracción metafísica separada de su contexto y de la realidad social en la cual los sujetos actúan.

---

[93] FLETCHER, George Patrick. *Basic concepts...* cit., p. 45.

[94] Los ejemplos son de Fletcher y están en FLETCHER, George. *The Grammar...* cit., p. 271-272.

[95] Cf. FLETCHER, George. *The Grammar...* cit., p. 272.

[96] FLETCHER, George Patrick. *Basic concepts...* cit., p. 45.

[97] FLETCHER, George. *The Grammar...* cit., p. 279.

Lo decisivo es, pues, "la forma en la que nosotros, como observadores, comprendemos si el movimiento o el no movimiento constituyen una acción".[98]

En lo que refiere al concepto de omisión, igualmente Fletcher hace un recorte negativo, empezando por criticar, por inadecuada, la idea de que "si no hago las cosas, las estoy *omitiendo*".[99] Como mínimo, no es posible pensar la imputación penal a partir de eso, ya que no todo lo que dejamos de hacer se puede considerar omisión.[100]

El autor utiliza los ejemplos de dar una limosna a un mendigo no significa la omisión de darla a otros cuantos mendigos y del médico que, al atender un paciente no está omitiendo el tratar a miles de otros.[101]

Concluye de ello Fletcher[102] que el omitir depende de *factores contextuales* que convierten el hacer omitido como una conducta esperada y normal.

En su *Grammar of Criminal Law* es que el autor finalmente desarrolla de modo mas vertical un *concepto comunicativo de acción* con base justamente en la idea de que la acción se determina según en contexto en el cual un movimiento o un no-movimiento tiene lugar. Es decir: para determinar si la acción es de tal relevancia que a ella se le puede atribuir responsabilidad penal, es necesario examinar las circunstancias en las cuales determinada conducta comisiva o omisiva tiene lugar.

En resumen: para Fletcher, a los actos no se debe de entenderlos como un proceso ontológico puro ni como la orientación de deseos internos, sino que como una forma de comunicación, como una conducta significativa que tiene sentido tanto para la persona que actúa cuanto para todos nosotros.[103]

Así, la comprensión de la acción/omisión como algo contextual, conduce a tomar en cuenta, eventualmente, los varios actos realizados como elementos contextuales componentes de la acción misma, de tal modo que no se puede – como suele ocurrir con los modelos de matriz ontológico – que confundirla con los actos fraccionales que le componen.[104]

---

[98] FLETCHER, George. *The Grammar...* cit., p. 282.
[99] FLETCHER, George Patrick. *Basic concepts...* cit., p. 46.
[100] FLETCHER, George Patrick. *Basic concepts...* cit., p. 46.
[101] FLETCHER, George Patrick. *Basic concepts...* cit., p. 45.
[102] FLETCHER, George Patrick. *Basic concepts...* cit., p. 46.
[103] FLETCHER, George. *The Grammar...* cit., p. 282.
[104] En ese sentido el comentario de MUÑOZ CONDE, Francisco; CHIESA, Luís Ernesto. A exigência de ação... cit., p. 12.

6.1 El rol central del concepto de acción en Fletcher

Fletcher,[105] así como Vives, refiere expresamente a la importancia de la discusión respecto del concepto de acción en Derecho penal, que se traduce en prohibir el empleo del aparato punitivo en contra de otra cosa que no sean conductas.

Y es a partir de la comunicación que se establece las notas distintivas de la acción, justamente porque sólo ella es capaz de un abordaje comprensiva y no meramente explicativa del fenómeno de la acción.[106] Fletcher añade que:

> A la hora de estructurar la definición del delito, la noción de acción humana constituye la base de una serie de distinciones básicas en Derecho penal. Las acciones se contrastan con las acciones voluntarias, con culpabilidad con consecuencias y con *status*. En adición, la distinción entre el Derecho penal basado en la acción y el Derecho penal basado en la persona del delincuente se ha convertido en una cuestión central de la actual política criminal.[107]

No hay duda alguna, por tanto, que los dos autores que basan sus conceptos de acción en la filosofía del lenguaje están de acuerdo de que la acción juega un rol decisivo en el sistema de imputación.

7 El coincidente rol político-criminal del concepto de acción de Vives y Fletcher. Especial atención a la crítica a los delitos de posesión

Es evidente que, si al concepto de acción se le ha de identificar a partir de un contexto social compartido, se convoca hacia dentro de la teoría jurídica de la imputación, las teorías sociales y con base en el uso social se determinará la relevancia de social de determinada acción.[108]

Así, tanto la clase de arma utilizada para agredir importa para la determinación de una pretensión de causar la muerte o sólo lesiones, como la situación financiera de un empresario que desvía dinero para su empresa puede ayudar a diferenciar un error de registro de un fraude.[109]

---

[105] FLETCHER, George. *The Grammar...* cit., p. 266.

[106] FLETCHER, George. *The Grammar...* cit., p. 281.

[107] FLETCHER, George. *The Grammar...* cit., p. 286.

[108] En ese sentido MUÑOZ CONDE, Francisco; CHIESA, Luís Ernesto. A exigência de ação... cit., p. 13.

[109] Los ejemplos están en MUÑOZ CONDE, Francisco; CHIESA, Luís Ernesto. A exigência de ação... cit., p. 13.

Por tanto, es posible afirmar, con Fletcher, que "la noción de comunicación por el lenguaje permite una aproximación humanística al concepto de acción".[110]

Desde el plan político-criminal, la recuperación del protagonismo de la teoría de la acción en el ámbito de la teoría del delito permite estructurar la crítica a partir de su función que es justamente vincular el control social penal a conductas, facilitando la discusión respecto de la legitimidad de técnicas de tipificación que ponen en entredicho la expresión de un Derecho penal del hecho.

La más discutible entre las técnicas es la técnica de delitos de tenencia o posesión.

Es aquí, quizás, un punto clave en el cual el reanudar de la discusión respecto de la acción pueda probar más incisivamente su valor. No porque sean novedosos, ya que la técnica se conoce desde el mismo Derecho romano, con la punibilidad de la conducta de *ambulare cum telo*,[111] o la tenencia de veneno[112] que no es más que el antecedente de nuestro delito de posesión ilegal de armas, sino que por el hecho ineludible de que cada vez más se recurre legislativamente a nociones como la *posesión* y *tenencia* para definir el ámbito de lo punible.[113]

Empero, Schroeder refiere a una expresiva moderación del empleo de la técnica de delitos de posesión coincidente con el período de la llamada Ilustración.[114]

La reanudación de la proliferación de delitos de posesión data, según la doctrina, en la segunda mitad del Siglo XX.[115]

---

[110] FLETCHER, George. *The Grammar...* cit., p. 281.

[111] Digesto (D. 48.8.3.1).

[112] A ello refiere SCHROEDER, Friedrich-Christian. La posesión como hecho punible. *Revista de Derecho penal y Criminología*, Madrid, 2ª época, n. 14, 2004, p. 156.

[113] Cf. COX LEIXELARD, Juan Pablo. *Delitos de posesión...* cit., p. 6

[114] SCHROEDER, Friedrich-Christian. La posesión como hecho punible... cit., p. 156.

[115] Uno de los casos más perseguidos recientemente en todo el mundo es el caso de la posesión de material de pornografía infantil. El tema es comentado por SCHROEDER, Friedrich-Christian. Das 27. Strafrechtänderungsgesetz – Kinderpornographie. *Neue Juristische Wochenschrift*, München, n. 40, 1993, p. 2581-2582. Otro punto característico del moderno derecho penal es el delito de tenencia de medios destinados a la neutralización de dispositivos protectores de programas informáticos, art. 270, párrafo 3º do Código penal español. También apuntando para la retomada de importancia de los delitos de posesión, ECKSTEIN, Ken. *Besitz als Straftat...* cit., p. 22 y ss.; NESTLER, Cornelius. La protección de bienes jurídicos y la punibilidad de la posesión de armas de fuego y de sustancias estupefacientes. *In*: INSTITUTO DE CIENCIAS CRIMINALES DE FRANKFURT A.M. (Ed.). *La insostenible situación del Derecho penal*. Traducción de Guilhermo Benlloch Petit. Granada: Comares, 2000. p. 63 y ss.

Con ello, es posible establecer un paralelo entre los períodos de política criminal menos punitiva, con el recorte de las fórmulas de delitos de posesión, lo que permite admitir, *contrario sensu*, que tal técnica constituye un importante instrumento represivo.

Tanto es así, que los autores que defienden la validez de los delitos de posesión no dudan en apuntar que "la penalización de la posesión sirve para ahorrarse la prueba de la adquisición de objetos",[116] sosteniendo que ello no les quita la legitimación.[117]

En el *common law*, hay un punto decisivo de tal reanudación: el caso Robinson, ya referido.

Según Fletcher, este es un ejemplo de castigo de estado de persona, una vez que el Estado de California le condenó por *ser un adicto*, criticándole ese y todos los casos de delito de posesión a partir de la idea que se tratan de delitos con una *amplitud excesiva*, una vez que "no todo el que posee realiza una conducta que amenaza a otros o que es, en un sentido significativo, peligrosa", constituyendo verdadero ejemplo de *malum prohibitum*.[118]

Esta clase de imputación es notadamente una de las formas más evidentes de expansión del Derecho penal, en el sentido nocivo que puede guardar el término.[119]

Por ello, el rescate de la importancia de la discusión respecto de la acción constituye un mecanismo legítimo, humanista y democrático de resistencia en contra del avance punitivo.

Lo más importante de la afirmación de un concepto de acción en el sistema de imputación, como bien destacan Muñoz Conde y Luís Chiesa, es que si la acción es el centro gravitacional de la imputación, de ella se recortan factores extrínsecos al acto, como la peligrosidad de autor, su pertenencia a determinado grupo étnico o racial, sus convicciones políticas o religiosas, etc.[120]

Ello, empero, reside en todas las fórmulas a respecto de dicho concepto.

Ocurre que también parece que un concepto de acción adecuadamente desarrollado y ocupante de una posición de protagonista en el

---

[116] Cf. SCHROEDER, Friedrich-Christian. La posesión como hecho punible... cit., p. 162.

[117] Cf. SCHROEDER, Friedrich-Christian. La posesión como hecho punible... cit., p. 164.

[118] FLETCHER, George. *The Grammar*... cit., p. 295.

[119] Hay quien apunte para la inconstitucionalidad del delito de posesión en general, por ejemplo, LAGODNY, Otto. *Strafrecht vor den Schranken der Grundrechte*: die Ermächtigung zum strafrechtlichen Vorwurf im Lichte der Grundrechtsdogmatik dargestellt am Beispiel der Vorfeldkriminalisierung. Tübingen: J.C.B. Mohr, 1996. p. 318 y ss.

[120] MUÑOZ CONDE, Francisco; CHIESA, Luís Ernesto. A exigência de ação... cit., p. 7.

sistema de imputación puede permitir negar legitimidad a determinadas técnicas de tipificación que suponen recortes de garantías defensivas, en especial, los supuestos de los llamados delitos de tenencia o de posesión, como se ve adelante.

7.1 La *inconsistencia* de la idea de posesión como acción

Las *acciones* son realizaciones de uno y son diferentes de los *hechos*, porque estos simplemente *ocurren*.

Examinemos más de cerca un ejemplo: dos policías descubren en un cajón en la casa de Daniel, un revolver. Le preguntan por la licencia para la posesión del arma y Daniel dice que no la tiene. ¿Hay delito de tenencia ilegal de armas?

Supongamos aquí dos variables probatorias. En la primera, se demuestra que Daniel ha recibido el revolver de Ricardo y el mismo ha guardado el arma en el cajón. En la segunda, Ricardo, cuando estuvo en la casa de Daniel, ha metido el revolver en el cajón y se ha olvidado de él.

Parece lógico sostente que tan sólo en el primer caso hay delito. Pero, ¿por que?

No podríamos decir que la diferencia para la existencia de la *acción* de poseer esté en que en el primer caso Daniel está consciente de que posee el arma y en el segundo no, porque, en este caso, estaríamos sosteniendo la existencia de la acción en la instancia interna del sujeto, que es su consciencia, volviendo a la confusión entre el aspecto interno del querer y conocer, es decir, de las intenciones, para definir la acción.

Hay que reconocer que lo que hace diferencia es que, en la primera variante probatoria, Daniel ha *recibido* el arma y el *recibir* es una acción. En la segunda, su posesión no deriva de su condición de *señor y dueño* del hecho, sino de una postura de pasividad, de algo que *se le ocurrió*.

Claro está que si hay omisión, el castigo posible se vincula a un deber. Si Daniel estuviera consciente de que Ricardo dejara el arma en el cajón, debería entregarla a las autoridades públicas. Pero, en este caso, igualmente, no es el *hecho* de poseer lo que se castiga, sino la violación del deber de entregar el revolver a las autoridades. El deber de librarse del arma, una vez que no tenía autorización para estar con ella.[121]

---

[121] Explorando ejemplo parecido, Schroeder llega a conclusión semejante, pero, insiste en afirmar el disvalor de la posesión. Cf. SCHROEDER, Friedrich-Christian. La posesión como hecho punible... cit., p. 167.

Con ello, se llega a que las razones de reconocimiento de la posibilidad de castigo de la posesión o bien derivan de la acción precedente de recibir o de la omisión subsecuente de del deber de entregar el arma, y nunca de la posesión de la misma.

Y, ¿por qué?

Porque la posesión, en si misma, es un *hecho* y no una acción,[122] como de ello ya se percatara el Model Penal Code estadounidense, refiriendo a que la justificación del castigo no está en el poseer, sino en adquirir y o librarse, siendo posible hacerlo, de la cosa adquirida.

Desde el punto de vista de la dogmática alemana, se sostiene la punibilidad de la posesión rechazando el argumento del Model Penal Code a partir de la afirmación de que "Los peligros no consisten en la adquisición de objetos ni en la omisión de su entrega, sino en la posesión como estado".[123] Pero, esta posición no puede prevalecer porque el peligro abstracto de una conducta, es decir, un delito de *conducta peligrosa* puede expresarse en la conducta de adquirir o la omisión de la entrega, pero, nunca, en la posesión en si misma. Así, el tema no es definir lo que *es o no peligroso* sino *lo que se puede prohibir como conducta peligrosa*.

Además, la simple afirmación de que el peligro está en poseer es absolutamente falsa para una gran cantidad de delitos, si se tiene en cuenta el bien jurídico. Por ejemplo, la tenencia de pornografía infantil no amplía en nada la agresión al bien jurídico intimidad que se lesionó por la adquisición y podrá tener ampliada su lesión por la difusión, pero, nunca por la posesión.[124]

Así, el argumento del peligro resulta insostenible.

Igual que *poseer*, *llover* también representa un hecho en forma verbal. La diferencia específica es que *poseer* supone una persona. Pero, ello no basta para convertir un *hecho* en *acción*. Es que *poseer*, igual que *llover*, es algo que simplemente ocurre, aunque *poseer* ocurre *a uno*. Se exige el sujeto, pero, en una condición de pasividad y nunca como el *dueño y señor* de la realización de algo.

---

[122] En ese sentido, aunque por otros fundamentos, se posiciona Eberhard Struensee en STRUENSEE, Eberhard; JAKOBS, Günther. Delitos de tenencia. In: *Problemas capitales del derecho penal moderno*. Traducción de Marcelo Sancinetti. Buenos Aires: Hammurabi, 1998. p. 123-124.

[123] SCHROEDER, Friedrich-Christian. La posesión como hecho punible... cit., p. 167.

[124] Para una discusión específica sobre la tenencia de pornografía infantil véase ESQUINAS VALVERDE, Patricia. El tipo de mera posesión de pornografía infantil en el Código Penal Español (art. 189.2): razones para su destipificación. *Revista de Derecho penal y Criminología*, Madrid, 2ª época, n. 18, p. 171-228, 2006 (especialmente p. 185 y ss.).

Así, se llega a que *poseer*, en si mismo, no puede ser *acción*, aunque pueda, eso si, consistir en un elemento circunstancial probatorio de una *acción* precedente o de una *omisión* subsecuente.

Como visto, solamente a partir de una comprensión del lenguaje es posible comprender correctamente los delitos de posesión.

Por ello, se recomienda no sólo el incremento de los estudios sobre la teoría significativa de la acción, sino que también, la aclaración y crítica a sus manipulaciones indebidas.

8 A modo de conclusión. El efecto de acercamiento entre el *civil law* y el *common law*: un síntoma de adecuación epistemológica

Se ha visto como las construcciones jurídico penales han ido evolucionando de tal manera que se produjo un natural acercamiento entre los modelos del *civil law* y del *common law*. En este acercamiento, un papel central es ocupado por las aportaciones de la filosofía del lenguaje, en especial la teoría de la acción.

Desde la teoría de la acción significativa es posible aportar importante crítica, por ejemplo, a los delitos de posesión.

En el ámbito jurídico penal, no solo la construcción de un Derecho penal internacional, a raíz del Tratado de Roma, como el mismo Derecho Penal europeo, remiten a una necesidad de ajuste en las categorías del delito.

Por otro lado, el mismo fenómeno de globalización plantea problemas cuya solución ya no se puede proponer en el ámbito local, como suelen ser los problemas de ámbito económico o ambiental.

Lo mismo se puede decir respecto de las técnicas de tipificación, cuyo acercamiento, al menos en lo que refiere a un avance de barreras de imputación tanto en el desvalor de acción cuanto en el desvalor del resultado, es más que evidente.

Finalmente, no se puede olvidar que algunos nuevos objetos de atención como la responsabilidad penal de personas jurídicas, las formas de participación delictiva y los niveles de reprobación subjetiva por prácticas delictivas han obligado tanto a los teóricos del *civil law* como a los del *common law* a mirar hacia fuera de sus mismos sistemas jurídicos.

No es un acaso el avance de estudios como los de Ottfried Höffe en el sentido del desarrollo de un sistema penal intercultural.[125]

---

[125] Cf. en HÖFFE, Otfried. *Derecho intercultural*. Traducción de Rafael Sevilla. Barcelona: Gedisa, 2008. p. 149 y ss.

Es evidente que todavía estamos muy lejos de un sistema penal uniforme, pero, los avances representados por la teoría de la acción significativa demuestran, por lo menos, que la base epistemológica de tal formulación puede, perfectamente, arrancar de la filosofía del lenguaje e ya tiene demarcado su punto de arranque justamente en la obra del Prof. Vives Antón.

A critical to the possession crimes based on the concept of meaningful action. Connections between the *civil law* and *common law* on the thesis of Thomas Vives Antón and George Fletcher

Abstract: This paper intent critically discuss the possession crimes formula, from the theory of meaningful action. To do so, describes the development of the action's theories in criminal law so the *civil law* as the *common law* to reach the connection point in the theses of Vives Anton's and George Fletcher's concepts of action.

Keywords: Possession crimes. Theory of meaningful action. *Common law. Civil law.* Vives Anton. George Fletcher.

Bibliografía

AUSTIN, John. *The Philosophy Of Positive Law.* 3. ed. London: John Murray, 1869.

BELING, Ernst. *Esquema de Derecho penal.* La doctrina del delito-tipo. Traducción de Sebastián Soler. Buenos Aires: Depalma, 1944.

BORJA JIMÉNEZ, Emiliano. Algunas reflexiones sobre el objeto, el sistema y la función ideológica del Derecho penal. *Nuevo Foro Penal*, n. 62, 1999.

BUSATO, Paulo César. *Derecho penal y acción significativa.* Valencia: Tirant lo Blanch, 2007.

BUSATO, Paulo César. *La tentativa de delito.* Análisis a partir del concepto significativo de acción. Curitiba: Juruá, 2011.

CARBONELL MATTEU, Juan Carlos. Sobre tipicidad e imputación: reflexiones básicas en torno a la imputación del dolo e imprudencia. *In*: CARBONELL MATTEU, Juan Carlos *et al.* (Coords.). *Estudios penales en recuerdo del Prof. Ruiz Antón.* Valencia: Tirant lo Blanch, 2004.

COBO DEL ROSAL, Manuel; VIVES ANTÓN, Tomás Salvador. *Derecho Penal.* 5. ed. Valencia: Tirant lo Blanch, 1999.

COX LEIXELARD, Juan Pablo. *Delitos de posesión.* Bases para una dogmática. Buenos Aires – Montevideo: BdeF, 2012.

CUERDA ARNAU, María Luísa. Límites constitucionales de la comisión por omisión. *In*: *Constitución, derechos fundamentales y sistema penal (semblanzas y estudios con motivo del setenta aniversario del profesor Tomás Salvador Vives Antón).* Valencia: Tirant lo Blanch, 2009.

DUFF, Antony. Action, the Act Requirement and Criminal Liability. *Royal Institute of Philosophy Supplement*, v. 55, septiembre del 2004.

ECKSTEIN, Ken. *Besitz als Straftat*. Berlin: Duncker & Humblot, 2001.

ENGISCH, Karl. *Vom Weltbild des Juristen*. Heidelberg: Carl Winter Universitätsverlag, 1965.

ESQUINAS VALVERDE, Patricia. El tipo de mera posesión de pornografía infantil en el Código Penal Español (art. 189.2): razones para su destipificación. *Revista de Derecho penal y Criminología*, Madrid, 2ª época, n. 18, 2006.

FLETCHER, George Patrick. *Basic Concepts in Criminal Law*. New York: Oxford University Press, 1998.

FLETCHER, George. *The Grammar Of Criminal Law*. New York: Oxford University Press, 2007.

GIMBERNAT ORDEIG, Enrique. *Estudios de Derecho penal*. 3. ed. Madrid: Tecnos, 1990.

GORRIZ ROYO, Elena. *El concepto de autor em Derecho Penal*. Valencia: Tirant lo Blanch, 2008.

GUARAGNI, Fábio André. *As teorias da conduta em direito penal*. São Paulo: Revista dos Tribunais, 2005.

HABERMAS, Jurgen. *Teoría de la acción comunicativa*. Traducción de Manuel Jiménez Redondo, Madrid: Taurus, 1987. v. I.

HASSEMER, Winfried. *Fundamentos del Derecho penal*. Traducción de Francisco Muñoz Conde y Luís Arroyo Zapatero. Barcelona: Bosch, 1984.

HÖFFE, Otfried. *Derecho intercultural*. Traducción de Rafael Sevilla. Barcelona: Gedisa, 2008.

HOLMES JR., Oliver Wendel. *The Common law*. Boston: Little Brown, 1881.

HURD, Heidi M. What In the World Is Wrong?. *Journal of Contemporary Legal Issues*, Newcastle, v. 5, 1994.

HUSAK, Douglas. *Philosophy of Criminal Law*. Totowa: Rowman & Littlefield, 1987.

HUSAK, Douglas. The Alleged Act Requirement in Criminal Law. *In*: DEIGH, John; DOLINKO, David (Eds.). *The Oxford Handbook of Philosophy of Criminal Law*. New York: Oxford University Press, 2011.

JAKOBS, Günther. *Derecho penal*. Parte General. 2. ed. corregida. Traducción de Joaquín Cuello Contreras y José Luis Serrano Gonzales de Murillo. Madrid: Marcial Pons, 1997.

JESCHECK, Hans-Heinrich. *Lehrbuch des Strafrechts*. Berlin: Duncker & Humblot, 1969.

KIENAPFEL, Diethelm. *Das erlaubte Risiko im Strafrecht*: zur Lehre vom sozialen Handlungsbegriff. Frankfurt a.M.: Klostermann, 1966.

KIRCHMANN, Julius Hermann von. *La Jurisprudencia no es ciencia*. Traducción de Antonio Truyol y Serra. Madrid: Instituto de Estudios Políticos, 1949.

KUHN, Thomas. *La estructura de las revoluciones científicas*. 1. ed. 12. reimp. Traducción de Agustín Contin. Madrid: Fondo de Cultura Económica, 1987.

LAGODNY, Otto. *Strafrecht vor den Schranken der Grundrechte*: die Ermächtigung zum strafrechtlichen Vorwurf im Lichte der Grundrechtsdogmatik dargestellt am Beispiel der Vorfeldkriminalisierung. Tübingen: J.C.B. Mohr, 1996.

LISZT, Franz von. *Tratado de Derecho Penal*. 3. ed. Traducción de Luís Jiménez de Asúa. Madrid: Instituto Editorial Reus S.A., 1927. t. 2.

LUZÓN PEÑA, Diego-Manuel. *Derecho penal*. Parte General I. Madrid: Editorial Universitas S.A., 1996.

MAIHOFER, Werner. Der soziale Handslungnegriff. *In: Festschrift für Eberhard Schmidt*. Göttingen: Vandenhoeck & Ruprecht, 1971.

MARTÍNEZ-BUJÁN PÉREZ, Carlos. *Derecho penal económico y de la empresa*. Parte General. 4. ed. Valencia: Tirant lo Blanch, 2014.

MASCARENHAS JÚNIOR, Walter Arnaud. *Ensaio crítico sobre a ação*. Porto Alegre: Nuria Fabris, 2009.

MENDOZA BUERGO, Blanca. *El derecho penal en la sociedad del riesgo*. Madrid: Civitas, 2001.

MOORE, Michael. *Act and Crime*. The Philosophy of Action and its Implications for Criminal Law. New York: Oxford University Press, 1993.

MUÑOZ CONDE, Francisco. *Edmund Mezger y el Derecho penal de su tiempo*. Los orígenes ideológicos de la polémica entre causalismo y finalismo. 2. ed. Valencia: Tirant lo Blanch, 2001.

MUÑOZ CONDE, Francisco; CHIESA, Luís Ernesto. A exigência de ação (act requirement) como um conceito básico em Direito penal. *Revista Justiça e Sistema Criminal*, Curitiba, n. 1, Traducción de Rodrigo Jacob Cavagnari y Paulo César Busato, 2009.

NESTLER, Cornelius. La protección de bienes jurídicos y la punibilidad de la posesión de armas de fuego y de sustancias estupefacientes. *In*: INSTITUTO DE CIENCIAS CRIMINALES DE FRANKFURT A.M. (Ed.). *La insostenible situación del Derecho penal*. Traducción de Guilhermo Benlloch Petit. Granada: Comares, 2000.

OEHLER, Dietrich Der rechtswidrige Vorsatz. *In: Juristenzeitung*. Tübingen: Mohr Siebeck, 1951.

ORTS BERENGUER, Enrique; GONZÁLEZ CUSSAC, Jose Luiz. *Compendio de Derecho penal*. Parte General y parte especial. Valencia: Tirant lo Blanch, 2004.

PILLSBURY, Samuel H. Crimes of indifference. *Rutger's Law Review*, v. 105, Newark, 1996.

PRITTWITZ, Cornelius. El derecho penal alemán, ¿fragmentario? ¿subsidiario? ¿ultima ratio? Reflexiones sobre la razón y los límites de los principios limitadores del Derecho penal. *In: La insostenible situación del Derecho penal*. Traducción de Castiñeira. Granada: Comares, 2002.

QUEIROZ, Paulo. *Direito penal*. Parte geral. 4. ed. Rio de Janeiro: Lumen Juris, 2008.

RAMOS VÁZQUEZ, José Antonio. *Concepción significativa de la acción y teoría jurídica del delito*. Valencia: Tirant lo Blanch, 2008.

ROXIN, Claus. Contribuição para a crítica da teoria finalista da ação. *In: Problemas Fundamentais de direito penal*. 3. ed. Traducción de Ana Paula dos Santos Luís Natscheradetz. Lisboa: Vega, 1998.

SCHMIDT, Eberhart. Soziale Handlungslehre. *In: Festschrift für Karl Engish*. Frankfurt: Vittorio Klostermann, 1969.

SCHROEDER, Friedrich-Christian. Das 27. Strafrechtänderungsgesetz – Kinderpornographie. *Neue Juristische Wochenschrift*, n. 40, München, 1993.

SCHROEDER, Friedrich-Christian. La posesión como hecho punible. *Revista de Derecho penal y Criminología*, Madrid, 2ª época, n. 14, 2004.

SIMESTER, A. P. On the So-Called Requirement for Voluntary Action. *Buffalo Criminal Law Review*, 403, v. 2, n. 1, 1997.

STRUENSEE, Eberhard; JAKOBS, Günther. Delitos de tenencia. *In: Problemas capitales del Derecho penal moderno*. Traducción de Marcelo Sancinetti. Buenos Aires: Hammurabi, 1998.

TAVARES, Juarez. *Teoria do crime culposo*. 3. ed. Rio de Janeiro: Lumen Juris, 2009.

TOLEDO, Francisco de Assis. *Princípios básicos de direito penal*. São Paulo: Saraiva, 1994.

VIVES ANTÓN, Tomás Salvador. *Fundamentos del sistema penal*. Valencia: Tirant lo Blanch, 1996.

WELZEL, Hans. *Derecho penal alemán*. 11. ed. Traducción de Juan Bustos Ramírez y Sergio Yáñez Pérez. Santiago: Editorial Jurídica de Chile, 2003.

WELZEL, Hans. *Introducción a la filosofía del Derecho*. Derecho natural y Justicia material. Traducción de Felipe González Vicén. Madrid: Aguilar, 1977.

WELZEL, Hans. *O novo sistema jurídico-penal*. São Paulo: Revista dos Tribunais, 2001.

WESSELS, Johannes. *Derecho penal*. Parte General. Traducción de Conrado A. Finzi. Buenos Aires: Depalma, 1980.

WOLFF, Ernst Amadeus. *Dre Hanlungsbegriff in der Lehre vom Verbrechen*. Heidelberg: Carl Winter Universitätsverlag, 1964.

Informação bibliográfica deste texto, conforme a NBR 6023:2002 da Associação Brasileira de Normas Técnicas (ABNT):

BUSATO, Paulo César. Una crítica a los delitos de posesión a partir del concepto de acción significativa. Conexiones entre el *civil law* y el *common law* en las tesis de Tomás Vives Antón y George Fletcher. In: GONÇALVES, Guilherme Alberto Marinho; HECKERT JÚNIOR, Ival; QUEIROZ JÚNIOR, Antônio Raimundo de Castro (Coord.). *A teoria do direito aplicada*: seleção dos melhores artigos científicos do Programa de Pós-Graduação da Escola Superior de Advocacia da OAB/MG. Belo Horizonte: Fórum, 2016. v. 1. p. 107-140. ISBN 978-85-450-0109-6.

PRISÃO PREVENTIVA, A ÚLTIMA MEDIDA A SER BUSCADA

JOEL JOANINO DE CAMPOS JUNIOR

Resumo: A Constituição Federal adotou o paradigma do Estado Democrático de Direito, os direitos e fundamentais devem ser respeitados, a prisão preventiva não pode servir como uma verdadeira antecipação de pena, porque estaríamos violando o princípio da presunção de inocência e da dignidade da pessoa humana. A partir da edição da Lei nº 12.403/2011 o jurisdicionado passa a ter mais garantias. O julgador só poderá aplicar a pena de prisão em último caso. Buscamos no presente trabalho demonstrar que, de acordo com a Constituição Federal, a prisão preventiva é a última opção a ser buscada, antes o julgador terá que analisar se as medidas cautelares diversas da prisão serão suficientes para atingir a finalidade pretendida.

Palavras-chaves: Princípios. Medidas cautelares. Prisão preventiva. Cautelaridade. Subsidiariedade.

Sumário: 1 Introdução – 2 Princípios aplicados às cautelares do processo penal – 3 Medidas cautelares diferentes da prisão submetidas ao regime cautelar – 4 A imprescindibilidade da cautelaridade para restrição da liberdade – 5 A subsidiariedade da prisão preventiva – 6 Conclusão – Referências

1 Introdução

Os países da América Latina possuem um grande percentual de presos provisórios. Com o Brasil não é diferente, além de estar em quarto lugar entre países com a maior população carcerária do mundo, podemos afirmar ainda que quase metade é de presos provisórios, pessoas que não foram julgadas. Verdadeira mitigação do princípio da presunção de inocência, conforme o levantamento nacional de informações penitenciárias, emitido pelo Ministério da Justiça (CANÁRIO, 2015).

O presente trabalho busca, de forma não exauriente, discorrer sobre as medidas cautelares do processo penal. Para isso, veremos os princípios que devem ser observados na sistemática das cautelares do processo penal, além de passarmos pelas medidas cautelares diversas da prisão, presentes no art. 319 do citado diploma legal, que também estão submetidas à sistemática cautelar. Abordaremos, também, os pressupostos e fundamentos da cautelaridade para restrição da liberdade do acusado. Assim, veremos os caminhos que o magistrado deverá seguir antes de decretar o encarceramento do acusado, concluindo que atualmente em nosso ordenamento jurídico a prisão é uma medida excepcional, subsidiária.

Como o Código de Processo Penal brasileiro é fruto de um paradigma totalmente diferente do que vemos hoje, é preciso interpretar as leis vigentes conforme a Constituição Federal/88. Estamos convencidos de que é fundamental um novo código, mas enquanto este não surge precisamos trabalhar com o que temos.

Para uma melhor adequação social, o processo penal deve ser interpretado constitucionalmente, respeitando e efetivando todas as garantias fundamentais constitucionais.

Destacamos como outro grande problema a interpretação da Lei nº 12.403 de 2011, que surgiu com o intuito de diminuir a quantidade de presos provisórios, mas o resultado foi exatamente o oposto, acabou por restringir a liberdade daqueles que deveriam responder ao processo em liberdade, pura e simples.

Pensamos que o Código de Processo Penal é um conjunto de normas que dá efetividade aos princípios constitucionais. Como diz o Lopes Junior (2014), formas são garantias. Não pode o Judiciário com sua sanha punitiva reinterpretar o Código de Processo Penal de forma a relativizar as garantias fundamentais.

Propomos uma interpretação constitucional do processo, buscando a real efetivação dos princípios constitucionais do devido processo penal, ampla defesa, contraditório, presunção de inocência e outros esculpidos na Constituição e assegurados nos tratados internacionais.

Desse modo, o problema a ser atacado no presente trabalho é demonstrar que no regime do sistema das cautelares a prisão é sempre subsidiária, ela só poderá ocorrer em último caso, em via de regra, o réu deve responder à acusação em liberdade.

2 Princípios aplicados às cautelares do processo penal

Os diversos ramos do direito possuem uma estrutura principiológica autônima. Dessa mesma forma, é o instituto jurídico das cautelares do processo penal que, somente a partir da observância dos princípios e garantias fundamentais do devido processo legal, contraditório, ampla defesa, fundamentação das decisões, acusatoriedade, imparcialidade do juízo, juízo natural e presunção de inocência será possível restringir a liberdade do jurisdicionado antes de uma sentença condenatória transitada em julgado.

Nesse sentido, Barros e Machado (2011) entendem que o modelo constitucional do processo é uma base principiológica uníssona, em que os princípios são vistos de maneira codependentes. De modo que ao desrespeitar um dos princípios há o afastamento de forma reflexa dos demais. Assim, a observância a um princípio é condição para o respeito de todos os outros.

Não se trata do "panprincipiologismo", usina de produção de princípios despidos de normatividade, alertado por Streck (2012), mas de princípios estruturados na Constituição Federal assegurados também em tratados internacionais ratificados pelo Brasil.

Faremos agora uma breve abordagem de cada um dos princípios que devem ser observados nas cautelares penais.

2.1 Devido processo legal

Este talvez seja o princípio mais importante para o sistema processual brasileiro. Dele podemos extrair vários outros mandamentos, como contraditório, ampla defesa, acusatoriedade, juiz natural, imparcialidade do juízo, fundamentação das decisões.

Consagrado pela Constituição Federal de 1988, em seu art. 5º, inc. LIV, o princípio do devido processo legal é norteador e mostra de forma imperativa que o processo deve observar principalmente a Constituição, mas também os princípios e leis, incluindo os que regulam os tratados e convenções de direitos humanos ratificados pelo Brasil.

Esse princípio é de tanta relevância que para sua devida observação o Tribunal de Justiça de São Paulo, através do Provimento Conjunto nº 3/2015,[1] introduziu no sistema jurídico brasileiro a audiência de

---

[1] BRASIL. Tribunal de Justiça de São Paulo. Provimento Conjunto nº 3/2015. *Diário da Justiça Eletrônico*, São Paulo, ano VIII, n. 1.814, 27 jan. 2015. Disponível em: <http://biblioteca. mpsp.mp.br/PHL_IMG/TJSP/003-provconj%202015.pdf>.

custódia em que o preso deverá ser apresentado ao juiz em um prazo de 24 horas, ocasião que o juiz decidirá sobre a legalidade da prisão. Não se trata de uma antecipação da fase de instrução, mas de uma aferição pelo julgador se estão presentes os motivos das cautelares da prisão preventiva.

Observa-se que o atual Código de Processo Penal não prevê a audiência de custódia e que não há nenhuma lei que a regule. No entanto, está previsto Pacto São José da Costa Rica, que, em seu art. 7º, item 5, dispõe, *in verbis*:

> Toda pessoa detida ou retida deve ser conduzida, sem demora, à presença de um juiz ou outra autoridade autorizada pela lei a exercer funções judiciais e tem direito a ser julgada dentro de um prazo razoável ou a ser posta em liberdade, sem prejuízo de que prossiga o processo. Sua liberdade pode ser condicionada a garantias que assegurem o seu comparecimento em juízo.

Assim, estruturado no princípio do devido processo legal e com a previsão no referido pacto, a audiência de custódia é legítima, estando em harmonia com o sistema jurídico brasileiro.

O devido processo legal limita a atuação da autoridade jurisdicional dentro de certos parâmetros. É uma garantia material do jurisdicionado na medida em que tutela a liberdade do indivíduo, além de ser uma garantia formal, uma vez que prevê a igualdade de condições com o Estado.

Como dito anteriormente, o devido processo legal é um princípio do qual podemos extrair vários outros. Nessa ótica, a garantia material do jurisdicionado será exercida por meio do contraditório, devendo ser assegurada a ampla defesa, fiscalizando a atuação jurisdicional através da fundamentação das decisões.

Através do devido processo é possível ao jurisdicionado fiscalizar a atuação do Estado no momento da elaboração e na aplicação da norma, *in verbis*:

> A *Jurisdição Constitucional*, nas democracias plenas, tem seu controle de atuação pelo *devido processo legislativo* que é instituto jurídico de sustentação permanente do DEVIDO PROCESSO CONSTITUCIONAL. Aliás, a própria constituição é produzida, nas democracias, com total observância do DEVIDO PROCESSO CONSTITUCIONAL (*devido*, porque fiscalizável pelo POVO legitimado ao Processo) – eixo de geração do texto constitucional como cláusula teórico-fundante dos fundamentos do paradigma da Sociedade Jurídico-Política de Direito Democrático.

Dissipa-se o antagonismo, no paradigma democrático, entre "poderes" do Estado e jurisdição constitucional, porque a funcionalização de todo o organograma estatal há de cumprir os conteúdos da jurisdição constitucional que se faz pela auto aplicabilidade imperativa de seu arcabouço de normas. (LEAL, 2004, p. 15-16)

O devido processo legal deve ser visto como conjunto de garantias constitucionais e infraconstitucionais que assegura ao acusado o exercício de suas faculdades e poderes processuais indispensáveis ao correto exercício da jurisdição (CINTRA; DINAMARCO; GRINOVER, 2012).

O procedimento há de realizar-se em contraditório, cercando-se de todas as garantias necessárias para que as partes possam sustentar suas razões, produzir provas, influir sobre a formação do convencimento do juiz. E mais: para que esse procedimento, garantido pelo *devido processo legal*, legitime o exercício da função jurisdicional. (CINTRA; DINAMARCO; GRINOVER, 2012, p. 93).

A observância do devido processo legal é condição fundamental e indispensável do Estado para restringir a liberdade do cidadão. Esse princípio é a garantia de que estamos verdadeiramente em um Estado Democrático de Direito. Assim, a relação do devido processo legal com a sistemática das cautelares penais pode estar atrelada ao fato de que o Estado, no exercício do poder jurisdicional, deverá respeitar o devido processo penal, observando e assegurando todos os princípios decorrentes deste.

2.1.1 Contraditório

O processo possui uma estrutura dialética que permite às partes ação e reação dentro do contraditório. Como adotamos a linha de que o processo é uma garantia do jurisdicionado, o contraditório não pode ser visto apenas como a simétrica paridade entre as partes, proposta por Fazzalari *apud* Barros e Machado (2011).

Concordamos com Barros e Machado (2011), que veem o contraditório como o espaço procedimentalizado para garantia da participação dos jurisdicionados na construção do provimento final. Com isso, a principal característica do contraditório é a influência argumentativa dos jurisdicionados nas decisões. Dessa forma, as partes são construtoras do processo e coautoras da decisão. O resultado da decisão não é o produto apenas do julgador, mas também fruto do esforço dialético das partes.

Nesse mesmo sentido, Theodoro Junior e Nunes (2009) fazem uma leitura do contraditório como a simétrica paridade de armas entre as partes e como a garantia da influência no provimento final, a saber:

> Dentro desse enfoque se verifica que há muito a doutrina percebeu que o contraditório não pode mais ser analisado tão somente como mera garantia formal de bilateralidade da audiência, mas, sim, como uma possibilidade de influência sobre o desenvolvimento do processo e sobre a formação de decisões racionais, com inexistentes ou reduzidas possibilidades de surpresa. (THEODORO JUNIOR; NUNES, 2009, p. 178-179).

O contraditório é uma garantia da não surpresa, que impõe ao julgador o dever de provocar o debate sobre tudo o que for produzido dentro do processo, inclusive as atuações de ofício do julgador, como asseveram Theodoro Junior e Nunes, nestes termos:

> Desse modo, o contraditório constitui uma verdadeira garantia de não surpresa que impõe ao juiz o dever de provocar o debate acerca de todas as questões, inclusive as de conhecimento oficioso, impedindo que em "solitária onipotência" aplique normas ou embase a decisão sobre fatos completamente estranhos à dialética defensiva de uma ou de ambas as partes. Tudo que o juiz decidir fora do debate já ensejado às partes, corresponde a surpreendê-las, e a desconsiderar o caráter dialético do processo, mesmo que o objeto do decisório corresponda a matéria apreciável de ofício.
>
> Ocorre que a decisão de surpresa deve ser declarada nula, por desatender ao princípio do contraditório. (THEODORO JUNIOR; NUNES, 2009, p. 178-190)

Partindo-se para a sistemática das cautelares do processo penal – em razão da urgência da medida a ser aplicada – o contraditório poderá ser postergado, devendo ser garantido o debate em um momento posterior.

O art. 282, §3º, do Código de Processo Penal, dispõe que

> [...] ressalvados os casos de urgência ou de perigo de ineficácia da medida, o juiz, ao receber o pedido de medida cautelar, determinará a intimação da parte contrária, acompanhada de cópia do requerimento e das peças necessárias, permanecendo os autos em juízo.

Vemos com o dispositivo que o Código de Processo Penal garante o contraditório, mesmo que com fragilidade, assegurando ao acusado a discursão acerca da presença da cautelaridade que autoriza a decretação da medida.

O problema pode surgir nos casos em que haverá urgência ou perigo de ineficácia da medida, em que o juiz decretará a prisão cautelar sem ouvir o acusado. Para garantir o contraditório nesses casos, Lopes Junior (2014) entende que o acusado deveria ser imediatamente conduzido ao juiz que decretou a prisão para garantir-lhe o contraditório, conforme explica:

> Nossa sugestão sempre foi de que o detido fosse desde logo conduzido ao juiz que determinou a prisão, para que após ouvi-lo (interrogatório), decida fundamentadamente se mantém ou não a prisão cautelar. Através de um ato simples como esse, o contraditório realmente teria sua eficácia de "direito à audiência" e provavelmente, evitaria muitas prisões cautelares injustas e desnecessárias. Ou ainda mesmo que a prisão se efetivasse, haveria um mínimo de humanidade no tratamento dispensado ao detido, na medida em que ao menos teria sido "ouvido pelo juiz". (LOPES JUNIOR, 2014, p. 809)

Para o autor, o contraditório é uma garantia constitucional e sua inobservância acarreta nulidade da substituição, cumulação ou revogação da medida cautelar, devendo ser remediada pelo *habeas corpus*.

2.1.2 Ampla defesa

Esculpido na Constituição Federal de 1988, em seu art. 5º, inc. LV, o princípio da ampla defesa é uma garantida do jurisdicionado de que Estado deve assegurar a este uma defesa irrestrita e técnica. Em esfera infraconstitucional, esse princípio é assegurado pelo art. 261 do Código de Processo Penal, que assegura que nenhum acusado, mesmo que foragido ou ausente, será processado ou julgado sem defensor.

A importância desse princípio pode, também, ser evidenciada quando o julgador aferir que a defesa do acusado não é eficiente. Neste caso o processo poderá ser anulado, podendo ser concedido *habeas corpus*, até mesmo de ofício, conforme já foi decidido na pela Primeira Turma do STF, no HC nº 110.271, *in verbis*:[2]

---

[2] A Primeira Turma do Supremo Tribunal Federal concedeu, de ofício, o *Habeas Corpus* (HC) nº 110.271 para anular processo penal em que o acusado foi condenado a cinco anos de

HABEAS CORPUS – JULGAMENTO POR TRIBUNAL SUPERIOR – IMPUGNAÇÃO. A teor do disposto no artigo 102, inciso II, alínea "a", da Constituição Federal, contra decisão, proferida em processo revelador de habeas corpus, a implicar a não concessão da ordem, cabível é o recurso ordinário. Evolução quanto à admissibilidade do substitutivo do habeas corpus. DEFESA TÉCNICA – INEXISTÊNCIA. Uma vez constatada a inexistência de defesa técnica, em processo-crime, cumpre implementar a ordem de ofício.

Dessa forma não basta apenas o exercício de defesa, deve ser assegurada ao acusado uma defesa técnica e eficiente sob pena de nulidade.

Como forma de manifestação da ampla defesa, o acusado possui o direito de permanecer em silêncio durante o interrogatório. Além disto, o silêncio do acusado não pode ser interpretado em seu prejuízo, sob pena também de nulidade, conforme se extrai do art. 186 do Código de Processo Penal, a saber:

> Art. 186. Depois de devidamente qualificado e cientificado do inteiro teor da acusação, o acusado será informado pelo juiz, antes de iniciar o interrogatório, do seu direito de permanecer calado e de não responder perguntas que lhe forem formuladas.
>
> Parágrafo único. O silêncio, que não importará em confissão, não poderá ser interpretado em prejuízo da defesa.

Nas lições de Barros e Machado (2011), o princípio da ampla defesa, diretamente ligado ao contraditório e ao princípio das fundamentações das decisões, permite ao jurisdicionado a participação ativa do procedimento. Assim, devemos conceber a ampla defesa como direito à argumentação irrestrita, servindo como garantia das partes, *in verbis*:

> A ampla argumentação como garantia das partes, e não como um direito subjetivo de uma parte, compreende a necessidade de se garantir o tempo do processo para que o esforço reconstrutivo dos argumentos

---

prisão por crime contra a ordem tributária. O fundamento adotado pelo relator, Ministro Marco Aurélio, foi a ausência de defesa técnica do réu, servindo-se da Súmula nº 523 do STF, que dispõe que a falta de defesa constitui nulidade absoluta no processo penal (SUPREMO TRIBUNAL FEDERAL. Primeira Turma anula processo penal por falta de atuação de advogado do réu. *Notícias STF*, 7 maio 2013. Disponível em: <http://www.stf.jus.br/portal/cms/verNoticiaDetalhe.asp?idConteudo=237901>).

do discurso dialético das partes possa ser apropriado, de modo que todas as possibilidades de argumentação sejam perquiridas. (BARROS; MACHADO, 2011, p. 24).

A defesa no processo penal deve ser uma defesa técnica, é uma exigência social, a coletividade tem interesse na tutela do inocente, como menciona Lopes Junior (2014):

> Isso significa que a defesa técnica é uma exigência da sociedade, porque o imputado pode, a seu critério, defender-se pouco ou mesmo não se defender, mas isso não exclui o interesse da coletividade de uma verificação negativa no caso do delito não constituir uma fonte de responsabilidade penal. (LOPES JUNIOR, 2014, p. 225)

Esse princípio também significa que todas as teses defensivas deverão ser analisadas pelo julgador, de forma que o processo passa então a ser o fruto da reconstrução dialética das partes. Para efetivação da ampla defesa é necessária a concretude de outro princípio, fundamentação das decisões, como será visto a seguir.

A relação das cautelares do processo penal com a ampla defesa está no direito do acusado de lhe ser assegurada uma defesa técnica e efetiva. Caso aquele não tenha condições de pagar um advogado, o próprio Estado deverá arcar com essa despesa, seja através de um defensor público ou até mesmo advogado dativo. A violação desse princípio enseja nulidade e a prisão do acusado passa a ser ilegal.

2.1.3 Fundamentações das decisões

O princípio da fundamentação das decisões nas cautelares pessoais do processo penal encontra amparo no art. 5º, LXI e 93, IX, da Constituição Federal. Todas as decisões devem ser fundamentadas, sob pena de nulidade. A falta de fundamentação na decretação da cautelar gera a nulidade do ato decisório e, em caso de prisão, o acusado deve ser posto em liberdade, *in verbis*:

> Art. 5º [...] LXI - Ninguém será preso senão em flagrante delito ou por ordem escrita e fundamentada de autoridade judiciária competente, salvo nos casos de transgressão militar ou crime propriamente militar, definidos em lei; [...]

Art. 93. [...] IX - Todos os julgamentos dos órgãos do Poder Judiciário serão públicos, e fundamentadas todas as decisões, sob pena de nulidade, podendo a lei limitar a presença, em determinados atos, às próprias partes e a seus advogados, ou somente a estes, em casos nos quais a preservação do direito à intimidade do interessado no sigilo não prejudique o interesse público à informação;

Em aspecto infraconstitucional, o art. 315 do Código de Processo Penal impõe ao magistrado o dever de demonstrar os motivos que levaram decretar, substituir ou denegar a prisão.

A definição dada por Giacomolli (2013) acerca da fundamentação das decisões nos permite uma boa compreensão do princípio, conforme podemos depreender:

> Fundamentar uma decisão é explicar e justificar, racionalmente, a motivação fática e jurídica do convencimento, em determinado sentido. Não só a exteriorização escritural e pública do convencimento do magistrado possui relevância constitucional, mas também o grau de aceitabilidade produzida nos agentes envolvidos no caso penal, bem como na comunidade jurídica. Isso possibilita o entendimento do *decisum* pelos sujeitos e pelas partes, propiciando a impugnação adequada e plena. Não é suficiente uma mera declaração de conhecimento acerca do conteúdo dos autos, e nem uma simples emissão volitiva, mas a demonstração argumentativa (*ratio dicendi*) dos pressupostos fáticos e jurídicos da prisão. (GIACOMOLLI, 2013, p. 15)

Como visto acima, a decisão sem fundamentação é nula. Destaca-se que a fundamentação da decisão não é apenas remissão ao texto legal. Nos casos do encarceramento cautelar a fundamentação da decisão se dá com a demonstração racional dos motivos de fato e de direito que levaram o julgador a proferir aquela decisão (GIACOMOLLI, 2013).

O princípio da fundamentação das decisões se correlaciona com os princípios do contraditório e da ampla defesa, pois, com observam Barros e Machado (2011), a exigência do contraditório, processo como uma construção dialética das partes, não mais permite que a decisão seja um ato isolado de inteligência do julgador imparcial.

> Desse modo, a fundamentação da decisão é indissociável do contraditório, visto que a participação dos afetados na construção do provimento, base da compreensão do contraditório, só será plenamente garantida se a referida decisão apresentar em sua fundamentação a argumentação dos respectivos afetados, que podem, justamente pela fundamentação, fiscalizar o respeito ao contraditório e garantir a aceitabilidade racional da decisão. (MACHADO, 2009 *apud* BARROS; MACHADO, 2011, p. 23)

A correlação entre a fundamentação da decisão com o contraditório e a ampla defesa pode ser observada pela necessidade de garantir uma argumentação ampla e irrestrita. Assim, a respeitabilidade da decisão só será possível se ela estiver fundamentada, passando por todas as teses de defesa e de acusação, garantindo o contraditório e a ampla defesa (BARROS; MACHADO, 2011).

Por fim, podemos perceber que os princípios do Devido processo legal, contraditório, ampla defesa e fundamentação das decisões estão entrelaçados de forma que o desrespeito a um deles acaba lesando os demais (BARROS; MACHADO, 2011).

Nas cautelares do processo penal, para que o julgador possa restringir a liberdade do acusado, deverá, em sua decisão, demonstrar como a liberdade do acusado causará prejuízo à instrução criminal, ordem pública, aplicação da lei penal ou ordem econômica. Não basta apenas uma referência ao texto legal. Além disso, deverá analisar cada uma das teses defensivas do acusado, sob pena da decisão ser ilegal. É essa a relação da ampla defesa com as cautelares penais.

2.1.4 Acusatoriedade

Em regra, há dois tipos de sistemas de persecução penal: inquisitório e acusatório. O *sistema inquisitório*, como bem observa Lopes Junior (2014, p. 98), é caracterizado pela ausência de separação das funções de acusar e julgar, inexistência ao contraditório pleno, desigualdades de armas e oportunidades, sistema de prova tarifada com a confissão como rainha das provas, procedimento secreto, restrição ao duplo grau de jurisdição: "O juiz atua como parte, investiga, dirige, acusa e julga. Com relação ao procedimento, sói ser escrito, secreto e não contraditório".

Quanto ao *sistema acusatório*, o mesmo autor (obra citada) caracteriza-o como um sistema em que a gestão da prova está nas mãos das partes, o juiz é mero expectador, há separação entre a função de acusar e julgar, o julgador não pode agir de ofício, sendo observada a imparcialidade, o contraditório é pleno, as partes possuem igualdade de armas e oportunidade, o procedimento é público, vigora o princípio do livre convencimento motivado, há coisa julgada e o duplo grau de jurisdição.

Em relação ao sistema misto, há uma fase em que o processo possui uma fase pré-processual, com características inquisitoriais, e outra fase processual, com características do sistema acusatório (LOPES JUNIOR, 2014).

Vivemos em um Estado Democrático de Direito em que o nosso sistema penal e processual penal é o acusatório, por essência. Como afirma Aury Lopes Junior, em sua obra acima citada, a nossa atual Constituição e o sistema acusatório compartilham a mesma base epistemológica.

Não obstante, o nosso Código de Processo Penal possui grandes imperfeições que levam a características inquisitórias, como bem observado por Nascimento (2008). Dessa forma devemos fazer uma releitura do Código de Processo Penal de forma a compatibilizá-lo com nossa Constituição democrática.

Assim, o juiz tem um papel imparcial, não pode ele ter iniciativa probatória. No processo penal o julgador não pode agir de ofício. Deve ser sempre provocado pelo titular da ação penal. O juiz que vai atrás da prova certamente estará buscando motivos para fundamentar uma decisão condenatória. Em nosso ordenamento jurídico vige o princípio do *in dubio pro reo*, ou seja, na dúvida o juiz deve absolver o acusado. Sendo assim o julgador nunca precisará buscar elementos de convicção para absolver o acusado, portanto não resta dúvida de que quando o julgador deixa de lado sua inércia e vai atrás das provas, ele já está convencido da condenação e está apenas buscando elementos para fundamentá-la (LOPES JUNIOR, 2014).

Em que pesem os arts. 156, I, 311 e 156, I, todos do Código de Processo Penal, conferirem ao magistrado a possibilidade de atuação de ofício no processo penal, entendemos que a atuação de ofício por parte do magistrado é incompatível com a nossa atual Constituição Federal que, em seu art. 129, I, estabelece que é função privativa do Ministério Público promover a ação penal pública na forma da lei. Além disso, em um Estado Democrático de Direito, o julgador deve ter a função de terceiro imparcial, deixando a prova a cargo das partes, de forma que para ser decretada a prisão cautelar do acusado esta deverá ser requerida pelo Ministério Público.

Por tudo isso, no sistema das cautelares do processo penal o juiz não pode decretar uma medida cautelar de ofício, se assim o fizer, a decisão deverá ser anulada, desentranhada dos autos e o juiz ser declarado como suspeito (LOPES JUNIOR, 2014).

2.1.5 Imparcialidade do juízo

A imparcialidade do julgador não é uma virtude pessoal, mas uma característica do sistema acusatório. Daí surge a necessidade de manter o juiz longe da iniciativa probatória. Se a pessoa que produzir a prova for a mesma que irá julgá-la, estaríamos diante de um sistema inquisitorial (LOPES JUNIOR, 2014). Como dito anteriormente, o processo é fruto da produção dialética das partes. A gestão da prova está nas mãos das partes (LOPES JUNIOR, 2014).

A imparcialidade do julgador é condição essencial do processo no Estado Democrático de Direito e só será atingida se respeitados os princípios anteriormente mencionados. Em um país que pretende ser uma potência mundial, deve o Judiciário frear os abusos do Estado, servindo o juiz, não como um justiceiro, mas como um garantidor dos direitos e garantias individuais.

Como forma de garantir a imparcialidade do juízo, a Constituição consagrou em seu texto, no art. 5º, inc. LIII, a proibição do juízo de exceção. Além disso, o Código de Processo Penal, nos arts. 95-111, traz a regulamentação das exceções de suspeições e incompetência.

Caso haja violação da imparcialidade do juiz, ele deverá ser declarado como suspeito e anulados todos seus atos decisórios.

Todos os princípios no processo penal estão entrelaçados, de forma que, para que a decretação da cautelar no processo penal seja válida, é necessário o julgador observar todos os princípios já mencionados, garantido o devido processo legal, atuando como expectador, sendo a prova produzida unicamente pelas partes, fundamentando todas as decisões de forma a analisar imparcialmente todas as teses apresentadas pelas partes.

2.1.6 Juízo natural

O princípio do juiz natural é uma garantida de todos os jurisdicionados, não apenas no processo penal, mas em qualquer área em que o Estado Juiz é acionado para resolver um conflito ou um desvio social. É uma garantia de que não haverá um juízo ou tribunal de exceção. Dessa forma, limita os poderes do Estado e ao mesmo tempo revela uma maior imparcialidade do juiz.

A Constituição Federal, em seu art. 5º, inc. XXXVII, dispõe que não haverá juízo ou tribunal de exceção. A mesma Carta Política estabelece no art. 5º, inc. LIII, que ninguém será processado nem sentenciado senão pela autoridade competente. Complementando os dispositivos citados, o art. 95 também da Constituição garante ao juiz a vitaliciedade, inamovibilidade e a irredutibilidade dos subsídios.

Fazendo uma análise, buscando a finalidade da norma, sendo o ordenamento jurídico um sistema jurídico único e indivisível, vemos que os dispositivos constitucionais acima visam garantir ao jurisdicionado um julgamento perante um juiz natural e imparcial e que a jurisdição será improrrogável, revelando o processo como uma garantia democrática.

2.1.7 Presunção de inocência

Consagrado pela Constituição Federal, em seu art. 5º, inc. LVII, a presunção de inocência é uma garantia estruturante do processo penal, limitadora dos atos decisórios anteriores do provimento final. É um princípio-guia que irá nortear o processo para garantia da liberdade do acusado, como asseveram Barros e Machado (2011).

A presunção de inocência estabelece que o ônus da prova é da acusação, de forma que, não havendo prova suficiente para embasar um juízo condenatório, deve ser mantida a inocência. Podemos subtrair desse princípio que a liberdade do acusado não poderá ser restringida sem que haja prova suficiente da cautelaridade (LOPES JUNIOR, 2014).

Percebemos a partir daí o papel fundamental do juiz, que deverá atuar como um garantidor dos direitos e garantias fundamentais e impedir a restrição da liberdade do acusado fora dos limites estabelecidos nas cautelares penais. Como afirmam Barros e Machado (2011), as medidas cautelares pessoais precisam passar pelo crivo de uma decisão jurisdicional para serem efetivadas e somente podem ser aplicadas com base e nos limites da previsão da lei processual penal.

Com isso as medidas cautelares têm que observar o sistema acusatório, sendo requerida pelas partes. O juiz não pode ser um instrumento da segurança pública, deve ser um fiscal e acima de tudo um garantidor dos princípios e garantias individuais. Para isto é necessário que respeite os princípios do devido processo legal, contraditório, ampla defesa, fundamentação das decisões, acusatoriedade, imparcialidade do juízo e juiz natural.

De acordo com Lopes Junior (2014), o maior interesse do princípio da presunção de inocência é que todos os inocentes, sem exceção, estejam protegidos. Para o autor, tal princípio possui duas dimensões: uma interna e outra externa, vejamos:

> Na dimensão interna, é um dever de tratamento imposto – principalmente – ao juiz, determinando que a carga da prova seja inteiramente do acusador (pois se o réu é inocente, não precisa provar nada) e que

a dúvida conduza inexoravelmente à absolvição; ainda na dimensão interna, implica severas restrições ao (ab)uso das prisões cautelares (como prender alguém que ainda não foi definitivamente condenado?) Externamente ao processo, a presunção de inocência exige uma proteção contra a publicidade abusiva e a estigmatização (precoce) do réu. Significa dizer que a presunção de inocência (e também as garantias constitucionais da imagem, dignidade e privacidade) deve ser utilizada como verdadeiro limite democrático à abusiva exploração midiática em torno do fato criminoso e do próprio processo judicial. (LOPES JUNIOR, 2014, p. 804)

Assim, os princípios processuais penais aplicados às medidas cautelares do processo penal estão totalmente entrelaçados, de forma que a ofensa a um princípio acaba por ferir os demais. Fazemos uma divisão apenas para fins didáticos.

Por tudo isso afirmamos que ferir um princípio é pior que ferir uma simples norma, pois a lesão a um deles desestrutura toda a base do ordenamento jurídico.

3 Medidas cautelares diferentes da prisão submetidas ao regime cautelar

Com o advento da Lei nº 12.403, de 2011, houve uma mudança na sistemática das cautelares penais. O magistrado antes de decretar a prisão deverá analisar de forma fundamentada cada uma das cautelares presentes no art. 319 do Código de Processo Penal. Caso alguma das medidas se mostre suficiente para atingir o objetivo almejado, a prisão deverá ser afastada, devendo o julgador aplicar a medida cautelar pessoal.

Destaca-se, ainda, que para ser aplicada qualquer dessas medidas cautelares é necessário que estejam presentes o *fumus comissi delicti* (indícios de autoria e materialidade do crime) e o *periculum libertatis* (risco que a liberdade do acusado pode trazer para o processo). Caso esses requisitos não estejam presentes, a liberdade do acusado deverá ser mantida.

As cautelares são situacionais, podendo ser decretadas a qualquer momento do processo. Além disso, se desaparecidos os motivos que ensejaram o acautelamento do acusado, a liberdade deverá ser restabelecida.

A não observação dessa sistemática e a decretação da prisão preventiva é impugnável pela via do *habeas corpus*.

3.1 Os objetivos da Lei nº 12.403/2011

Antes da Lei nº 12.403 havia apenas os dois extremos: ou o preso responderia o processo preso ou responderia em liberdade. A população carcerária só crescia. O Estado se mostrou incapaz de manter as prisões dos acusados, respeitando as garantias asseguradas na Constituição e nos tratados internacionais de direitos humanos (LOPES JUNIOR, 2014). Era necessária uma mudança de postura. Muitos dos presos no Brasil tinham direito a responder ao processo em liberdade. A lei surge com o objetivo de reduzir o número de presos provisórios no Brasil. A partir da edição da Lei nº 12.403/2011, o jurisdicionado passa a ter mais garantias. O julgador só poderá aplicar a pena de prisão em último caso.

No entanto, é necessária uma mudança de mentalidade dos magistrados. Para que a Lei nº 12.403 possa atingir sua finalidade, é necessário que o juiz saia da posição do justiceiro – que irá diminuir a criminalidade – e passe a assumir seu verdadeiro papel: o de garantidor dos direitos e garantias individuais. Oportuno citar uma crítica feita por Giacomolli:

> A estratégia normativa de situar o recolhimento ao cárcere como última das medidas cautelares não é suficiente para manter a prisão a níveis aceitáveis. Isso porque os aplicadores da legislação foram forjados na ideologia inquisitorial da década de quarenta (criminoso é inimigo), na concepção de que o recolhimento ao cárcere soluciona os problemas, diminui a criminalidade. Olvida-se que a lei não possui a potencialidade suficiente para fazer o que os homens não conseguem realizar. (GIACOMOLLI, 2013, p. 67)

Será que um dia teremos capacidade de respeitar as leis e colocar a prisão como a última alternativa a ser aplicada? Se não abandonarmos esse ranço autoritário do Código Penal de 1941 não avançaremos para o processo penal constitucional democrático.

3.2 Revogação, substituição, cumulatividade e descumprimento

As alternativas à prisão, presentes no art. 319 do Código de Processo Penal, assim como à prisão preventiva, são as medidas cautelares. Além disso, são situacionais. Para serem decretadas, deve estar presente a cautelaridade e, uma vez desaparecida a cautelaridade, a medida deverá cessar. Portanto, a cautelaridade é condição de existência da medida.

Caso a medida cautelar se mostre insuficiente, o magistrado poderá substituí-la por outra medida, deixando a prisão preventiva como última hipótese a ser tomada. Antes de decretar o encarceramento processual o julgador deverá analisar se há a possibilidade de aplicação de outra medida ou se a cumulação de medidas é suficiente para alcançar o objetivo da cautelar.

As medidas cautelares podem ser aplicadas isoladas ou cumuladas. Apenas o caso concreto poderá dizer se a medida aplicada é suficiente ou se será necessário aplicar outra. Nesse sentido, é comum a aplicação do recolhimento domiciliar cumulado com monitoramento eletrônico.

Em caso de descumprimento da medida cautelar, o art. 282, §4º, do Código de Processo Penal abre a possibilidade de o juiz substituir a medida, impor outra em cumulação, ou, em último caso, decretar a prisão preventiva. Defendemos que o dispositivo deve ser lido à luz da Constituição Federal e de acordo com o sistema acusatório, de modo que o magistrado não poderá agir de ofício, apenas mediante requerimento do Ministério Público, de seu assistente ou do querelante.

3.3 Espécies das cautelares

O art. 319 do Código de Processo Penal traz um rol de medidas cautelares alternativas ao cárcere. Uma vez atingidos os pressupostos e os requisitos das cautelares, o magistrado poderá determinar ao acusado as seguintes medidas: comparecimento periódico em juízo, proibição de acesso ou frequência a determinados lugares, proibição de manter contato com pessoa determinada, proibição de ausentar-se da comarca, recolhimento domiciliar no período noturno e nos dias de folga, suspensão do exercício de função pública ou de atividade de natureza econômica ou financeira, internação provisória do acusado, monitoração eletrônica e fiança.

No comparecimento periódico em juízo, o magistrado fixará um prazo e determinadas condições para que o acusado compareça em juízo. Essa cautelar possibilita ao julgador acompanhar o desenvolvimento das atividades do cautelando. A periodicidade e a duração das medidas serão postas de acordo com as exigências da cautelaridade. De acordo com Giacomolli (2013), essa é a medida menos gravosa e possibilita um efetivo controle pela jurisdição como aproveitamento das estruturas do estado.

Quanto à proibição de acesso ou frequência a determinados lugares, muito utilizada nos casos de brigas entre torcidas de futebol, têm-se como exemplo aquela em que o acusado é proibido de entrar nos estádios. A proibição guarda correlação com as circunstâncias do fato praticado. De acordo com Giacomolli (2013), a funcionalidade da medida é inibir novas infrações criminais.

A vedação de manter contato com determinada pessoa é um outro exemplo, muito utilizado nos casos de violência doméstica. Guarda relação com os crimes praticados contra a dignidade sexual e familiar. A cautelar proíbe o contato voluntário do acusado, não abrangendo o contato causal. De acordo com Giacomlli (2013), o magistrado deverá delimitar a medida cautelar de maneira que não implique uma restrição além das exigências das cautelares. Para que medida se torne eficaz é necessário a comunicação do acusado e também da pessoa beneficiada pela cautelar.

A proibição de ausência da comarca visa garantir a conveniência da instrução criminal e a aplicação da lei penal. Para melhor eficácia é necessário que os órgãos da segurança pública sejam intimados. A proibição deve ser observada de acordo com o caso concreto, pois se o acusado trabalhar fora da comarca, por exemplo, a proibição deverá ser relativizada. Só o caso concreto poderá mostrar o grau de relativização da medida.

O recolhimento domiciliar no período noturno e nos dias de folga talvez seja a medida cautelar com a maior possibilidade de vigilância por parte do Estado, quando acompanhada do monitoramento eletrônico. Para que essa medida ocorra, é necessário que o cautelado demonstre sua residência fixa, local de trabalho e/ou estudo. Não se trata de prisão domiciliar em que o acautelado não pode sair de casa. No recolhimento domiciliar o acusado é proibido de se ausentar de casa nos períodos noturnos e nos dias de folga. Havendo mudança dos referidos endereços, o cautelado deverá comunicá-la imediatamente nos autos.

Na suspensão do exercício de função pública ou de atividade de natureza econômica ou financeira, deve ser observada a possibilidade da continuação delitiva. Com isso, havendo risco de o acusado praticar novos delitos utilizando-se da função ou cargo que ocupa, o juiz poderá afastá-lo. Essa cautelar é utilizada nos casos em que o acusado possui poderes diretivos, por exemplo, nos casos de crimes contra o sistema financeiro e aqueles praticados por governadores, prefeitos etc. O descumprimento da medida poderá ensejar a substituição, a cumulação ou até mesmo o encarceramento cautelar.

Já a internação provisória visa evitar a prática de novos delitos durante a instrução criminal. Como observa Giacomolli (2013), é uma medida cautelar – e não de mérito – que resultará em absolvição imprópria. Esta será possível quando crime for praticado com violência ou grave ameaça à pessoa. Além dos outros requisitos já estudados, para que essa medida possa ser aplicada, é necessário que o delito tenha sido praticado com violência ou grave ameaça. É necessário, também, que exista um laudo pericial considerando o acusado inimputável ou semi-imputável, além da possibilidade do risco de reiteração.

A fiança tem como finalidade assegurar que o cautelado compareça aos atos processuais. Poderá ser decretada para assegurar a aplicação da lei penal ou para assegurar a instrução criminal. Conforme Giacomolli (2013), havendo a absolvição, os valores pagos a título de fiança serão devolvidos ao acusado; caso haja quebramento da fiança, o juiz deverá aplicar o art. 282, §4º, do Código de Processo Penal e, em caso de condenação, os valores depositados servirão para pagar as despesas processuais, restituindo-se o valor excedente ao acusado.

Por fim, o monitoramento eletrônico é muito utilizado também nos casos em que o preso, já condenado, está em regime aberto. A medida permite controlar o sujeito mesmo quando em liberdade. Pode ser aplicada junto com outra cautelar, que necessita de controle específico, como exemplo, o recolhimento domiciliar. A finalidade da monetização é evitar a fuga, assegurar a instrução criminal, servindo também de fiscalização de outra medida.

4 A imprescindibilidade da cautelaridade para restrição da liberdade

Vigora em nosso ordenamento jurídico o princípio da presunção de inocência, de forma que somente após o trânsito em julgado de uma sentença penal condenatória o acusado terá sua liberdade restringida. Essa é a regra geral, porém há situações em que haverá a mitigação desse mandamento, mas para isso deverão estar presentes os pressupostos, como veremos a seguir.

4.1 Pressuposto da prisão preventiva

Para haver a restrição da liberdade é necessário que haja a cautelaridade, ou seja, é imperioso que haja o *fumus comissi delicti* e o *periculum libertatis*.

O *fumus comissi delicti* deve ser compreendido como um juízo de plausibilidade, verossimilhança das alegações que prove a materialidade delitiva e demonstre indícios de autoria.

Quanto ao *periculum libertatis*, deve ser entendido como uma situação criada pelo acusado, em liberdade, que possa colocar em risco a ordem econômica, ordem pública, instrução criminal e aplicação da lei penal (GIACOMOLLI, 2013).

Como condição preliminar para prisão preventiva, Nereu José Giacomolli nos traz a prática de crime doloso, ou seja, a conduta criminosa tem que obrigatoriamente ser dolosa. Nesse caso é aceito o dolo direto, quando a conduta do agente visa o resultado lesivo, e dolo eventual, quando o acusado assume o risco de produzir o resultado lesivo. Damos um destaque especial na exegese do art. 313 do Código de Processo Penal, pois a prática de crime culposo não autoriza o encarceramento do acusado (GIACOMOLLI, 2013).

Outro pressuposto revelado pelo autor é a cominação de pena de prisão superior a quatro anos. Esse pressuposto deve ser feito com algumas ressalvas, pois nem todos os crimes puníveis com pena de prisão superior a quatro anos serão passíveis de prisão preventiva. Nos crimes puníveis com pena privativa de liberdade inferior a quatro anos a prisão preventiva é inadequada (GIACOMOLLI, 2013).

Deverá ser respeitado o art. 44 do Código Penal. Nos casos regulados pelo dispositivo, haverá a substituição da pena privativa de liberdade por restritivas de direitos mesmo nos crimes que apresentam cominação de pena máxima superior a quatro anos. Da mesma forma, deve ser observado o art. 77 do Código Penal, pois de acordo com o dispositivo a execução da pena privativa de liberdade não superior a dois anos poderá ser suspensa de dois a quatro anos. Assim, nas situações abrangidas pelos dispositivos ao final do processo, o acusado não sofrerá a restrição da liberdade (GIACOMOLLI, 2013).

Em caso de concurso material, somam-se as penas máximas, se houver concurso formal ou continuação delitiva deverá ser feita a exasperação de 1/6 da pena, conforme arts. 70 e 71 do Código Penal. De forma geral, devemos entender que a prisão preventiva só será possível nos casos em que ao final do processo o acusado for punido com pena privativa de liberdade (GIACOMOLLI, 2013).

Giacomolli (2013) traz, como mais um pressuposto para a prisão preventiva, a ausência de cominação de multa, *in verbis*:

> Quando a cominação da pena de multa for cumulada com a pena privativa de liberdade (e), existe a possibilidade de o autor do crime vir a ser recolhido ao cárcere, diante de uma condenação. Contudo, na cominação da pena de multa, de forma isolada, isto é quando é a única prevista, não existe a possibilidade de recolhimento ao cárcere, mesmo diante de uma sentença condenatória. Nesta hipótese resta afastado o cabimento da prisão preventiva. (GIACOMOLLI, 2013, p. 70)

Caso a sanção aplicada pela prática do delito seja pena de multa, não será possível a prisão preventiva. Também não será possível se houver previsão de que a pena de multa será aplicada como alternativa à restrição da liberdade. No entanto, se a pena de multa for cumulada com a pena de prisão poderá ser aplicada a prisão processual desde que observados os requisitos legais (GIACOMOLLI, 2013).

Nessa mesma esteira, para um único pressuposto negativo, o autor cita o afastamento da liberdade provisória. Caso seja possível a liberdade provisória, com ou sem fiança, não há que se falar em prisão preventiva. Vale ressaltar que o crime considerado inafiançável não quer dizer que será impossível a liberdade provisória. Portanto, se possível a liberdade provisória, a prisão preventiva deverá ser afastada (GIACOMOLLI, 2013).

Por fim, o último pressuposto norteador observado pelo autor (GIACOMOLLI, 2013) para a decretação do encarceramento processual é a insuficiência das medidas cautelares menos gravosas. O art. 319 do Código do Processo Penal, com a redação dada pela Lei nº 12.403, de 2011, introduziu em nosso ordenamento jurídico as medidas cautelares pessoais diversas da prisão.

A prisão passou a ser a última alternativa. Antes de aplicar o encarceramento, o julgador deverá buscar uma das cautelares menos gravosa. Somente quando as cautelares se mostrarem insuficientes para atingir o objetivo almejado será possível a aplicação da prisão preventiva, respeitando sempre os requisitos que passaremos a analisar (GIACOMOLLI, 2013).

Portanto, dentro da sistemática das cautelares do processo penal, para que a liberdade do acusado seja restringida é necessário que estejam presentes o *fumus comissi delicti e o periculum libertatis*. Além disso, o juiz deverá demonstrar de forma fundamentada a necessidade e a proporcionalidade da medida a ser aplicada. Caso os pressupostos não estejam presentes, a medida a ser aplicada será a liberdade pura e simples (GIACOMOLLI, 2013; LOPES JUNIOR, 2014).

4.2 Fundamentos da prisão preventiva

Desde já destacamos que para que a prisão preventiva seja possível, além desses requisitos, é necessário que o crime seja punível com pena privativa de liberdade superior a quatro anos e a não incidência do art. 314 do Código de Processo Penal: não ter o agente cometido o fato em estado de necessidade, em legítima defesa, em estrito cumprimento do dever legal ou no exercício regular de direito; ou seja, nas situações do art. 23 do Código Penal, a saber:

Art. 23. Não há crime quando o agente pratica o fato:
I - em estado de necessidade;
II - em legítima defesa;
III - em estrito cumprimento de dever legal ou no exercício regular de direito.

Havendo essas hipóteses o juiz não poderá decretar a prisão do acusado, caso contrário haverá configuração de constrangimento ilegal. Remediável por via da ação mandamental de *habeas corpus* (GIACOMOLLI, 2013).

Muito criticada pelos juristas, por dar grande discricionariedade ao julgador, a garantia da ordem pública é o motivo preferido pelos magistrados para fundamentar a prisão preventiva, sendo na maioria das vezes aplicada de maneira distorcida. Seu conceito é indeterminado – segundo Giacomolli (2013), dentro da ordem pública cabe qualquer alegação fática argumentativa. É comum alguns juízes se referirem à garantia da ordem pública como credibilidade do Poder Judiciário, diminuição da criminalidade, clamor público, gravidade do crime e por aí vai, dependendo da criatividade do julgador. Entendemos que esse conceito é incompatível com o Estado Democrático de Direito. Por não trazer segurança jurídica, ele dá ao julgador liberdade para dizer o que é a ordem pública. Dessa forma, com um pouco de esforço hermenêutico, em qualquer caso poderá ser decretada a prisão preventiva como garantia da ordem pública. Na verdade, o legislador brasileiro perdeu uma grande chance de extirpar esse conceito com a Lei nº 12.403 de 2011.

A garantia da ordem econômica é a harmonia das relações econômicas (de consumo, de emprego, de preços) e financeiras (mercado de capitais, de crédito). De acordo com Barros e Machado (2011), a prisão fundamentada na garantia da ordem econômica não é capaz de interferir na lesão provocada. Para eles, seria muito melhor a aplicação de cautelares patrimoniais.

De acordo com Giacomolli (2013), a extensão da lesão deverá ser analisada em face dos efeitos nas pessoas físicas, jurídicas e em face das instituições afetadas pelo tipo penal específico, de forma que a gravidade abstrata da lesão, por si só, não seja motivo ensejador da prisão preventiva.

Quanto à conveniência da instrução criminal, esta tem como objetivo assegurar o andamento regular do processo. Como assevera Giacomolli (2013), a prisão preventiva estará justificada quando, após o cometimento do crime, o acusado interferir objetivamente na prática de atos processuais probatórios, como exemplo: o depoimento de testemunhas, vítimas, peritos. Se o acusado gerar risco à prova e ao processo a prisão preventiva poderá ser decretada, desde que sejam observados os pressupostos e os princípios cautelares já estudados. A prisão poderá ser decretada também para assegurar a aplicação da lei penal. O objetivo desse fundamento é dar aplicabilidade à norma penal, garantir que o acusado cumpra a sentença condenatória. A prisão, nesse caso, poderá ocorrer se o acusado praticar atos que revelam a intenção de não cumprir o comando exequendo, como empreender fuga, por exemplo. Giacomolli (2013) afirma que para a prisão preventiva ser decretada sob esse fundamento, é necessário buscar nos autos fatos que demonstrem o perigo de fuga, aliados à alta probabilidade de condenação do acusado. Deve haver a demonstração fática de que o acusado poderá fugir, não bastam apenas presunções. Assim, o suporte fático capaz de autorizar o acautelamento do acusado deverá estar nos autos do processo.

Com isso, podemos concluir que os motivos ensejadores da prisão preventiva estão disciplinados no art. 312 do Código de Processo Penal. Sendo que a garantia da ordem pública, bem como a garantia da ordem econômica são dispositivos abertos que não são capazes de trazer segurança jurídica ao jurisdicionado. Restando apenas como verdadeiros motivos cautelares capazes de sustentar a prisão preventiva dentro do paradigma do Estado Democrático de Direito estão a conveniência da instrução criminal e a segurança da aplicação da lei penal.

Além disso, o parágrafo único do art. 312, do Código de Processo Penal, autoriza a prisão preventiva em caso de descumprimento de quaisquer das obrigações impostas por força de outras medidas cautelares. Havendo o descumprimento da cautelar antes de decretar a prisão o julgador deverá analisar se a substituição ou a cumulação com outra cautelar já é suficiente para atingir a finalidade da cautelar e, somente em último caso, poderá ser decretada a prisão, conforme art. 282, §4º, do Código de Processo Penal.

Desse modo, analisando os pressupostos e fundamentos da prisão preventiva, fica cada vez mais evidente que o encarceramento do acusado é a última medida a ser buscada em nosso ordenamento jurídico.

4.3 Características da cautelaridade

As cautelares pessoais do processo penal apresentam várias características. Como nosso objetivo não é dissertar de forma exauriente sobre o tema, procuramos destacar as principais: a provisionalidade, a proporcionalidade e a excepcionalidade.

4.3.1 Provisionalidade

O art. 282, §§4º e 5º do Código de Processo Penal, deixa claro que as medidas cautelares são provisórias. O dispositivo estabelece que o juiz poderá revogar a medida cautelar ou substituí-la quando verificar a falta de motivo para que subsista, bem como voltar a decretá-la, se sobrevierem razões que a justifiquem, vejamos:

> Art. 282. As medidas cautelares previstas neste Título deverão ser aplicadas observando-se a:
>
> §4º No caso de descumprimento de qualquer das obrigações impostas, o juiz, de ofício ou mediante requerimento do Ministério Público, de seu assistente ou do querelante, poderá substituir a medida, impor outra em cumulação, ou, em último caso, decretar a prisão preventiva (art. 312, parágrafo único);
>
> §5º O juiz poderá revogar a medida cautelar ou substituí-la quando verificar a falta de motivo para que subsista, bem como voltar a decretá-la, se sobrevierem razões que a justifiquem.

As medidas cautelares são situacionais, tutelam uma situação fatídica, de maneira que ao desaparecerem os motivos ensejadores a aplicação da medida cautelar deverá cessar (LOPES JUNIOR, 2014).

As medidas cautelares poderão ser decretadas a qualquer tempo do processo, desde que estejam presentes os motivos legitimadores. Devendo ser revogada quando desaparecerem *fumus comissi delicti* e o *periculum libertatis* (GIACOMOLLI, 2013).

4.3.2 Proporcionalidade

Com o advento da Lei nº 12.403 de 2011, o juiz poderá cumular as medidas cautelares, desde que observe a proporcionalidade da medida (GIACOMOLLI, 2013).

Para Aury Lopes Junior (2014), a proporcionalidade definida como princípio é o principal sustentáculo das prisões cautelares. O art. 282, inc. II, estabelece que as medidas cautelares deverão ser aplicadas observando a adequação da medida à gravidade do crime, às circunstâncias do fato e às condições pessoais do indiciado ou acusado.

O juiz deverá, de acordo com o caso concreto, fazer a ponderação dos bens jurídicos em jogo. Ele deverá compatibilizar a medida a ser aplicada com a presunção de inocência do acusado. A medida cautelar pessoal em um Estado Democrático de Direito não pode ultrapassar o resultado desejado, não pode servir como uma antecipação de pena (LOPES JUNIOR, 2014).

Considerando as diversas medidas cautelares pessoais introduzidas em nosso ordenamento jurídico pela Lei nº 12.403 de 2011, havendo a necessidade de restrição da liberdade do acusado, o juiz poderá aplicar uma ou mais medidas presentes no art. 319 do Código de Processo Penal, deixando a prisão preventiva como última alternativa a ser buscada (GIACOMOLLI, 2013).

Além disso, para haver o encarceramento do acusado deverá ser observado ainda o art. 313 do Código de Processo Penal: crimes dolosos punidos com pena privativa de liberdade máxima superior a 4 (quatro) anos, crime envolvendo violência doméstica e familiar contra a mulher, criança, adolescente, idoso, enfermo ou pessoa com deficiência, ou se o acusado for reincidente em crime doloso, *in verbis*:

> Art. 313. Nos termos do art. 312 deste Código, será admitida a decretação da prisão preventiva:
> I - nos crimes dolosos punidos com pena privativa de liberdade máxima superior a 4 (quatro) anos;
> II - se tiver sido condenado por outro crime doloso, em sentença transitada em julgado, ressalvado o disposto no inciso I do caput do art. 64 do Decreto-Lei no 2.848, de 7 de dezembro de 1940 – Código Penal;
> III - se o crime envolver violência doméstica e familiar contra a mulher, criança, adolescente, idoso, enfermo ou pessoa com deficiência, para garantir a execução das medidas protetivas de urgência; (Redação dada pela Lei nº 12.403, de 2011).
> Parágrafo único. Também será admitida a prisão preventiva quando houver dúvida sobre a identidade civil da pessoa ou quando esta não fornecer elementos suficientes para esclarecê-la, devendo o preso ser colocado imediatamente em liberdade após a identificação, salvo se outra hipótese recomendar a manutenção da medida.

Dessa forma, somente o caso concreto poderá dizer qual a medida cautelar mais adequada, sendo que a prisão estará reservada para os casos mais graves.

4.3.3 Excepcionalidade

O Código de Processo Penal, no art. 282, §6º, deixa claro que a prisão preventiva só poderá ser determinada quando não for cabível a sua substituição por outra medida cautelar presente no art. 319. Portanto, a prisão preventiva deve ser utilizada como *ultima ratio* (LOPES JUNIOR, 2014).

Como assevera Lopes Junior (2014), a excepcionalidade da prisão preventiva deve ser lida junto com o princípio da presunção de inocência. Dessa forma, a prisão será a última opção do julgador, reservada para ser aplicada somente nos casos mais graves. Não pode servir como antecipação da pena. Os motivos que autorizam a decretação da prisão preventiva são a garantia da ordem pública, da ordem econômica, da aplicação da lei penal e da instrução criminal, conforme art. 312 do nosso Código de Processo Penal, desde que as outras medidas se mostrem ineficientes.

Portanto, para que a liberdade do acusado seja restringida, o julgador deverá analisar o caso concreto e buscar uma ou mais medidas cautelares presentes no art. 319 do Código de Processo Penal. Caso se mostrem insuficientes para atingir o objetivo almejado, poderá ser utilizada a prisão, respeitando limites, características e princípios já estudados (GIACOMOLLI, 2013).

Por fim, só poderão ser aplicadas as medidas cautelares pessoais no processo penal se houver a cautelaridade, ou seja, *fumus comissi delicti* e o *periculum libertatis*. Caso não estejam presentes, deverá ser restituída – ou mesmo mantida – a liberdade pura e simples. A restrição deve ser situacional. Desaparecendo a situação cautelada, deverá sessar a medida. O julgador deverá buscar dentro das alternativas do art. 319 do Código de Processo Penal a medida cautelar mais adequada considerando a proporcionalidade, sendo a prisão a última medida a ser utilizada.

5 A subsidiariedade da prisão preventiva

Em um Estado que se pretende ser "democrático", a prisão preventiva não pode servir como uma verdadeira antecipação de pena, porque estaríamos violando o princípio da presunção de inocência e da dignidade da pessoa humana. Nas lições de Nereu José Giacomolli (2013), a finalidade dessa cautelar é tutelar o processo, evitando a fuga do suspeito ou imputado, assegurando sua presença no processo de modo a garantir a incidência da potestade punitiva em caso de eventual condenação e assegurar o normal desenvolvimento das atividades das partes e dos sujeitos processuais.

Antes de decretar a prisão preventiva o juiz deverá analisar se a aplicação das medidas cautelares presentes no art. 319 do Código de Processo Penal é suficiente para atingir a eficácia da medida. Assim, o magistrado poderá aplicar as medidas isoladas ou cumulativamente, evitando a prisão do acusado.

A prisão preventiva está autorizada pelo art. 312 do Código de Processo Penal, podendo ser decretada para garantia da ordem pública, da ordem econômica, por conveniência da instrução criminal, ou para assegurar a aplicação da lei penal, desde que haja prova da materialidade delitiva e indícios suficientes de autoria.

Com a edição da Lei nº 12.403 de 2011, a prisão provisória no Brasil tornou-se uma medida de exceção. Para que seja decretada é necessário observar o devido processo legal, que limita a atuação do julgador dando segurança jurídica ao jurisdicionado. O processo deve ser guiado pela dialética do contraditório, em que as partes são construtoras do provimento final em simétrica paridade entre elas. Em sede cautelar deve ser respeitado o contraditório, mesmo que de maneira postergada (GIACOMOLLI, 2013).

Deve ser garantido ainda o direito de defesa ampla, sendo assegurado que o processo seja fruto da argumentação dialética das partes, de forma que sejam analisados todos os argumentos defensíveis do acusado. Nessa linha, o julgador deverá fundamentar sua decisão, demonstrando os motivos da decretação da prisão e os motivos de rejeição dos argumentos defensíveis do acusado. Não basta apenas o julgador dizer que estando presentes os motivos do art. 312 do Código Penal a prisão deve ser decretada (GIACOMOLLI, 2013).

Ainda deve ser observado que na lógica do Estado Democrático de Direito o julgador deve ser um garantidor dos direitos fundamentais. Assim, não poderá decretar a prisão de ofício: ela deverá ser requerida pela parte encarregada de fazer a acusação. Nos casos em que a prisão é decretada de ofício pelo magistrado, deverá ser impugnada por via do *habeas corpus* e declarada a suspeição do juízo, já que a imparcialidade estaria comprometida e viciaria o processo (LOPES JUNIOR, 2014).

A decretação da prisão deve ser um ato do juiz natural, não há possibilidade de juízo de exceção em nosso ordenamento jurídico. Portanto o juiz que decretar o encarceramento cautelar deve ser o competente para julgar a ação penal, sob pena de coação ilegal.

Como em nosso ordenamento jurídico vigora o princípio da presunção de inocência, a cautelar pessoal não pode servir como antecipação da pena. Para atingir a legalidade é necessário que haja cautelaridade, o *fumus comissi delicti* e o *periculum libertatis*; o julgador deverá demonstrar de forma fundamentada a necessidade e a proporcionalidade da prisão preventiva, deixando-a como o último recurso a ser utilizado. Antes do encarceramento o julgador deverá analisar se uma ou mais medidas cautelares do art. 319 do Código de Processo Penal são suficientes para garantia da ordem pública, da ordem econômica, da instrução criminal e da aplicação da lei penal.

Somente quando as outras medidas se mostrarem insuficientes será possível a decretação da prisão preventiva. A fundamentação teórica, que sustenta que a prisão preventiva deve ser adotada apenas em último caso, está no garantismo penal como a teoria do sistema das garantias dos direitos fundamentais, que analisa, valoriza e elabora os dispositivos jurídicos necessários à tutela dos direitos civis, políticos, sociais e de liberdade sobre os quais se fundam as hodiernas democracias constitucionais (FERRAJOLI, 2008).

Em relação à fundamentação normativa de que a prisão preventiva deve ser utilizada como última razão, esta encontra-se no art. 282, §§4º e 6º, do Código de Processo Penal e, a nível constitucional, no art. 5º, inc. LII e LVII, da Constituição Federal.

6 Conclusão

Antes do advento da Lei nº 12.403 de 2011, no processo penal, havendo a cautelaridade, o juiz deveria decretar a prisão preventiva, de forma que havia apenas os dois extremos, o acusado responderia ao processo em plena liberdade ou preso preventivamente.

Frente à grande massa carcerária no Brasil, sendo quase metade de presos preventivamente, a referida lei nasce com o objetivo de reduzir o número de presos provisórios. Surgem em nosso ordenamento jurídico as cautelares diversas da prisão. A partir da Lei nº 12.403 de 2011, o juiz passa a ter opções antes de decretar o encarceramento do acusado.

Neste trabalho, vimos que os princípios do devido processo legal, contraditório, ampla defesa, acusatoriedade, imparcialidade, juiz natural e da presunção de inocência estão inseridos dentro da sistemática das cautelares de forma que nas cautelares do processo penal o juiz possui uma posição de garantidor e deve assegurar a aplicabilidade de todos esses princípios.

Além disso, a Lei nº 12.403/2011 introduziu no ordenamento jurídico brasileiro as cautelares alternativas ao cárcere, e fizemos uma breve abordagem de cada uma delas observando a possibilidade de revogação, substituição e descumprimento.

Vimos que a cautelaridade é um requisito indispensável para a decretação da prisão, e para que a medida seja compatível com o Estado Democrático de Direito é necessário estarem presentes todos os pressupostos, além de que a decretação da prisão deverá estar fundamentada em um dos motivos autorizadores do art. 312 do Código de Processo Penal.

A decretação da prisão deve ser provisória, sob pena de estar violando o princípio da presunção de inocência. Deve ser proporcional para atingir a cautelaridade desejada de forma que havendo outra cautelar menos gravosa a prisão deverá ser afastada, sendo que o encarceramento é a última medida a ser buscada.

Concluímos que antes do magistrado decretar a prisão deverá garantir os princípios constitucionais processuais, analisar se estão presentes o *fumus comissi delicti* e o *periculum libertatis*. O ato praticado pelo acusado deve ser um fato doloso, punido com pena privativa de liberdade superior a 4 (anos), devendo haver a possibilidade de o acusado, ao final do processo, ser punido com pena privativa de liberdade. Não podem estar presentes as excludentes de ilicitude.

Com tantos princípios a serem observados, tantos pressupostos e requisitos, além da inaplicabilidade das medidas alternativas do art. 319 do Código de Processo Penal, a prisão preventiva do acusado só pode ser a última medida a ser aplicada. Por fim concluímos que a prisão preventiva no ordenamento jurídico brasileiro que foi construída a partir de uma estrutura democrática de direito. A prisão é, portanto, uma medida excepcional e subsidiária, só podendo ser aplicada em última hipótese.

Referências

BARROS, Flaviane de Magalhães; MACHADO, Felipe Daniel Amorim. *Prisões e medidas cautelares*: nova reforma do processo penal – Lei nº 12.403/2011. Belo Horizonte: Del Rey, 2011. 246 p.

BRASIL. Presidência da República. *Constituição da República Federativa do Brasil de 1988*. Brasília, DF. Disponível em: <http://www.planalto.gov.br/ccivil_03/constituicao/constituicaocompilado.htm>. Acesso em: 7 maio 2015.

BRASIL. Presidência da República. *Decreto-Lei nº 2.848, de 7 de dezembro de 1940*. Brasília, DF. Disponível em: <www.planalto.gov.br/ccivil_03/decreto-lei/del2848.htm>. Acesso em: 7 maio 2015.

BRASIL. Presidência da República. *Decreto-Lei nº 3.689, de 3 de outubro de 1941*. Brasília, DF. Disponível em: <http://www.planalto.gov.br/ccivil_03/decreto-lei/del3689compilado.htm>. Acesso em: 7 maio 2015.

BRASIL. Presidência da República. *Lei nº 12.403, de 4 de maio de 2011*. Brasília, DF. Disponível em: <http://www.planalto.gov.br/ccivil_03/_ato2011-2014/2011/lei/l12403.htm>. Acesso em: 7 maio 2015.

BRASIL. Supremo Tribunal Federal. Habeas Corpus nº 110.271/ES. Relator: Marco Aurélio Mendes de Farias Mello. *Diário de Justiça Eletrônico*, Brasília, 28 jun. 2013. Disponível em: <http://www.stf.jus.br/portal/processo/verProcessoAndamento.asp?numero=110271&cl asse=HC&origem=AP&recurso=0&tipoJulgamento=M> Acesso em: 6 jul. 2015.

BRASIL. Tribunal de Justiça de São Paulo. Provimento Conjunto nº 3/2015. *Diário da Justiça Eletrônico*, São Paulo, ano VIII, n. 1.814, 27 jan. 2015. Disponível em: <http://biblioteca.mpsp.mp.br/PHL_IMG/TJSP/003-provconj%202015.pdf>.

CANÁRIO, Pedro. Brasil chega à marca dos 600 mil presos, aponta Ministério da Justiça. *Revista Consultor Jurídico*, 23 jun. 2015. Disponível em: <http://www.conjur.com.br/2015-jun-23/brasil-600-mil-presos-aponta-ministerio-justica>. Acesso em: 28 jun. 2015.

CINTRA, Antônio Carlos de Araújo; DINAMARCO, Candido Rangel; GRINOVER, Ada Pellegrini. *Teoria geral do processo*. 28. ed. São Paulo: Malheiros, 2012. 398 p.

FERRAJOLI, Luigi. O garantismo de Luigi Ferrajoli. *Revista de Estudos Constitucionais, Hermenêutica e Teoria do Direito*, Tradução de Hermes Zaneti Júnior, jan./jun. 2011. Disponível em: <file:///C:/Users/Joel/Downloads/Dialnet-OGarantismoDeLuigiFerrajo li-5007536.pdf>. Acesso em: 8 jul. 2015.

GIACOMOLLI, Nereu José. *Prisão, liberdade e as alternativas ao cárcere*. São Paulo: Marcial Pons, 2013. 155 p.

LEAL, Rosemiro Pereira. Processo e hermenêutica constitucional a partir do Estado de Direito Democrático. *Revista Virtuajus*, Belo Horizonte, 1º sem. 2004. Disponível em <http://www.fmd.pucminas.br/Virtuajus/virtuajus_inicio.html>. Acesso em: 9 jul. 2015.

LOPES JUNIOR, Aury. *Direito processual penal*. 11. ed. São Paulo: Saraiva, 2014. 1402 p.

MYSSIOR, André *et al*. *Direito processual penal aplicado*. Rio de Janeiro: Lumen Juris, 2014.

NASCIMENTO, Adilson de Oliveira. *Dos pressupostos processuais penais*. Belo Horizonte: Mandamentos, 2008. 135 p.

STRECK, Lênio. O pan-principiologismo e o sorriso do lagarto. *Revista Consultor Jurídico*, 22 mar. 2012. Disponível em: <http://www.conjur.com.br/2012-mar-22/senso-incomum-pan-principiologismo-sorriso-lagarto>. Acesso em: 4 maio 2015.

TEODORO JUNIOR, Humberto; NUNES, Dierle José Coelho. Princípio do contraditório. *Revista FDSM*, Pouso Alegre, v. 28, 3 ago. 2009. Disponível em: <http://www.fdsm.edu.br/site/posgraduacao/volume28/10.pdf>. Acesso em: 6 jul. 2015.

ZINI, Julio César Faria *et al*. *Direito processual penal aplicado*. Rio de Janeiro: Lumen Juris, 2014.

Informação bibliográfica deste texto, conforme a NBR 6023:2002 da Associação Brasileira de Normas Técnicas (ABNT):

CAMPOS JUNIOR, Joel Joanino de. Prisão preventiva, a última medida a ser buscada. In: GONÇALVES, Guilherme Alberto Marinho; HECKERT JÚNIOR, Ival; QUEIROZ JÚNIOR, Antônio Raimundo de Castro (Coord.). *A teoria do direito aplicada*: seleção dos melhores artigos científicos do Programa de Pós-Graduação da Escola Superior de Advocacia da OAB/MG. Belo Horizonte: Fórum, 2016. v. 1. p. 141-170. ISBN 978-85-450-0109-6.

DOIS PESOS E DUAS MEDIDAS: O RECEBIMENTO DA ACUSAÇÃO NO PROCEDIMENTO DAS AÇÕES ORIGINÁRIAS E O DESPACHO MERAMENTE ORDINATÓRIO

MATEUS MARCOS SILVA FERREIRA

Resumo: A Lei nº 8.038 de 1990, que regulamenta o procedimento das ações penais oferecidas contra os acusados que detêm prerrogativa de função, prevê a abertura de um contraditório preliminar antes do recebimento da denúncia ou da queixa. Assim, os ministros dos tribunais superiores e desembargadores, nas acusações contra prefeitos, competentes para julgar as ações originárias, utilizam extensa fundamentação para apontar a existência dos requisitos, dos pressupostos e das condições da ação penal, para, somente então, admiti-la. Contudo, essa possibilidade de defesa prévia não se estende aos acusados no procedimento comum, em decorrência da aplicação literal do disposto no art. 396 do Código de Processo Penal. Consequentemente, o entendimento dominante dos tribunais é de que a decisão que recebe a acusação é mero despacho ordinatório e, portanto, dispensa fundamentação.

Palavras-chaves: Processo penal. Recebimento da acusação. Princípio do contraditório. Princípio da motivação das decisões judiciais.

Sumário: 1 Introdução – 2 A natureza jurídica da decisão de recebimento da acusação – 3 O juízo prévio de admissibilidade da acusação no procedimento de competência originária: o ideal de um processo constitucionalizado – 4 A problemática dos arts. 396 e 399 do CPP e o momento oportuno para o recebimento da acusação, no procedimento comum – 5 Do instrumentalismo processual ao processo penal constitucional: os princípios do contraditório e da fundamentação – 6 Conclusão – Referências

1 Introdução

O presente artigo científico tem como fonte precursora o trabalho dos Professores Aury Lopes Junior e Alexandre Morais da Rosa (2014), denominado *Quando o acusado é VIP, o recebimento da denúncia é motivado*. O título dessa obra, inclusive, foi inspirado no dito popular *dois pesos e duas medidas*, utilizado pelos autores para ilustrar o tratamento dispensado aos acusados, no procedimento da Lei nº 8.038 de 1990 e no procedimento comum do Código de Processo Penal. A lei especial em voga, que cuida das ações originárias, é aplicada pelos tribunais superiores contra aqueles que gozam do foro, por prerrogativa de função. São os ocupantes dos cargos públicos de maior destaque em âmbito nacional.

Longe de qualquer intriga, este estudo propõe-se a tentar compreender, por meio de investigação jurisprudencial, como os mesmos ministros que investem páginas de seus julgados para fundamentar o recebimento da acusação nas ações originárias, posicionam-se no sentido contrário de que, no procedimento comum, não há necessidade de se apontar quais os motivos justificadores da instauração da ação penal. O argumento que predomina, neste último caso, é que se trata de mero despacho ordinatório. Quando muito, uma decisão interlocutória simples, que dispensa profunda fundamentação.

O processo penal, em si, já é suficiente para acarretar angústia ao acusado. E, embora este seja o principal interessado no provimento que instaura o processo, a sua participação na construção desse ato jurisdicional somente é permitida no procedimento das ações originárias. No procedimento comum, prevalece a aplicação literal do texto do art. 396 do Código de Processo Penal, excluindo-se a possibilidade de defesa prévia, e, assim, justificando-se a prescindibilidade da fundamentação.

Percebe-se, pois, que ainda incidem sobre o processo penal antigas influências do instrumentalismo processual e do sistema inquisitório. Alçá-lo a um patamar constitucional pressupõe, antes de tudo, admitir o princípio da motivação das decisões judiciais e, especialmente, do contraditório, como os alicerces de uma base principiológica que não pode ser restrita a determinados procedimentos, em benefício de apenas alguns.

2 A natureza jurídica da decisão de recebimento da acusação

A decisão que recebe a denúncia ou a queixa é de suma importância no processo penal. Nela são reconhecidos os requisitos da acusação, os pressupostos processuais, as condições da ação e a justa causa. Ausentes quaisquer desses elementos, o juiz rejeitará a inicial acusatória.

Aury Lopes Junior e Alexandre Morais da Rosa (2014) destacam o valor dessa decisão para o processo:

> Além da sentença, a decisão que recebe a denúncia é a mais importante. Com toda a problemática que possa apresentar, pelo menos reconhece as condições da ação [...] e a existência de justa causa (elementos mínimos de autoria e materialidade). Por ela, então, o Estado-Juiz diz que há possibilidade da persecução penal. E isso não é pouco diante de toda a estigmatização decorrente do fato de se ocupar o lugar de acusado. Ausente qualquer pressuposto, condição ou justa causa, deve ser rejeitada (CPP, artigo 395). (LOPES JR.; ROSA, 2014)

O art. 41 do CPP prevê que a denúncia ou queixa conterá: a exposição do fato criminoso, com todas as suas circunstâncias; a qualificação do acusado ou esclarecimentos pelos quais se possa identificá-lo; a classificação do crime; e, quando necessário, o rol das testemunhas. Na ausência de um desses requisitos, a acusação será considerada inepta, nos termos do art. 395, I, do CPP (LOPES JR., 2015).

Os pressupostos processuais, por sua vez, classificam-se entre os pressupostos de existência e os de validade. O primeiro diz respeito à presença indispensável das partes, de juiz devidamente investido e da própria demanda (acusação), sem os quais não há processo. E o segundo, corresponde à existência de juiz competente e imparcial, capacidade para prática dos atos processuais, legitimidade, citação válida, além de outros elementos cuja ausência acarreta a nulidade do feito (LOPES JR., 2015).

Já as condições da ação, na visão de Aury Lopes Junior (2015), desvinculado da teoria tradicional-civilista[1] e, em conformidade com as categorias próprias do Processo Penal são: a prática de fato aparentemente criminoso (*fumus commissi delicti*), a punibilidade concreta, a legitimidade das partes e a justa causa.

Os dois primeiros, prática de fato aparentemente criminoso e punibilidade concreta, podem ser percebidos no teor dos incs. do art. 397 do CPP, que versa sobre a absolvição sumária (LOPES JR., 2015). Já a legitimidade das partes diz respeito à titularidade da ação penal (legitimidade ativa) e à figura do acusado, ou seja, aquele contra quem

---

[1] Na obra de Joaquim José Calmon Passos (2000, p. 25), segundo a teoria eclética civilista de Liebman, são condições da ação: a possibilidade jurídica do pedido, o interesse de agir e a legitimidade das partes.

será movida a ação (legitimidade passiva). Ao Ministério Público (art. 100, CP), cabe a propositura das ações penais de iniciativa pública, e ao ofendido ou seu representante legal, o ajuizamento das ações de iniciativa privada (art. 30, CPP).

E, por último, porém não menos importante, a justa causa, que, no escólio de Aury Lopes Jr (2015), é o substrato probatório suficiente a justificar a admissão da peça acusatória. Segundo o referido autor, apesar de disposto em inciso à parte (art. 395, III, CPP), a justa causa também compõe condição da ação penal:

> O inciso III invoca o conceito de justa causa, a nosso ver já abrangido pelo inciso II. Contudo, a previsão legal, mais do que uma mera repetição, é importante para reforçar a importância da justa causa como condição da ação processual penal. Sepulta-se, de vez, qualquer discussão sobre a necessidade do juiz analisar, quando do recebimento da acusação, se existe ou não justa causa. (LOPES JR., 2015, p. 237)

Posto isso, é possível inferir que o recebimento da denúncia ou da queixa é tarefa complexa para o julgador. Depreende-se, ainda, que a natureza desse ato é claramente interlocutória mista (art. 800, I, CPP), vez que exige a análise de vários elementos indispensáveis à ação penal e, portanto, demanda a devida fundamentação que, neste caso, somente poderá ser obtida por meio da participação efetiva das partes, em contraditório, para construção do provimento.

> A questão é: precisamos repensar a "natureza jurídica" da decisão que recebe a denúncia ou queixa, para superar o reducionismo pré-constituição, no sentido de que se trata de mero despacho ou decisão interlocutória simples. Estamos diante de uma decisão interlocutória mista, que tem um caráter decisório relevante e que estabelece uma nova situação jurídica muito mais grave para o sujeito. Encerra-se a fase pré-processual e inicia-se o processo com a admissão da acusação. O gravame é inegável e o caráter de pena processual precisa ser assumido. O simples fato de ser processado já é uma pena em si mesma. Corrigido o erro histórico, a fundamentação é imprescindível neste momento do recebimento. (LOPES JR.; ROSA, 2014)

Como bem citado, o simples recebimento da acusação já traz consigo uma mácula ao acusado, haja vista as consequências negativas que o processo penal pode ocasionar.

A acusação não pode, diante da inegável existência de penas processuais, ser leviana e despida de um suporte probatório suficiente para, à luz do princípio da proporcionalidade, justificar o imenso constrangimento que representa a assunção de condição de réu. (LOPES JR., 2015, p. 195)

Aury Lopes Junior (2015) chama a atenção para o custo que representa o processo em termos de estigmação, suficiente a causar gravames à pessoa do acusado. O constrangimento de ter sobre si uma acusação pode afetar, de sobremaneira, o direito de liberdade do indivíduo, como na hipótese de imposição de medidas cautelares. Sem mencionar as obrigações decorrentes do processo, como ter que se apresentar a todos os atos processuais, sob pena de sofrer sanções (art. 367, CPP), além de outras consequências morais e sociais, como o próprio desemprego, decorrente desse estigma.

Sendo assim, firmado o entendimento de que a decisão que recebe a ação penal possui natureza jurídica de interlocutória mista e da sua relevância, tanto para o processo, quanto para a vida do acusado, impende, neste momento, tratar do procedimento das ações originárias e, a partir de então, traçar um paralelo em face do procedimento comum, por análise da legislação e orientação jurisprudencial.

3 O juízo prévio de admissibilidade da acusação no procedimento de competência originária: o ideal de um processo constitucionalizado

A Lei Federal nº 8.038, de 28.5.1990, disciplina normas procedimentais para os processos, perante o Superior Tribunal de Justiça e o Supremo Tribunal Federal. Já os incs. I, dos arts. 105 e 102 da Constituição da República, fixam as suas respectivas competências, como o processamento e o julgamento das ações penais propostas contra agentes públicos do mais alto escalão. Dentre alguns dos mais seletos, é possível citar o Presidente da República, governadores, membros do Congresso Nacional, ministros e desembargadores. São as denominadas ações originárias, processadas e julgadas, desde o início, nos tribunais superiores, em razão da pessoa dos acusados, isto é, do cargo que ocupam.

Ao praticarem crimes comuns (ou de responsabilidade, na hipótese do art. 105, I, a, CR/88), esse seleto grupo de acusados dispõe de certos *privilégios* que, em virtude da interpretação equivocada dos tribunais, não se estendem àqueles submetidos ao procedimento comum do Código de Processo Penal. Interpretação essa que termina por fazer jus ao inapropriado foro privilegiado,[2] classificado pela literatura jurídica como foro por prerrogativa de função.[3] Tais *privilégios*, objetos do presente estudo, dizem respeito, justamente, ao momento oportuno para o recebimento da ação penal e à possibilidade de defesa prévia em favor do acusado, independentemente do procedimento, sendo este o instrumento básico à garantia dos princípios do contraditório e da fundamentação das decisões judiciais.

Segundo o art. 4º da Lei nº 8.038/90, apresentada a denúncia ou a queixa, o tribunal notificará o acusado para que ofereça resposta. E, somente, então, após o oferecimento da resposta, na inteligência do art. 6º, o relator pedirá ao tribunal para que delibere acerca do recebimento ou da rejeição da ação penal.

Por meio de um juízo de admissibilidade, a lei federal em foco confere a possibilidade de um contraditório preliminar em defesa prévia, antes da resposta à acusação, que, num processo penal constitucionalizado, deveria ser a regra, e não a exceção.

Nesse sentido, vasta é a jurisprudência dos tribunais superiores, que, depois de ouvida a parte contrária, lança mão de uma análise pormenorizada dos requisitos de admissibilidade da ação penal, em inteira observância aos preceitos da Lei nº 8.038/90. Abaixo, a ex-ministra do Supremo Tribunal Federal, Ellen Grace, no Inquérito nº 3016-SP, tece larga motivação, perceptível na própria ementa, para fundamentar a necessidade de verificação da presença de requisitos, condições e pressupostos processuais da ação, e, principalmente, da justa causa:

> A questão submetida ao presente julgamento diz respeito à existência de substrato mínimo probatório que autorize a deflagração da ação penal contra o denunciado, levando em consideração o preenchimento dos requisitos do art. 41, do Código de Processo Penal, não incidindo qualquer uma das hipóteses do art. 395 [...]. 2. De acordo com o direito brasileiro, a denúncia deve conter a exposição do fato criminoso, com todas as suas circunstâncias, a qualificação do acusado (ou

---

[2] Inapropriado em defesa ao princípio da isonomia, previsto no *caput* do art. 5º da Constituição da República, que "proíbe o 'foro privilegiado', [...] vedando o privilégio em razão das qualidades pessoais, atributos de nascimento [...]" (CAPEZ, 2010, p. 122).

[3] "Entre as imunidades relativas, em seu sentido amplo, estão as referentes ao foro por prerrogativa de função, consistentes no direito de determinadas pessoas de serem julgadas, em virtude dos cargos ou funções que exercem [...] dá-se tratamento especial não à pessoa, mas ao cargo ou função que exerce, de especial relevância para o Estado" (MIRABETE, 2000, p. 67).

esclarecimentos pelos quais se possa identificá-lo), a classificação do crime e, quando for o caso, o rol de testemunhas [...]. Tais exigências se fundamentam na necessidade de precisar, com acuidade, os limites da imputação, não apenas autorizando o exercício da ampla defesa, como também viabilizando a aplicação da lei penal pelo órgão julgador. 3. A verificação acerca da narração de fato típico, antijurídico e culpável, da inexistência de causa de extinção da punibilidade e da presença das condições exigidas pela lei para o exercício da ação penal (aí incluída a justa causa), revela-se fundamental para o juízo de admissibilidade de deflagração da ação penal, em qualquer hipótese, *mas guarda tratamento mais rigoroso em se tratando de crimes de competência originária do Supremo Tribunal Federal*. 4. Registro que a denúncia somente pode ser rejeitada quando a imputação se referir a fato atípico certo e delimitado, apreciável desde logo, sem necessidade de produção de qualquer meio de prova, eis que o juízo é de cognição imediata, incidente, acerca da correspondência do fato à norma jurídica, partindo-se do pressuposto de sua veracidade, tal como narrado na peça acusatória. [...] 6. Houve preenchimento dos requisitos do art. 41, do Código de Processo Penal, havendo justa causa para a deflagração da ação penal, inexistindo qualquer uma das hipóteses que autorizariam a rejeição da denúncia 7. Há substrato fático-probatório suficiente para o início e desenvolvimento da ação penal pública de forma legítima. 8. Denúncia recebida. (BRASIL, 2010, grifos nossos)

Em análise ao julgado, cumpre destacar um breve trecho. Em um primeiro momento, a ex-ministra argumenta a importância do juízo de admissibilidade de deflagração da ação penal, em qualquer hipótese. Em outro, no entanto, ela ressalta que, nos crimes de competência originária, a análise desse juízo deve guardar *tratamento mais rigoroso* (sic).

De fato, pelo que se percebe das decisões proferidas no Supremo Tribunal Federal, o mencionado *tratamento rigoroso* é levado à risca, uma vez que, tratando-se do procedimento comum, prevalece a interpretação literal do art. 396 do Código de Processo Penal, em que o recebimento da denúncia ou da queixa não se equipara a ato decisório. Em consequência, o mencionado rigor acaba restrito ao foro por prerrogativa de função e outros procedimentos especiais:[4]

---

[4] Lei nº 11.343/2006 (Lei de Drogas), arts. 55 e 56; Lei nº 9.099/1990 (Lei dos Juizados Especiais), art. 81; Decreto-Lei nº 201/1967 (Decreto-Lei de Responsabilidade de Prefeitos e Vereadores), art. 2º, inc. I.

> É firme a jurisprudência do Supremo Tribunal no sentido de que a "a decisão de recebimento da denúncia prescinde de fundamentação por não se equiparar a ato decisório para os fins do art. 93, inc. IX, da Constituição da República" [...] Precedentes. 3. Recurso a que se nega provimento. (STF. RHC nº 118.379. Rel. Min. Dias Toffoli, 2014)

É patente o contrassenso que se estabeleceu pelos precedentes do Supremo Tribunal Federal, que utiliza ampla fundamentação, com a abertura de um contraditório preliminar para o acusado (art. 4º, Lei nº 8.038/90), mas, em contrapartida, oferece tratamento bem distinto aos réus do procedimento comum, em leitura e aplicação fiel do disposto no art. 396 do CPP, afastando a possibilidade de manifestação antes de recebida a denúncia, logo, em detrimento de quem sofrerá o ônus do processo.

Ora, a defesa prévia é o mecanismo que possibilita a participação do acusado no convencimento do juiz, que assim deixa de atuar apenas de ofício e passa a decidir em sintonia com as partes. Isso permite que os julgadores – infelizmente "ainda *solipsistas* que decidem conforme suas consciências" (ROSA, 2014, p. 75) – exerçam a sua jurisdição para além do subjetivismo, mas pautados nos princípios constitucionais do processo, enquanto garantia.

> Tal compreensão de modelo constitucional de processo, de um modelo único e de tipologia plúrima, se adapta à noção de que na Constituição encontra-se a base uníssona de princípios que definem o processo como garantia, mas que para além de um modelo único ele se expande, aperfeiçoa e especializa, exigindo do intérprete compreendê-lo tanto a partir dos princípios-bases como, também, de acordo com as características próprias daquele processo. (BARROS, 2009b, p. 335)

Nessa linha de raciocínio, ainda que a possibilidade de defesa, antes do recebimento da acusação, esteja, a princípio, restrita a legislações especiais, como na Lei nº 8.038/90, o fundamento jurídico para a abertura do contraditório prévio não se limita meramente ao texto expresso no art. 4º, da Lei Federal em menção. O modelo constitucional de processo, no qual há a incidência máxima dos princípios, garante a presença do contraditório em qualquer fase processual, inclusive na intermediária de recebimento da denúncia, e em qualquer procedimento. Ou seja, não é possível existir processo, sem a presença constante do contraditório:

> Há processo sempre onde houver o procedimento realizando-se em contraditório entre os interessados, e a essência deste está na "simétrica

paridade" da participação, nos atos que preparam o provimento, daqueles que nele são interessados porque, como seus destinatários, sofrerão seus efeitos. (GONÇALVES, 1992, p. 115)

Flaviane de Magalhães Barros (2009b) ainda destaca que o processo constitucional é, na verdade, um esquema geral para todos os procedimentos, e não apenas para um ou para outro. Nesse sentido, antes de fundamentar a proposta deste trabalho, cumpre analisar as correntes doutrinárias a respeito da aplicação dos arts. 396 e 399 do CPP, para então estabelecer a crítica, a respeito do posicionamento dos tribunais superiores.

4 A problemática dos arts. 396 e 399 do CPP e o momento oportuno para o recebimento da acusação, no procedimento comum

Com a entrada em vigor da Lei nº 11.719, de 20.6.2008, alterou-se a redação do art. 396 do CPP, que passou a dispor:

> Nos procedimentos ordinário e sumário, oferecida a denúncia ou queixa, o juiz, se não a rejeitar liminarmente, *recebê-la-á* e ordenará a citação do acusado para responder à acusação, por escrito, no prazo de 10 (dez) dias. (BRASIL, 1941, grifos nossos)

Por outro lado, o art. 399, também alterado pela lei em referência, prevê que: "*Recebida* a denúncia ou queixa, o juiz designará dia e hora para a audiência, ordenando a intimação do acusado, de seu defensor, do Ministério Público e, se for o caso, do querelante e do assistente" (grifos nossos).

Com isso, criou-se uma interpretação aparentemente ambígua, com relação aos referidos dispositivos legais. Se, por um lado, o art. 396 disciplina que o juiz, se não rejeitar a acusação liminarmente, "recebê-la-á", determinando que o acusado seja citado para apresentar resposta, por outro, o art. 399 menciona, novamente, o ato de receber a acusação.

Esse dilema é denominado, de maneira precisa e ácida por Aury Lopes Junior (2015), como a *mesóclise da discórdia*:

> A *mesóclise da discórdia* contida no art. 396 não constava no Projeto de Lei n. 4.207/2001 e gerou grande surpresa e decepção ao ser inserida às vésperas da promulgação da nova Lei. O Projeto desenhava uma fase intermediária, há muito reclamada pelos processualistas, de modo que a

> admissão da acusação somente ocorreria após o oferecimento da defesa (o ideal seria uma audiência, regida oralidade). Era um juízo prévio de admissibilidade da acusação, para dar fim aos recebimentos automáticos de denúncias infundadas, inserindo um mínimo de contraditório nesse importante momento procedimental. Por isso, o art. 399 estabelece (aqui mantida a redação do Projeto de 2001) que "recebida a denúncia ou queixa...", demarcando que o recebimento da acusação deveria ocorrer no momento após a defesa escrita. (LOPES JR., 2015, p. 729-730)

Na literatura jurídica, o embate é acirrado, na medida em que foram concebidas três vertentes acerca do controverso tema. A primeira, sob a interpretação literal do art. 396, estabelece que o recebimento da acusação ocorre no primeiro momento, isto é, logo após oferecida: "o recebimento da denúncia é imediato e ocorre nos termos do art. 396" (LOPES JR., 2015, p. 730). O mesmo autor é categórico ao afirmar: "uma coisa é o que a lei diz, a outra é aquilo que gostaríamos (muito) que ela dissesse, mas não diz" (LOPES JR., 2009, p. 928).

Já a segunda corrente, aplicada pelo Superior Tribunal de Justiça, admite que existem dois momentos sucessivos para o recebimento da ação penal, uma vez que, por se tratar de matéria que não sofre preclusão judicial, embora o art. 396 determine o recebimento imediato da acusação, a decisão, no entanto, pode posteriormente ser reconsiderada (BADARÓ, 2009). Por conseguinte, haveria o segundo momento em que o magistrado ratificaria a sua primeira decisão, recebendo novamente a denúncia.

> Não pode haver, portanto, vinculação do juiz com a decisão anterior que recebeu a denúncia, nos termos do art. 396, caput, do CPP, uma vez que inexiste preclusão ou qualquer outro mecanismo que torne o ato imutável ou não passível de reforma. Impossibilidade jurídica do pedido, ilegitimidade das partes, inépcia da denúncia, são temas que poderão ser revistos, mesmo após o recebimento da denúncia. Verificadas tais situações, mesmo já tendo recebido a denúncia, o juiz deve extinguir o processo, sem julgamento de mérito. (BADARÓ, 2009, p. 421)

Nesse caso, as hipóteses de rejeição, descritas no art. 395, do CPP, seriam discutidas na resposta à acusação, em sede preliminar, nos termos do art. 396-A. Os tribunais federais, inclusive, já se posicionaram a favor desse argumento:

> Com o advento da reforma processual penal, preconizada pela Lei nº 11.719, de 20 de junho de 2008, as normas relacionadas ao recebimento

e rejeição da denúncia, citação do réu, sua absolvição, e, de resto, a própria formação do processo penal sofreram profundas alterações. 2. É incompatível com o princípio da instrumentalidade das formas, o princípio da economia e da celeridade processuais, bem como com o princípio da duração razoável do processo (CF, 5º, LXXVIII) que o réu sofra as agruras de uma ação penal, nitidamente inviável. Menos ainda, recebe a chancela da lógica, a norma oportunizar ao réu suscitar preliminares e toda a matéria de defesa (CPP, art. 396-A), sem que o juiz possa sindicalizar a idoneidade do direito de ação nessa fase ou em qualquer outra. 3. "Pressupostos processuais" – pressupostos e condições traduzidas pela doutrina, também, como "justa causa" –, é tema que pode ser conhecido a qualquer tempo pelo juiz e decidido de ofício, de sorte que não há falar em preclusão consumativa (pro judicato) em razão do primeiro despacho de recebimento da denúncia ou queixa. 4. *O Código de Processo Penal reformado estabeleceu dois momentos para o recebimento da denúncia.* Assim, não há qualquer óbice à rejeição de denúncia anteriormente recebida (reconsideração do despacho de recebimento); ao contrário, a disciplina das novas disposições do CPP ampara a decisão recorrida, na espécie. (*Precedentes do colendo STJ*). 5. Recurso desprovido. (BRASIL, 2014, grifos nossos)

O próprio Tribunal de Justiça de Minas Gerais vem, recentemente, se adequando aos precedentes do STJ e decidindo:

É vedado ao magistrado, após ter recebido a denúncia e apreciado a questão de inépcia da denúncia erigida pela defesa (art. 396-A do CPP), ao final do processo, rever o ato decisório com a revogação da decisão anterior, pois precluso o direito do Juízo sobre a questão. Presente a hipótese da preclusão "pro judicato".V.V. . As matérias enumeradas no artigo 395 do Código de Processo Penal, referentes às condições da ação e pressupostos processuais, não se submetem à preclusão, sendo possível a retratação da decisão de recebimento da denúncia. Inteligência do artigo 297, §3º, do Código de Processo Civil, c/c artigo 3º do Código de Processo Penal. Não tendo a exordial acusatória descrito de forma satisfatória a conduta imputada, deve ser reconhecida a sua inépcia por afronta às disposições do artigo 41 do Código de Processo Penal. (MINAS GERAIS, 2015)

Cezar Roberto Bitencourt, por sua vez, critica não apenas esta última corrente como também ressalta a importância de se definir em qual momento a acusação será recebida: "À medida que é inviável, gramaticalmente falando, receber duas vezes o mesmo objeto (rerreceber), é indispensável que se defina em que momento esse recebimento, como marco inicial da ação penal, efetivamente ocorre" (BITENCOURT, 2014, p. 924). Alexandre Morais da Rosa (2014, p. 153) ainda acrescenta que, "com as emendas parlamentares, a confusão chegou ao ponto de indicar dois momentos para o recebimento da denúncia (CPP, art. 395 e 399)".

Dessa divergência, "a única unanimidade reinante, que se mostra na doutrina, está na dura crítica feita ao legislador, particularmente porque, ainda quando em curso o processo legislativo, a expressão recebê-la-á, [...] não constava originariamente" (VIEIRA, 2014, p. 274).

Já a terceira e última vertente, ora defendida, prioriza os princípios constitucionais como referência interpretativa, de modo que a acusação somente pode ser recebida após apresentada a defesa pelo acusado:

> Somente deverá ser considerado válido o juízo de recebimento da denúncia após ter o acusado se defendido. Dentre os [...] momentos processuais ao recebimento da acusação, a escolha deve recair sobre a situação processual que evidentemente milita em benefício de um maior conteúdo de garantia do cidadão, visto que impõe mais uma barreira processual a ser transposta para somente após ser permitida a transformação da pessoa de ser comum em acusada em um processo penal. (ALENCAR; TÁVORA, 2008, p. 629)

O argumento do Superior Tribunal de Justiça, de reduzir o contraditório a um simples mecanismo ou instrumento de revisão de decisões, não reflete o ideal do processo penal constitucional. No "sistema democrático, com as conquistas que já se consolidaram no Direito, interessa aos jurisdicionados, em geral, e a toda a sociedade, que o ato decisório [...] seja fruto de um procedimento realizado com a colaboração das partes" (GONÇALVES, 1993, p. 93). Segundo Aroldo Plínio Gonçalves (1993), a participação daqueles que irão suportar os efeitos da decisão é matéria de interesse público e objeto de proteção da norma constitucional. E, por esse motivo, assevera que o papel do juiz precisa ser o de garantir o desenvolvimento pleno do contraditório (GONÇALVES, 1992).

> A decisão do juiz para ser legítima e aceitável precisa que o contraditório tenha sido garantido às partes, as quais, como sujeitos de direito, deverão ter sido autores para que se aceitem como destinatários dessa norma [...]. Logo, o papel do juiz é o de oportunizador do contraditório. (FIORATTO, 2013, p. 118)

A supressão desse espaço argumentativo ou a sua postergação para outro momento que não seja antes do recebimento da denúncia são sequelas de interpretações equivocadas que desconsideram toda uma série de princípios indissociáveis e codependentes (BARROS, 2009b). O processo deixou de ser mero instrumento da jurisdição desde o Estado Social, época em que decisões eram proferidas sem a participação efetiva das partes ou totalmente descompassadas com os elementos de prova ou com as teses sustentadas (STRECK, 2009). Débora Fioratto (2013) ainda pontua que, somente com a fundamentação das decisões e o contraditório efetivo, o subjetivismo e a parcialidade do juiz poderão ser ultrapassados.

> Vislumbra-se, aqui, os limites da fundamentação jurisdicional para impedir o subjetivismo do juiz e a sua parcialidade, eis que, embora seja ele uma pessoa humana com suas convicções e história de vida, a limitação se dá justamente no impedimento de uma fundamentação que extrapole os argumentos jurídicos e na obrigatoriedade de se construir a decisão com a argumentação participada das partes, que, como partes contraditoras, possam discutir a questão do caso concreto, de modo que a decisão racional se garanta em termos de coerência normativa, a partir da definição do argumento mais adequado ao caso concreto. Assim, se pode garantir que um juiz, mesmo com suas convicções, não apresente um juízo axiológico, no sentido de que todos os cidadãos comunguem da mesma concepção de vida, ou que os valores ali expostos [...] vinculem normativamente todos os demais sujeitos do processo. (BARROS, 2008, p. 145)

Vale repisar que não é uma exigência, tanto do Tribunal de Justiça de Minas Gerais, quanto dos tribunais superiores, que a decisão de recebimento da acusação esteja fundamentada:

> É pacífico o entendimento, nos tribunais superiores, de que, em regra, a decisão que recebe a denúncia não demanda fundamentação complexa, porquanto o referido ato é classificado como despacho meramente ordinatório. 02. Havendo o juiz reconhecido estarem presentes as condições legais para a propositura da ação penal, determinado a citação do réu para responder a acusação penal, despiciendo fundamentação expressa para a admissão da inicial acusatória [...]. (MINAS GERAIS, 2014)

Ora, sendo o exercício jurisdicional de caráter público e de interesse de todos, é imperioso que as partes contribuam efetivamente para a formação dos provimentos jurisdicionais, os quais, obrigatoriamente, devem ser fundamentados, para controle e fiscalização do poder estatal. "A fundamentação permite o controle interno da decisão (material e formal), o qual se dá pela impugnação através dos remédios jurídicos, bem como o controle externo, por meio da possibilidade de os cidadãos fiscalizarem a decisão" (GIACOMOLLI, 2013, p. 15).

A quantidade expressiva de decisões que pendem para um sentido contrário ao ideal de processo constitucional, exige um ponto de vista crítico a respeito da jurisprudência. Ainda que esta seja considerada fonte do direito, deve, acima de tudo, estar em consonância com a Constituição da República. Nada impede que o entendimento ventilado pelos tribunais esteja equivocado, e que não mereça a devida readequação ao atual contexto democrático.

> O trabalho de decidir as causas se faz diariamente em centenas de tribunais de todo o planeta. Seria de imaginar que qualquer juiz descrevesse com facilidade procedimentos que já aplicou milhares de vezes. Nada mais poderia ser mais longe da verdade. [...] A que fontes de informação recorro em busca de orientação? Até que ponto permito que contribuam para o resultado? Até que ponto devem contribuir? [...] Com frequência é graças a essas forças subconscientes que os juízes mantêm a coerência consigo mesmos e a incoerência entre si. (CARDOZO *apud* ROSA, 2014, p. 74)

Emerge, dessa celeuma, a necessidade de se reformular a leitura acerca da aplicação do art. 396, do CPP e a forma como é recebida a denúncia no procedimento comum, de modo a atender às exigências do processo penal constitucional, orientado pelos princípios do contraditório e da fundamentação das decisões judiciais, cuja observância não pode ser privilégio de alguns.

5 Do instrumentalismo processual ao processo penal constitucional: os princípios do contraditório e da fundamentação

A Constituição da República instrui todo o ordenamento jurídico. De seus preceitos, a legislação infraconstitucional retira a sua validade, de forma a manter uma harmonia entre a lei, em seu sentido amplo, e os princípios constitucionais. E as regras processuais, por óbvio, não escapam a essa ordem. Afinal de contas, o "modelo constitucional de processo [...] se funda em uma base principiológica uníssona (contraditório, ampla argumentação, terceiro imparcial e fundamentação das decisões)" (FIORATTO; DIAS, 2010, p. 120).

E é, no escólio de Flaviane de Magalhães Barros (2009a) que se pode afirmar que não há hierarquia principiológica, porque cada princípio, ainda que possua seu conteúdo próprio e suas especificidades, é indissociável e jamais pode ser interpretado ou aplicado de maneira independente ou desvinculada. Somente o conjunto desses princípios, como base fundamentadora, torna o processo constitucional possível, em um plano democrático.

Com isso, é necessário se desvencilhar da visão instrumentalista do processo como mero instrumento da jurisdição. Defendido por Cândido Dinamarco (2003), sob a influência bülowiana, o autor ensina que o processo se caracteriza como uma relação jurídica, na qual há uma sujeição entre o sujeito passivo, em face daquele que detém o direito.

Todavia, Aroldo Plínio Gonçalves (1992) afirma não ser possível existir tal vínculo, já que nenhuma parte pode impor a prática de ato processual, sobretudo ao julgador. As partes nem ao menos podem se dirigir uma à outra, mas sim ao juiz, condutor do processo.

O processo seria, pois, na visão instrumentalista, mero mecanismo para a realização ou a obtenção do direito material, incumbindo ao juiz a tarefa de gerenciá-lo, muitas vezes, segundo a sua própria conveniência. Decerto, essa perspectiva não se coaduna com a realidade democrática, tratando-se de ranço do Estado Social.

> O instrumentalismo reforça a atuação do juiz no processo, já que os escopos metajurídicos possibilitam ao juiz fundamentar sua decisão em argumentos metajurídicos, para além da argumentação das partes, reforçando o solipsismo judicial. Logo, o entendimento do processo como instrumento da jurisdição condiz com o Estado Social, que tem como objetivo precípuo reforçar o papel dos juízes e enfraquecer a atuação das partes, e, consequentemente, não se adequa ao Estado democrático de Direito. (FIORATTO, 2013, p. 112)

No modelo democrático, por outro lado, há a constante primazia pelos princípios constitucionais. E foi sob a ótica de Elio Fazzalari (2006) que se operou a renovação do conceito de processo, desta feita, compreendido como o procedimento em contraditório, sendo este o seu elemento primordial. E por contraditório:

> não significa apenas ouvir as alegações dos jogadores, mas a efetiva participação, com paridade de armas, sem a existência de *privilégios*, estabelecendo-se comunicação entre os jogadores, mediada pelo Estado julgador. [...] Resta evidente, nessa apertada síntese, que o processo penal possui destacado lugar e função na democracia, a saber, é o espaço de

diálogo em que o contraditório é garantido. É *a partir do contraditório que se estabelece a legitimidade do provimento judicial*. Claro que o conteúdo da decisão está vinculado a outros fatores, dado que inexiste decisão neutra. Há sempre a aderência – mesmo alienada – a um modelo de pensar. O que importa é (re)estabelecer um espaço democrático no processo penal brasileiro, superando a visão prevalecente, na qual o ritual e a postura inquisitória ceifam qualquer possibilidade de democracia processual. (ROSA, 2014, p. 149-150, grifos nossos)

Segundo o autor italiano, é "a estrutura dialética do procedimento, isto é, justamente, o contraditório" (FAZZALARI, 2006, p. 119-120) que define o processo. Tal estrutura se caracteriza pela participação efetiva das partes na construção do provimento jurisdicional do qual são destinatárias.

O processo, como procedimento em contraditório, exige que os interessados e os contra-interessados – entendidos como os sujeitos do processo que suportarão o resultado favorável ou desfavorável do provimento – participem em simétrica paridade do iter procedimental, para a formação do provimento. (PELLEGRINI, 2003, p. 6)

O contraditório é o componente fundamental do procedimento. Suprimi-lo significa, simplesmente, esvaziar o conteúdo constitucional do processo que não pode ser entendido como tal se não há contraditório. A participação efetiva das partes não pode ser exclusividade de um ou de outro procedimento. Não se trata, pois, de questão interpretativa de norma ou texto expresso da lei, até porque as correntes doutrinárias, acerca da aplicação dos arts. 396 e 399 do CPP, divergem entre si. O consenso não se estabelece justamente porque ainda se encontram presentes na práxis jurídica, conforme se dessume da jurisprudência ora apresentada, resquícios da socialização processual (instrumentalismo), própria do sistema inquisitório.

Na medida em que se recupera a especificidade do jurídico através do plus normativo e qualitativo proporcionado pelo Estado Democrático de Direito, é necessária uma profunda reflexão sobre o papel do processo (civil e penal). Passados vinte anos, continuam dominantes no processo civil as posturas instrumentalistas e, no processo penal, o modelo inquisitivo, reforçado pelos diversos positivismos, pelos quais se delega a colheita da prova ao solipsismo judicial. Na medida em que todo ato judicial é um ato de jurisdição constitucional, não é difícil constatar as consequências desses problemas na efetividade e no acesso à justiça. Desde Oskar Von Büllow (sic) que o processo foi transformado em instrumento da jurisdição e, essa por sua vez, como bem assinala André Cordeiro Leal, em atividade dos julgadores. Essa problemática ingressa no século XX e se estende ao século XXI, mesmo que já estejamos sob a égide de um novo paradigma constitucional e democrático. Para o autor, a jurisdição, a partir das propostas científicas de um processo a ser tematizado no Estado Democrático de Direito, não mais pode ser considerada atividade do juiz ou da magistratura em dizer o direito, mas, sim, o resultado da interpretação compartilhada do texto legal pelo procedimento regido pela principiologia constitucional do processo [...] que se apresenta exatamente como viabilizadora da clarificação discursiva de conteúdos fático-normativos pelos destinatários da decisão. (STRECK, 2009, p. 262)

Como bem anotado pelo autor (STRECK, 2009), o ato judicial é um ato de jurisdição constitucional e, como tal, não pode ficar à mercê do julgador, que transforma o processo em um instrumento da jurisdição para, simplesmente, ditar o direito que melhor lhe aprouver em suas decisões.

É inadmissível que no processo constitucional as decisões sejam ainda "um produto volitivo subjetivo da inteligência de um único intérprete do ordenamento jurídico e da Constituição, que é o juiz prolator da decisão" (BARROS, 2008, p. 132). Dessa forma, a atuação plena das partes na construção do provimento, ainda que de natureza interlocutória, não pode estar voltada apenas para uma parcela de acusados, particularmente, para aqueles sujeitos à jurisdição dos tribunais superiores e que possuem foro por prerrogativa de função.

Ou seja, de acordo com o cargo de quem poderá ocupar o banco dos réus, a denúncia ou a queixa contra ele dirigida estará condicionada a um debate prévio no intuito de demonstrar se a acusação deve ou não ser recebida. Logicamente, a decisão neste caso será fundamentada, de maneira que o julgador indicará quais argumentos apresentados pelas partes merecem vingar e sobre quais elementos se pautou para decidir em determinado sentido.

Já a ausência de previsão expressa, no Código de Processo Penal, de defesa prévia ao acusado, termina por justificar a arbitrariedade disseminada pelos juízes, que, com o aval do Supremo Tribunal Federal, proferem despachos automáticos de citação do acusado, sem ao menos indicar quais os motivos relevantes que os levaram a receber a acusação.

Fundamentar uma decisão é explicar e justificar, racionalmente, a motivação fática e jurídica do convencimento, em determinado sentido. Não só a exteriorização escritural e pública do convencimento do magistrado possui relevância constitucional, mas também o grau de aceitabilidade produzido nos agentes envolvidos no caso penal, bem como na comunidade jurídica. Isso possibilita o entendimento do decisum pelos sujeitos e pelas partes, propiciando a impugnação adequada e plena. Não é suficiente uma mera declaração de conhecimento acerca do conteúdo dos autos, e nem uma simples emissão volitiva, mas a demonstração argumentativa (ratio dicendi) dos pressupostos fáticos e jurídicos (GIACOMOLLI, 2013, p. 15)

Certo é que a Constituição da República de 1988 trouxe, de forma expressa em seu art. 93, IX, a necessária e obrigatória fundamentação de todas as decisões judiciais. Em consequência, a qualquer ato decisório que não observe o preceito ali cominado a sanção imposta será a nulidade, como previsto na Carta Magna.[5]

Os atos do Estado não devem se impor pela força, mas pelo convencimento e sua congruência com o ordenamento jurídico vigente. O Poder Judiciário se legitima quando sua decisão convencer a sociedade, sendo certo que para que isso ocorra os interessados devem tomar pleno conhecimento de seus fundamentos. O Estado Constitucional não mais comporta atividades públicas que sejam despidas de justificação, que não guardem qualquer relação com o prestígio à concreta participação dos jurisdicionados na formação das decisões judiciais que afetem suas esferas de interesse. (FILARDI, 2012, p. 11)

Se, por um lado, os ministros reservam um extenso espaço do aresto para fundamentar o juízo de admissibilidade da ação penal, por outro, a fundamentação é simplesmente descartável, uma vez que o ato jurisdicional em referência, de acordo com os doutos julgadores, não se equipara a ato decisório.

Ora, a jurisprudência aventada pelos tribunais superiores não se coaduna com o contexto democrático.

Conforme dito, o processo penal, sob a égide da Constituição da República, deve ser orientado por uma base principiológica uníssona (FIORATTO, 2013) e indissociável (BARROS, 2009a). Com efeito, a (re)leitura do art. 396 deve se dar à luz dos princípios basilares do processo constitucional, quais sejam, o contraditório, a ampla argumentação, o terceiro imparcial e a fundamentação das decisões. O processo penal somente se realiza ao abrigo do contraditório, e de outra forma

---

[5] Art. 93, IX, CR/88: "todos os julgamentos dos órgãos do Poder Judiciário serão públicos, e fundamentadas todas as decisões, sob pena de nulidade [...]".

não poderia acontecer. O texto do dispositivo deve ser interpretado tendo como referência os princípios já citados, afastando-se as velhas influências instrumentalistas do período inquisitivo e a leitura pobre do artigo, de maneira que, com a participação das partes, o juiz, fundamentadamente, aceite ou rejeite a peça acusatória. Assim, na metáfora de Alexandre Morais da Rosa (2014), somente a partir do contraditório o jogo processual pode se iniciar.

> Nesse contexto, diante da apresentação de uma hipótese fático-descritiva pelo jogador-acusador, procede-se o debate em contraditório. O que existe é a produção de significantes – informações – e uma decisão no tempo e no espaço. As únicas garantias existentes são: a) o processo como procedimento em contraditório, munido de garantias legais; b) jogo processual dos jogadores, mediados pelo julgador (sem atividade probatória); c) decisão fundamentada por parte dos órgãos julgadores. A legitimidade dessa decisão decorre, também e fundamentalmente, da sua conformidade com a Constituição da República. (ROSA, 2014, p. 204)

A interpretação literal do texto do art. 396 do CPP desconsidera toda uma gama de princípios essenciais ao processo constitucional e, portanto, não pode ser aplicada da forma como preconizam os tribunais.

> Na grande maioria das vezes, o magistrado ao decidir acaba por interpretar a norma em seu sentido literal, julgando com acerto ou não. Se assim procede, não estará inovando e, por consequência, o direito por ele aplicado não dará ensejo a qualquer transformação social. Não queremos sustentar que o julgador deixe de lado o sistema normativo, ao qual está atrelado, mas que compreenda que a interpretação da lei envolve, em muitas vezes, mas não em todos os casos, um processo dialético. As leis devem ser adequadas ao tempo de sua aplicação. Se assim não fosse o direito seria uma ciência estática. [...] As aspirações por um judiciário moderno passam longe do juiz mero aplicador de leis em todas as situações, distanciando da realidade social que o cerca. (JARDIM, 2011, p. 157)

Assim como do julgador, a tarefa de interpretar o direito é também das partes, principais interessadas, que devem atuar em simétrica participação e oportunidade de argumentação na construção do provimento jurisdicional. Para que o juiz se convença de que a denúncia ou a queixa deva ser recebida ou rejeitada, ele, necessariamente, deve ouvir tanto a acusação quanto a defesa.

O contraditório é, portanto, a regra que pauta todo o processo, especialmente, o penal, sem distinção da lei que o regula. Nesse sentido, a decisão que recebe a denúncia deve ser uma construção fomentada pelas partes em atuação conjunta com o julgador, e não apenas por um juízo de admissibilidade no qual somente o juiz participa, marco do instrumentalismo processual e do sistema inquisitório.

> O contraditório, que para Fazzalari (2006) compreende a própria definição de processo, significa o espaço argumentativo em que às partes, em simétrica paridade, será garantida a participação na construção da decisão. A fundamentação das decisões é a garantia de que o juiz, ao decidir, irá fundamentar a sua decisão, utilizando os argumentos dos respectivos legitimados ao "pronunciamento do órgão estatal" (afetados pela decisão). [...] Se o juiz fundamenta sua decisão em argumentos não-jurídicos ou em argumentos não utilizados pelas partes, ocorre a violação dos princípios: da fundamentação da decisão e, consequentemente, do contraditório. (FIORATTO, 2013, p. 116-117)

A forte presença do protagonismo judicial, sequela do Estado Social, resgatado pela Lei nº 11.719 de 2008, cuja marca é a ausência de defesa prévia, traz uma errônea interpretação: a de que o juiz atuante acaba por personificar o juiz garantidor, contrariando o método acusatório e suas diretrizes. Deve prevalecer o processo penal constitucional, como procedimento em contraditório, no qual há a efetiva e simétrica participação das partes na formação da convicção do julgador que, por sua vez, exprime sua decisão de forma motivada, através do que essas mesmas partes trouxeram para a sua análise imparcial.

6 Conclusão

A decisão que recebe a acusação é de grande importância no processo penal. Por se tratar de uma decisão interlocutória mista, nela são reconhecidos os requisitos, os pressupostos, as condições da ação e a justa causa. Além disso, estabelece um marco não apenas processual, mas na própria vida do acusado, que passa, a partir do recebimento da denúncia ou da queixa, a suportar todos os estigmas do processo.

O procedimento instituído pela Lei nº 8.038/90, que cuida das ações penais oferecidas perante os tribunais superiores, prevê em seu art. 4º a possibilidade de defesa ao acusado, antes mesmo que a denúncia seja recebida. Esse juízo prévio de admissibilidade possui fundamento jurídico que vai além do texto expresso no dispositivo. O contraditório preliminar advém do ideal de processo constitucional, em que as normas processuais são regidas pelos princípios constitucionais do processo, entre eles, o contraditório e a fundamentação das decisões judiciais.

O procedimento comum, por outro lado, se destaca pela divergência doutrinária. A Lei nº 11.719/08, que modificou a redação dos arts. 396 e 399 do Código de Processo Penal, causou discordância quanto ao momento adequado para o recebimento da denúncia: se seria logo após o seu oferecimento, se haveria uma espécie de duplo recebimento, ou, assim como no procedimento das ações originárias, haveria espaço para debate e manifestação prévia do acusado. Não obstante o Superior Tribunal de Justiça tenha pacificado o tema, estabelecendo dois momentos sucessivos para o recebimento da denúncia, com possibilidade de um juízo de retratação, o contraditório não pode ser reduzido a uma simples medida de revisão. As decisões judicias, no Estado Democrático de Direito, devem ser o produto da efetiva participação das partes na formação do provimento jurisdicional. Possibilitar a abertura do contraditório prévio impede a prolação de decisões despidas de motivação, como ocorre no procedimento comum, no qual o Supremo Tribunal Federal pacificou o entendimento de que a decisão de recebimento da denúncia é mero despacho ordinatório.

O processo penal, instruído pela Constituição da República, encontra em sua base principiológica uníssona e indissociável o fundamento necessário para elevá-lo a um patamar constitucional. No entanto, as influências do sistema inquisitório ainda transformam o processo em um mero instrumento da jurisdição, justificando decisões arbitrárias que são fomentadas sem a participação efetiva das partes e, por conseguinte, sem a devida fundamentação. O processo, como procedimento em contraditório, não pode prescindir justamente do elemento que o define em nenhuma de suas fases. Os tribunais superiores precisam adequar-se ao contexto democrático, e reconhecer o papel preponderante das partes na construção de um processo penal constitucional, que oportunize aos principais interessados no provimento jurisdicional, independentemente do procedimento, a participação efetiva na construção das decisões judiciais, sobretudo na que recebe a ação penal.

Abstract: The Law n. 8038 1990 regulating the procedure of criminal proceedings against the accused offered to hold function prerogative, provides for the opening of a preliminary contradictory prior to receipt of the complaint or complaint. Thus, ministers and judges of the higher courts, the charges against mayors, competent to judge the originating actions, using extensive grounds to point out the existence of requirements, assumptions and conditions of the criminal action, for only then admit it. However, this possibility prior defense does not extend to defendants in common, due to literal application of Article 396 of the Criminal Procedure Code. Consequently, the dominant understanding of the courts is that the decision receives the charge is mere dispatch and therefore exempt foundation.

Keywords: Criminal proceedings. Receipt of the indictment. Contradictory. Principle of motivation of judgments.

Referências

ALENCAR, Rosmar Rodrigues; TÁVORA, Nestor. *Curso de direito processual penal*. Salvador: JusPodivm, 2008.

BADARÓ, Gustavo Henrique Rigui Ivahy. Rejeição da denúncia ou queixa e absolvição sumária na reforma do Código de Processo Penal: atuação integrada de tais mecanismos na dinâmica procedimental. *Revista Brasileira de Ciências Criminais*, São Paulo, n. 76, jan./ fev. 2009.

BARROS, Flaviane de Magalhães. *(Re)forma do processo penal*: comentários críticos dos artigos modificados pelas leis n. 11.690/08, n. 11.719/08 e n. 11.900/09. 2. ed. Belo Horizonte: Del Rey, 2009a.

BARROS, Flaviane de Magalhães. A fundamentação das decisões a partir do modelo constitucional de processo. *Revista do Instituto de Hermenêutica Jurídica*, Porto Alegre, v. 1, n. 6, p. 131-148, 2008.

BARROS, Flaviane de Magalhães. O modelo constitucional de processo e o processo penal. *In*: OLIVEIRA, Marcelo Andrade Cattoni de; MACHADO, Felipe Daniel Amorim. (Org.). *Constituição e processo*: a contribuição do processo ao constitucionalismo democrático brasileiro. Belo Horizonte: Del Rey, 2009b. v. 1.

BITENCOURT, Cezar Roberto. *Tratado de direito penal*: parte geral. 20. ed. São Paulo: Saraiva, 2014. v. 1.

BRASIL. Lei nº 11.719, de 20 de junho de 2008. Altera dispositivos do Decreto-Lei nº 3.689, de 3 de outubro de 1941 – Código de Processo Penal, relativos à suspensão do processo, *emendatio libelli*, *mutatio libelli* e aos procedimentos. Diário Oficial da União, Brasília, 20 jun. 2008. Disponível em: <http://www.planalto.gov.br/ccivil_03/_Ato2007-2010/2008/ Lei/L11719.htm>. Acesso em: 23 jul. 2015.

BRASIL. Lei nº 8.038, de 28 de maio de 1990. Institui normas procedimentais para os processos que especifica, perante o Superior Tribunal de Justiça e o Supremo Tribunal Federal. *Diário Oficial da União*, Brasília, 29. maio 1990. Disponível em: <http://www. planalto.gov.br/ccivil_03/leis/l8038.htm>. Acesso em: 10 jul. 2015.

BRASIL. Supremo Tribunal Federal. *Inquérito nº 3016/SP*. Inquérito. Denúncia oferecida. Art. 89 da Lei 8.666/93. Art. 41 do CPP. Indícios de autoria e materialidade delitiva. Tipicidade dos fatos. Presenção de justa causa. Autor: Ministério Público Federal. Investigado: Paulo Roberto Gomes Mansur. Relator: Ministra Ellen Grace. Brasília, 30 set. 2010. Disponível em: <http://redir.stf.jus.br/paginadorpub/paginador. jsp?docTP=AC&docID=619148>. Acesso em: 23 jul. 2015.

BRASIL. Supremo Tribunal Federal. Recurso Ordinário em Habeas Corpus nº 118379, 1ª Turma. Rel. Min. Dias Toffoli. *DJE*, n. 63, 11 mar. 2014. Disponível em: <http://stf. jusbrasil.com.br/jurisprudencia/25031520/recurso-ordinario-em-habeas-corpus-rhc-118379-pe-stf>. Acesso em: 10 jul. 2015.

BRASIL. Tribunal Regional Federal da 1ª Região. *Recurso em Sentido Estrito nº 0008859-27.2012.4.01.3813, 4ª Turma*. Rel. Desembargador Federal Hilton Queiroz, Rel. Conv. Juiz Federal Pablo Zuniga Dourado, 23 out. 2014. Disponível em: <http://trf-1.jusbrasil. com.br/jurisprudencia/164663937/recurso-em-sentido-estrito-rse-88592720124013813>. Acesso em: 10 jul. 2015.

CAPEZ, Fernando. *Curso de processo penal.* 17. ed. São Paulo: Saraiva, 2010. v. I.

DINAMARCO, Cândido R. *A instrumentalidade do processo.* 11. ed. São Paulo: Malheiros, 2003.

FAZZALARI, Elio. *Instituições de direito processual.* Tradução de Elaine Nassif. Campinas: Bookseller, 2006.

FILARDI, Hugo. *Motivação das decisões judiciais e o estado constitucional.* Rio de Janeiro: Lumen Juris, 2012. Disponível em: <http://www.dominiopublico.gov.br/download/teste/ arqs/cp144416.pdf>. Acesso em: 10 jul. 2015.

FIORATTO, Débora Carvalho. *Teoria das nulidades processuais:* interpretação conforme a Constituição. Belo Horizonte: D'Plácido, 2013.

FIORATTO, Débora Carvalho; DIAS, Ronaldo Brêtas de Carvalho. A conexão entre os princípios do contraditório e da fundamentação das decisões na construção do estado democrático de direito. *Revista Eletrônica do Curso de Direito – PUC Minas Serro*, n. 1, p. 112-138, 2010.

GIACOMOLLI, Nereu José. *Prisão, liberdade e as cautelares alternativas ao cárcere.* São Paulo: Marcial Pons, 2013.

GOMES, Luiz Flávio (Org.). *Código Penal:* Código de Processo Penal; Legislação penal e processual penal; Constituição Federal. 10. ed. São Paulo: Revista dos Tribunais, 2008.

GONÇALVES, Aroldo Plínio. *Nulidades no processo.* Rio de Janeiro: Aide, 1993.

GONÇALVES, Aroldo Plínio. *Técnica processual e teoria do processo.* Rio de Janeiro: AIDE, 1992.

LOPES JR., Aury. *Direito processual penal e sua conformidade constitucional.* Rio de Janeiro: Lumen Juris, 2009. v. 2.

LOPES JR., Aury. *Direito processual penal.* 12. ed. São Paulo: Saraiva, 2015.

LOPES JR., Aury; ROSA, Alexandre Morais da. Quando o acusado é VIP, o recebimento da denúncia é motivado. *Revista Consultor Jurídico*, São Paulo, 14 nov. 2014. Disponível em: <http://www.conjur.com.br/2014-nov-14/limite-penal-quando-acusado-vip-recebimento-denuncia-motivado>. Acesso em: 10 jul. 2015.

MINAS GERAIS. Tribunal de Justiça. *Apelação Criminal nº 1.0040.13.010558-4/001, 3ª Câmara Criminal*. Rel. Des. Fortuna Grion, 28 out. 2014. Disponível em: <http:// www5.tjmg.jus.br/jurisprudencia/pesquisaNumeroCNJEspelhoAcordao.do?numer oRegistro=1&totalLinhas=1&linhasPorPagina=10&numeroUnico=1.0040.13.010558-4%2F001&pesquisaNumeroCNJ=Pesquisar>. Acesso em: 10 jul. 2015.

MINAS GERAIS. Tribunal de Justiça. Recurso em Sentido Estrito nº 1.0625.08.085443-7/001, 7ª Câmara Criminal. Rel. Des. Sálvio Chaves, 18 jun. 2015. Disponível em: <http://www5.tjmg.jus.br/jurisprudencia/pesquisaPalavrasEspelhoAcordao.do?&numeroRegis tro=2&totalLinhas=124&paginaNumero=2&linhasPorPagina=1&palavras=ju%EDzo%20 retrata%E7%E3o%20recebimento%20den%FAncia&pesquisarPor=ementa&pesquisaTe sauro=true&orderByData=1&referenciaLegislativa=Clique%20na%20lupa%20para%20 pesquisar%20as%20refer%EAncias%20cadastradas...&pesquisaPalavras=Pesquisar&>. Acesso em: 23 jul. 2015.

MIRABETE, Julio Fabbrini. *Processo penal*. 10. ed. São Paulo: Atlas, 2000.

PASSOS, José Joaquim Calmon. *A ação no direito processual civil brasileiro*. 3. ed. Salvador: Livraria Progresso, 2000.

PELLEGRINI, Flaviane de Magalhães Barros. O processo, a jurisdição e a ação sob a ótica de Elio Fazzalari. *Virtuajus: Revista Eletrônica da Faculdade Mineira de Direito*, Belo Horizonte, v. 1, p. 1-29, 2003.

ROSA, Alexandre Morais da. *Guia compacto do processo penal conforme a teoria dos jogos*. 2. ed. Rio de Janeiro: Lumen Juris, 2014.

STRECK, Lenio Luiz. *Hermenêutica jurídica e(m) crise*: uma exploração hermenêutica da construção do direito. 8. ed. Porto Alegre: Livraria do Advogado, 2009.

VIEIRA, Renato Stanziola. *Paridade de armas no processo penal*. 1. ed. Brasília, Distrito Federal: Gazeta Jurídica, 2014.

Informação bibliográfica deste texto, conforme a NBR 6023:2002 da Associação Brasileira de Normas Técnicas (ABNT):

FERREIRA, Mateus Marcos Silva. Dois pesos e duas medidas: o recebimento da acusação no procedimento das ações originárias e o despacho meramente ordinatório. In: GONÇALVES, Guilherme Alberto Marinho; HECKERT JÚNIOR, Ival; QUEIROZ JÚNIOR, Antônio Raimundo de Castro (Coord.). *A teoria do direito aplicada*: seleção dos melhores artigos científicos do Programa de Pós-Graduação da Escola Superior de Advocacia da OAB/MG. Belo Horizonte: Fórum, 2016. v. 1. p. 171-194. ISBN 978-85-450-0109-6.

A CONFORMIDADE DA PROVA TESTEMUNHAL NO PROCESSO PENAL BRASILEIRO

THAÍSA AMARAL BRAGA FALLEIROS

Resumo: No processo penal brasileiro, o depoimento testemunhal é o meio de prova mais utilizado, ficando os sujeitos processuais dependentes da "memória" das testemunhas e das vítimas. A memória humana é manipulável e pode ser alterada por informação enganosa, sugestões e imaginação. A leitura, em juízo, das declarações prestadas na fase investigativa viola os princípios constitucionais do devido processo legal, do contraditório, da ampla defesa e o disposto nos arts. 203 e 204 do Código de Processo Penal. A prova serve para possibilitar a reconstituição de um fato histórico, tendo uma função persuasiva. Surge então o caráter dialético do processo, cuja estruturação advém da colaboração simétrica, crítica e isonômica das partes na formação do provimento final.

Palavras-chave: Estado Democrático de Direito. Jurisdição. Sistema acusatório. Prova testemunhal. Devido processo legal. Contraditório. Ampla defesa. Isonomia.

Sumário: 1 Jurisdição e falibilidade da prova testemunhal – 2 Dispositivos legais e julgado paradigmático – 3 Instrução do processo e fundamentação do provimento jurisdicional – 4 Tecnologia e fidedignidade na apreensão e registro da prova testemunhal – 5 Conclusão – Referências

1 Jurisdição e falibilidade da prova testemunhal

Por meio da realização da prova, o processo penal materializa-se como instrumento de aproximada reconstrução de um fato passado para a construção do convencimento psicológico do magistrado. Conforme Aury Lopes Jr. (2014), no presente, o juiz julga um homem por fato já ocorrido e com base na prova colhida posteriormente, num passado próximo, com perspectiva de cumprimento de pena.

O processo acusatório tem conteúdo ético por estar adstrito às regras do jogo, sendo condenação e absolvição equivalentes axiológicos no provimento final (LOPES JR., 2014). Segundo C. J. A. Mittermaier (2008), provar é querer, em substância, demonstrar a "verdade" e convencer o juiz, o qual, para decidir – pela condenação ou pela absolvição –, tem de adquirir certeza plena tendo por base a prova, que é dever do acusador. Deve-se alcançar essa verdade histórica, certificando-se da realidade de certos acontecimentos e de certos atos no tempo e no espaço. Para o autor,

> Compreender-se-á agora porque é que muitíssimas vezes o processo criminal não admite como provas completas senão as que procederam da evidência material direta ou indireta; só elas, com efeito, parecem de natureza a formar a certeza, enquanto outros meios com que algumas vezes se contentam (os indícios, por exemplo) parecem não dever jamais levar a uma demonstração plena. (MITTERMAIER, 2008, p. 140)

Adiante, pontua que

> A certeza se forma em nós diretamente, quando nossas sensações pessoais nos transmitem a imagem do objeto; indiretamente, quando a sua existência nos é garantida por terceiros, que asseguram haver experimentado a realidade do que asseveram, ou que só produzem essa afirmação a respeito de certos fatos parciais, mas cuja natureza e existência levam logo à conclusão da realidade do fato principal em questão. [...]. Outro tanto se deve dizer da *prova testemunhal*. À primeira vista parece que as testemunhas fazer prova, porque se apoiam em suas observações pessoais; mas, se quiser-se indagar melhor, facilmente se depara com uma cadeia de induções, que o nosso espírito atravessa para chegar à convicção. É preciso, primeiro, presumir que as testemunhas observaram os fatos com exatidão; que a memória conservou-se fiel, e que elas dizem só e tudo quanto sabem; afirmar, portanto, que as testemunhas merecem crédito é consagrar os resultados de um raciocínio por via de indução. (MITTERMAIER, 2008, p. 144 e ss.)

Com foco especificamente na prova testemunhal, cumpre dizer que, no processo penal, o depoimento de testemunhas é o meio de prova mais utilizado, ficando os sujeitos processuais dependentes da "memória" das testemunhas e das vítimas. Identificar a forma como tem ocorrido a coleta dos testemunhos e das declarações de vítimas, no âmbito judicial, é necessário para a compreensão do sistema processual brasileiro (LOPES JR., 2014).

A memória humana é rúptil e manipulável, desliza no imaginário e pode ser defraudada. Sua construção pode se dar através de uma informação enganosa e até mesmo de combinação de sugestões, palpites ou induzimentos de outrem, com erros de perspectivas. A memória humana é falível. Assim bem afirma Salah H. Khaled Jr.:

> Ao contrário do que muitos podem pensar, os sentidos humanos têm uma percepção extremamente limitada do mundo e do que acontece ao seu redor. Em outras palavras, a realidade não é inteligível por si só ao olhar daquele que a observa, mesmo que diretamente. [...]. Percebemos apenas sintomas da realidade, mas não ela própria, ou, no máximo, uma fração dela. (KHALED JR., 2013, p. 456)

A "verdade real", no processo penal, é impossível de ser alcançada, pois é um fato passado e histórico que se apresenta. O real só é apreensível no momento presente, portanto o fato criminoso não possui dado da realidade.

Nessa perspectiva, escreve Aury Lopes Júnior:

> Falar em verdade real é falar em algo absolutamente impossível de ser alcançado, a começar pela inexistência de verdades absolutas. A própria ciência encarregou-se de demonstrar isso. Ademais, não há que se esquecer que o crime é um fato histórico, e a reconstrução de um fato histórico (para isso servem a prova e o próprio processo) é sempre minimalista e imperfeita. Não se trata de construir, mas de reconstruir. (LOPES JR., 2005, p. 202)

Toda prova testemunhal reflete uma perspectiva, seja a partir de visão ou audição, transmitindo, então, respostas fragmentadas. Não é possível transportar a realidade fática aos autos do processo. A interpretação errada de um fenômeno ou acontecimento ocasiona a formação de falsas memórias, com repercussão no cerceamento da liberdade e em condenações equivocadas (LOPES JR., 2014).

Fato é que, ao presenciar um fato, a vítima ou a testemunha – afetada emocionalmente – de acordo com sua vivência e experiência, interpreta-o de forma diferente de quaisquer outros indivíduos, inclusive do juiz.

Não existe, pois, a mitológica "verdade real", pois a realidade não é apreensível inteiramente. Somente em medida bastante limitada se observa a realidade. A verdade então é dificultosa porque o homem é incapaz de apreender em absoluto o real.

Para Calamandrei, "Mesmo para o juiz mais escrupuloso e atento, vale o limite fatal de relatividade próprio da natureza humana: o que enxergamos, só é o que nos parece que enxergamos. Não verdade, senão verossimilhança: é dizer, aparência (que pode ser também ilusão de verdade)" (CALAMANDREI, 1999, p. 271).

Como afirma Alexandre Morais da Rosa, no artigo intitulado *Qual a cor do cavalo branco de Napoleão?*,

> A testemunha/informante não é convocada para participar de um jogo rápido de memória, ou seja, não se pode ser a denúncia e/ou o depoimento prestado na fase preliminar e depois perguntar-se o que ela sabe do caso. Isso é doping, jogo sujo, embora realizado na maioria dos foros. Evidentemente que a testemunha, mormente quando policial, deve ser situada no tempo e no espaço da ocorrência, eventualmente com os parceiros da ação, mas jamais nos detalhes que transformam seu depoimento num espetáculo de sugestão. Assim é que se o jogador quiser ler a denúncia ou depoimento, nos termos do artigo 212, do Código de Processo Penal, a *sugestão* é manifesta e deve ser impugnada. Insistida na ação, a credibilidade do depoimento, no momento da valoração, desfaz-se. Não se tratou de um depoimento, mas sim de uma antecipação das respostas que deveriam ser dadas para o fim de se obter a vitória. [...]. Esse é o preço do processo penal democrático. Se for para valer o que se disse na Delegacia de Polícia paremos com o retrabalho – não tenho outros termos – de fingirmos que repetimos em juízo. A reserva da Jurisdição é justamente o que diferencia o depoimento para fins exclusivos de justa causa e o que serve para condenação, dado que é o contraditório que o legitima. Parece difícil dizer o óbvio. (ROSA, 2008)

Salah H. Khaled Jr. assevera:

> Portanto, já pode ser preliminarmente percebido que o depoimento de uma testemunha está longe de ser uma mera representação equivalente do passado e certamente não se equipara a uma reprodução em condições controladas de um experimento científico, de acordo com o modelo das ciências naturais. Logo, são necessários questionamentos quanto ao estatuto de verdade do testemunho. (KHALED JR., 2013, p. 466)

Com efeito, por meio da prova ingressam no processo penal os fatos e as circunstâncias da conduta imputada criminosa. O meio probatório consistente na prova testemunhal pode ser admissível, mas ser inválido seu ingresso no processo. A adequação e a legitimidade da forma da inquirição de testemunhas na instrução criminal refletem na consagração do princípio do contraditório, sob pena de originarem desigualdades na influência no convencimento do julgador. Nesse sentido,

> Sem a possibilidade do contraditório não há que se falar em prova no processo, pois nele há de ser verificada e criticamente apreciada, desvinculando-se da unilateralidade de uma das partes, enraizando-se no processo, cujo espaço de argumentação é uma potencialidade exigida à prestação da tutela judicial efetiva. O que estiver de fora do contraditório não é prova, permanecendo na esfera dos atos de investigação, ressalvados os casos legalmente autorizados, de forma excepcional. É na formação da prova que o contraditório, com a participação dos destinatários de seus efeitos, mormente o acusado, ganha relevância. [...]. A reconstrução do fato delituoso constitui-se em verdadeira engenharia jurídica no âmbito do processo, uma "máquina retrospectiva" (CORDEIRO, 2003, p. 565), ou recognitiva. Esse caminho de volta ao local dos fatos, ao tempo e às circunstâncias deste, é trilhado por humanos, motivo da imperfeição, tanto na reconstrução pela via da memória (aquisição, retenção e recordação), quanto pela técnica, pela prova científica. O armazenado na memória se dá através de códigos (sinais elétricos e bioquímicos e, ao ser evocado, recebe uma interpretação mnemônica – decodificação, tradução –, pois o retido não se dá em forma de miniatura ou microfilme (DAMÁSIO, 2004, p 27). Também, nem tudo o que for captado permanecerá armazenado, em face do fenômeno do esquecimento e, após a evocação, altera-se o armazenado. Por isso, a imagem, o objeto, a cena do crime é reconstruída e, nesse momento, segundo Izquierdo, a realidade é transformada (IZQUIERDO, 2006, p. 12 ss). Assim, a reconstrução é imperfeita, meramente aproximativa da realidade (DAMÁSIO, 2004, p. 127 ss). Di Gesu (2014, p. 103 e ss), ao adernar a problemática à esfera criminal, acentua a forte emoção produzida pelo evento criminoso na vítima ou em quem o presenciou. Contudo, o que a pessoa guarda com primazia é a emoção do acontecimento e não o pertencente à memória cognitiva, menos sujeita a contaminações, ademais das possibilidades da existência das falsas memórias (autossugestão, indução, manipulação da lembrança – informações equivocadas, *v. g.*). (GIACOMOLLI, 2015, p. 174 e ss.)

O processo penal é construído pela prova judicializada. Os atos de investigação não possuem natureza probatória, destinando-se unicamente a configurar suporte fático à existência da justa causa para o oferecimento da ação penal.

O "depoimento" prestado no inquérito policial não é tecnicamente "prova" testemunhal. Nesse momento não há produção probatória, pois não há defesa, juiz imparcial, contraditório, devido processo e publicidade dos atos. Dessa forma, a acusação não pode a ela se reportar, requerendo sua leitura na audiência de instrução e julgamento. Somente o depoimento originalmente iniciado perante o magistrado pode ser considerado prova testemunhal verdadeiramente. Afirma Gustavo Noronha de Ávila que

> Os elementos de investigação policial, por essas razões, não constituem provas no sentido técnico-processual do termo, mas apenas informações de caráter probatório, aptas a subsidiar a formulação de uma acusação perante o juiz, mas tão-somente para subsidiar a ação penal, bem como a decretação de alguma medida de natureza cautelar. (ÁVILA, 2013. p. 55)

O declarante e o depoente devem ser ouvidos em juízo, oportunizando-se aos sujeitos processuais – acusação e defesa – a condução da oitiva por meio de perguntas diretas às vítimas e testemunhas. Dessa forma, em jurisdição, a leitura das declarações prestadas na fase investigativa viola os princípios do contraditório, da ampla defesa, da audiência bilateral e o disposto nos arts. 203 e 204 do Código de Processo Penal, adiante reproduzidos.

Deveras, o inquérito policial corresponde à peça meramente informativa destinada à formação do convencimento da acusação para a apresentação da imputação na denúncia. Na fase inquisitorial, há espaço bem reduzido para ciência e oportunidade de reação do investigado.

A busca da prova deve almejar a estratégia menos onerosa aos direitos fundamentais e às garantias constitucionais do acusado, sob pena de não constituição de suporte válido e legítimo ao juízo condenatório. O que deve ser compreendido é a inadmissibilidade, ao sistema acusatório, da reprodução ou releitura, em juízo, do depoimento e das declarações prestadas na fase investigatória.

2 Dispositivos legais e julgado paradigmático

Mittermaier assevera que o depoimento deve ser verossímil, original, o que significa constituir expressão espontânea da convicção da testemunha. Não pode ser sugerida e deve ser analisada com parcimônia pelo juiz, o qual deverá considerar os resultados das outras provas, observando que

> Este depoimento, concebe-se, pode bem facilmente opor-se à verdade objetiva; a individualidade da testemunha só por si pode influir muito no modo de observar; se aparece impensadamente ou por acaso, se nada a

provoca a um exame sério, apenas prestará atenção aos caracteres mais salientes do fato; enfim, certos preconceitos, certa disposição a fazem dar aos objetivos cores imaginárias; e muitas vezes, acredita ter visto aquilo que deseja. Frequentemente, e em relação a certos objetos, as faculdades intelectuais, os hábitos, a experiência adquirida, têm influência direta e sensível sobre as observações das testemunhas; é preciso, muitas vezes, um olhar prático, o conhecimento perfeito da importância dos caracteres diversos da coisa, para apanhar de um só relance de olhos todos os seus detalhes essenciais. O intervalo decorrido entre o acontecimento e o depoimento pode consideravelmente modificar a natureza. A imaginação transforma facilmente a lembrança dos fatos confiados à memória; e o serem certos detalhes colocados em segundo plano, enquanto os outros tomam cores vivas, pode acontecer que seja tudo isto obra quimérica do espírito, que muitas vezes se apressa a preencher as lacunas da memória; torna-se, então, difícil distinguir o verdadeiro do que é apenas imaginário. Ainda com a melhor vontade do mundo, a testemunha, chamada a depor muito tempo depois do fato não sabe mais destacar o que realmente observou das criações fantásticas do espírito; em uma palavra, quanto mais viva for a imaginação, mais corre risco de cair em inexatidões. É preciso, antes de tudo, um pensamento sério no mais alto ponto, é preciso que conheça tudo que há de grave em um depoimento, que obre com uma consciência extrema, que pese cuidadosamente cada palavra, e que, em caso de dúvida, se contente com o exprimir simplesmente o que suções, sem afirmar aquilo de que não estiver positivamente certa. Uma tal atitude será para o juiz uma garantia segura da veracidade da testemunha. (MITTERMAIER, 2008, p. 301 e ss.)

O Código de Processo Penal assim determina:

Art. 203. A testemunha fará, sob palavra de honra, a promessa de dizer a verdade do que souber e lhe for perguntado, devendo declarar seu nome, sua idade, seu estado e sua residência, sua profissão, lugar onde exerce sua atividade, se é parente, e em que grau, de alguma das partes, ou quais suas relações com qualquer delas, e relatar o que souber, explicando sempre as razões de sua ciência ou as circunstâncias pelas quais possa avaliar-se de sua credibilidade.

Art. 204. O depoimento será prestado oralmente, não sendo permitido à testemunha trazê-lo por escrito.

Parágrafo único. Não será vedada à testemunha, entretanto, breve consulta a apontamentos. (BRASIL, 2014, p. 415)

Desses comandos, conclui-se que o relato testemunhal deve ser oral, sendo vedado à testemunha trazê-lo por escrito, o que equivale, por assim dizer, à sua leitura em juízo, sob pena de simples chancela judicial e enfraquecimento das normas processuais.

Espera-se que, no Estado Democrático de Direito que assegura o sistema acusatório, o cidadão só possa ser privado da sua liberdade ou de seus bens por um juiz imparcial que observe as regras do jogo do devido processo legal. Por certo a jurisdição constitucional deve garantir a participação em simétrica paridade das partes, por meio do devido processo legal, o qual limita o exercício da função jurisdicional.

A valer, não pode ocorrer contaminação subjetiva do magistrado, sob pena de emissão de juízos parciais, tal como ocorre quando, em juízo, as declarações e os depoimentos de vítimas e testemunhas são reproduzidos na fase do contraditório judicial.

Nesse raciocínio, é esquálida a justificativa de que não se permitir a leitura das declarações das vítimas e depoimentos das testemunhas – feitas em sede de investigação preliminar – seria desprestigiar ou descartar todo o material até então produzido. O magistrado que compadece com a iniciativa de leitura dessas peças de informação demonstra imparcialidade evidentemente comprometida, o que equivale a dizer que a ele seria atribuída iniciativa probatória e poderes de gestão, vedados no sistema acusatório.

De fato, o sistema inquisitório, ainda que de forma mitigada, deixou resquícios no sistema processual brasileiro no contexto em que o papel do julgador ficou desvirtuado com a redação dada pelo art. 212 do Código de Processo Penal, destoando do caráter garantista da Constituição da República.

O art. 212 do CPP traz limites às perguntas que possam induzir resposta. Ora, se há proibição de perguntas sugestionáveis, com mais razão e propriedade deveria ser proibida a leitura em audiência das declarações e depoimentos prestados na fase policial, situação mais gravosa que ocasiona a formação de falsas memórias.

Cristina Carla Di Gesu expõe:

> Os estudos demonstram não ser o processo mnemônico fidedigno à realidade, isto é, a lembrança não reconstrói o fato tal e qual ocorreu na realidade. A memória, ao ser evocada, apresenta uma síntese aproximativa daquilo que foi percebido. Além disso, as recordações são fortemente influenciadas pela emoção. Com efeito, inegável ser o delito uma forte emoção para aquele que o presencia ou que dele é vítima. O sentimento, nesse contexto, vem a minimizar a observância dos detalhes do acontecimento, ou seja, prejudica aquilo que os depoentes viram e ouviram. Disso tudo resulta a inviabilidade da cisão entre razão e emoção proposta por Descartes. Da mesma forma, a situação fez-nos

pensar que a testemunha não pode ser tratada pela legislação processual de forma objetiva, pois inegável que ela narra o fato em primeira pessoa. (DI GESU, 2008, p. 255)

A presidência da instrução pelo juiz não pode se converter em atos de império, pois o devido processo é garantia processual incondicionada. Na conjuntura do Estado Democrático de Direito, é vedada ao juiz a prática de qualquer ato de ofício – tal como inquirir diretamente a testemunha, substituindo-se às partes – ou que chancele iniciativa do Ministério Público que macule garantia processual do acusado, sua participação democrática, no devido processo. É de se supor, pois, que, nos termos do art. 212 do Código de Processo Penal, o juiz não é o protagonista da inquirição. De toda forma, é inalcançável a verdade que corresponda de maneira absoluta à realidade. A intervenção do Estado legitima-se na participação dos interessados no processo, de forma respeitosa aos direitos fundamentais.

No *Habeas Corpus* nº 183.696, a Ministra Maria Thereza de Assis Moura proferiu decisão paradigmática:

> Ocorre que, na minha ótica, o principal problema do fato trazido a exame nem reside tanto na questão do contraditório, mas na forma como a prova ingressou nos autos.
>
> O depoimento da testemunha ingressa nos autos, de maneira oral, de acordo com a própria dicção do Código de Processo Penal:
>
> Art. 203. A testemunha fará, sob palavra de honra, a promessa de dizer a verdade do que souber e lhe for perguntado, devendo declarar seu nome, sua idade, seu estado e sua residência, sua profissão, lugar onde exerce sua atividade, se é parente, e em que grau, de alguma das partes, ou quais suas relações com qualquer delas, e relatar o que souber, explicando sempre as razões de sua ciência ou as circunstâncias pelas quais possa avaliar-se de sua credibilidade. (destaquei).
>
> Deste comando, retiram-se, em especial duas diretrizes. A primeira, ligada ao *relato*, que será oral, como reforça a regra do art. 204 (*O depoimento será prestado oralmente, não sendo permitido à testemunha trazê-lo por escrito*). A segunda, refere-se ao filtro de fidedignidade. Tal peculiaridade, relativa ao modo pelo qual a prova ingressa nos autos, a meu sentir, é a que foi maculada pelo modo como empreendida a instrução, *in casu*. O depoimento, efetuado em sede policial, é chancelado como judicial, com uma simples confirmação. Não há como se aferir, penso, credibilidade desta maneira. E, mais, com a singela providência de ratificação, estar-se-á a enfraquecer a norma do art. 204 do CPP.
>
> Monografista do tema, o atual Diretor da Faculdade de Direito da USP, Professor ANTONIO MAGALHÃES GOMES FILHO, destaca a

"indeclinável exigência de submissão dos procedimentos probatórios a certas regras – lógicas, psicológicas, éticas, jurídicas, etc. –, cuja inobservância acarretaria uma inevitável fratura entre o julgamento e a sociedade no seio da qual o mesmo é realizado" (*Direito à prova no processo penal*. São Paulo: Ed. RT, 1997, p. 92).

Prossegue o nobre autor:

Esses limites probatórios podem ter fundamentos *extra-processuais (políticos)*, como ocorre em relação à proibição de introdução de provas obtidas com violação de direitos fundamentais, ou *processuais (lógicos, epistemológicos)* , quando se excluem, por exemplo, as provas impertinentes, irrelevantes, ou que possam conduzir o julgador a uma avaliação errônea. [...]

A *admissibilidade* da prova constitui, portanto, um conceito de direito processual e consiste numa valoração prévia feita pelo legislador, destinada a evitar que elementos provenientes de fontes espúrias, ou meios de prova reputados inidôneos, tenham ingresso no processo e sejam considerados pelo juiz na reconstrução dos fatos; [...]

Mas, como pondera Damaska, nos ordenamentos da *civil law* semelhantes propósitos podem estar implícitos em certas regras sobre a prova, como ocorre com os princípios da imediação e oralidade, que sugerem que a prova com a qual o juiz teve um contacto direto é mais forte do que aquela obtida de fontes mais remotas; assim, por exemplo, *no ordenamento federal alemão, prescreve-se que a testemunha deve ser ouvida, salvo algumas exceções, perante o tribunal, não podendo essa inquirição ser substituída pela leitura de um depoimento anterior* [V. Karl-Heinz Gössel. As proibições de prova no direito processual penal da República Federal da Alemanha, trad. Manoel Costa Andrade, Revista portuguesa de ciência criminal, 2(3):417, 1992]. [...]

A observância ao contraditório na introdução da prova no processo assume seus contornos mais característicos em relação à inquirição das testemunhas, pois se trata de prova de estrutura complexa, em que se ressaltam dois componentes essenciais: a *narração do fato e o comportamento do depoente* ; disso decorre a constatação de que a aquisição da prova não se limite à documentação de uma informação, mas exige uma participação ativa de quem realiza a inquirição, com o objetivo de se proceder, concomitantemente, a uma valoração sobre a idoneidade do testemunho. (*Op. cit.*, p. 92-152, destaquei). (BRASÍLIA, STJ. HC nº 183.696. Rel. Min. Maria Thereza de Assis Moura)

O processo penal democrático deve ser efetivo e comprometido com o direito de defesa, conforme se confere no julgado acima. Afrânio Silva Jardim, antes mesmo da Constituição de 1988, destacava as bases constitucionais do processo penal democrático:

Sob certo aspecto, o processo penal representa mais uma forma de autolimitação do Estado do que um instrumento destinado à persecução criminal. Pelo princípio do *nulla poena sine judicio*, o Estado já de submeter a sua pretensão punitiva ao crivo do Poder Judiciário, tendo o ônus de alegar e provar determinada prática delituosa, assegurados constitucionalmente a instrução contraditória e o princípio da ampla defesa. [...] Desta forma, o processo penal é fruto do avanço civilizatório da humanidade, resultante da jurisdicização do poder punitivo do Estado. Enquanto o Direito Penal apresenta caráter marcantemente repressivo, o Direito Processual Penal é comprometido com a questão da liberdade. Por isso, um código democrático há de ser informado pela necessidade de tutelar os direitos e garantias individuais, sem se descurar, entretanto, da defesa social. Nota-se que tais direitos e garantias individuais não podem ser vistos romanticamente em plano abstrato, mas estão concretamente vinculados à consecução do bem comum, valor preponderantemente na vida de relação, conforme ressaltaremos mais adiante. A relevância dos valores tutelados pelo processo penal impõe que a própria Constituição Federal consagre os princípios reitores a serem adotados necessariamente pela lei ordinária, como garantia da rigidez constitucional. (SILVA JARDIM, 2001, p. 307)

Os ensinamentos de Nereu José Giacomolli complementam que

A opção constitucional brasileira de 1988 foi pela afirmação e eficácia dos direitos fundamentais, incompatíveis com qualquer prática identificada com o sistema inquisitorial. Mantido o debate entre acusatório/inquisitório, verifica-se que o sistema processual desenhado pelo constituinte é o acusatório, entendido como o de separação entre as funções de acusar e julgar, envolto por um manto de princípios e garantias, as quais afastam as características do sistema inquisitorial. Isso porque o constituinte, expressamente, determinou a observância do devido processo legal, com todos os seus derivativos explícitos tais como: o contraditório, a ampla e plena defesa, a publicidade, o estado de inocência, o silêncio não autoincriminatório, o juízo predeterminado legalmente, a prisão como extrema ratio, a exclusividade da ação penal pública ao Ministério Público. [...]. Cabe à acusação o encargo reconstrutivo do fato em juízo, através de uma suficiência probatória tal que afaste o estado de inocência, o qual não é quebrado e nem passa de estado à presunção, com a imputação. Essa reconstrução demonstrativa incumbe a quem afirma os fatos e sua qualificação jurídica em juízo. Ao julgador cabe, após garantido o exame crítico da prova, decidir, mantendo o estado de inocência, através de um juízo absolutório, ou afastá-lo, por meio de um provimento condenatório. A avaliação da prova será digna e eticamente aceitável quando feita por quem não a propôs e nem produziu. [...]. Na contemporaneidade, não há mais como admitir um sistema, um estilo, técnicas, modelos inquisitoriais criminais, do ponto de vista jurídico, seja constitucional, de direito internacional ou processual interno, em face dos diplomas internacionais protetivos dos direitos humanos e da normatividade constitucional, superior à normatividade ordinária, bem como da jurisdição das Cortes internacionais, universais ou regionais (TEDH, CIDH). (GIACOMOLLI, 2015, p. 85 e ss.)

3 Instrução do processo e fundamentação do provimento jurisdicional

A imparcialidade do juiz é um dos mais importantes princípios gerais do processo penal. O juiz garantista do contraditório e da ampla defesa não pode ser o magistrado que faça prejulgamentos. Essa imparcialidade do juiz pode ficar comprometida com o assentimento de determinados atos, apresentando compromisso ou inclinação com acusação ou defesa.

É sabido que a verdade real é uma expressão corriqueiramente usada por inúmeros operadores da esfera criminal, sendo imprecisa no conteúdo e reveladora de insegurança jurídica. Há uma incomensurável ambição de verdade, a qual é inatingível. A narrativa da verdade é contingencial (LOPES JR., 2014).

De mais a mais, mesmo após o provimento final, permanece a incerteza de uma sentença condenatória ou absolutória, mas sua legitimação se dá pela observância estrita das regras do devido processo legal.

Não se olvide então que o procedimento penal persegue não só a reprodução dos fatos mais próxima da realidade, mas também as garantias, a tutela do indivíduo e a aplicação correta das normas jurídicas.

No estudo de Felipe Martins Pinto,

> A verdade é elencada, quase unissonamente pela doutrina, como o fundamento da sentença, como um dos princípios do processo penal, ou até mesmo como seu principal objetivo, e, apesar de alterarem o adjetivo que lhe sucede, alguns a chamam de verdade real, outros de verdade histórica, verdade material, verdade substancial ou verdade judicial e ainda que haja a tentativa de enfraquecer o absolutismo da verdade real, a doutrina, majoritariamente, não enfrenta o problema da verdade no processo penal e, via de regra, mantém o mesmo conteúdo tradicionalmente atribuído à verdade real, ou, no máximo, distinguem diferentes níveis de aproximação da verdade real, através da singela alteração de ordem gramatical no *nomem juris* do princípio. [...].

A democracia no processo, representada pela construção do conjunto instrutório por aqueles que potencialmente serão afetados pelo provimento, conjunto este que será composto pelas ações e omissões das partes, igualmente resta abalada em virtude da instrução *ex officio* pelo órgão julgador, na medida em que, ao perquirir elementos de convencimento a partir do ingênuo propósito de se apurar o fato ocorrido, o Órgão imparcial, inexoravelmente, sobrepujará a atuação de uma das partes e desequilibrará a igualdade de oportunidades de participação na edificação da instrução processual.

Na condição de titulares dos direitos que serão afetados pelo ato jurisdicional, as partes devem participar da fase de preparação do provimento "na simétrica paridade de suas posições" com igualdade de oportunidades entre si. Esta igualdade é embasada na liberdade de todos perante a lei. [...].

Importante ressaltar que o ativismo instrutório do Órgão Jurisdicional não se justifica nem mesmo motivado para colher elementos favoráveis ao imputado, sendo que tal vedação não prejudica o integrante do pólo passivo do processo penal, uma vez que o ônus da prova incumbe ao titular da ação penal e a inocência não prescinde de prova. (PINTO, 2012, p. 62 e ss.)

O processo penal não democrático não pode desviar da estrutura democrática no exercício jurisdicional, da imparcialidade do juiz, da inércia jurisdicional e do sistema acusatório.

Com efeito, o compromisso ético do magistrado e a busca pela celeridade não podem, em situação alguma, desestabilizar a estrutura normativa do Estado, os direitos e as garantias individuais, em subversão a valores fundamentais.

Compete à acusação o encargo da prova, que não se limita à demonstração da autoria e da existência do fato. Significa dizer que todos os elementos subjetivos e objetivos do crime e todas as circunstâncias da imputação devem ser provados.

Nesse sentido,

Partindo-se da inocência do acusado e não de sua culpabilidade, cabe à acusação a desconstituição do estado de inocência, ou seja, no processo penal é da acusação o encargo de provar. Com isso, também, se elimina a emissão de uma decisão com base no conhecimento privado ou extraprocessual do julgador. Não se aplica no processo penal, em face do estado de inocência, a regra do processo civil da distribuição do ônus da prova: ao autor, os fatos constitutivos de seu direito e ao réu, os impeditivos, modificativos, extintivos do direito do autor (art. 333, I e II, do CPC). De igual modo, afasta-se qualquer convenção entre acusação e defesa acerca do ônus da prova, como ocorre em certas situações fora do processo penal (art. 333, parágrafo único, do CPC). Nessa mesma perspectiva, em face do estado de inocência, mesmo os fatos notórios, os admitidos como incontroversos, e a tão só confissão, não afastam o encargo probatório da acusação, diferentemente do que ocorre no âmbito do processo civil. (GIACOMOLLI, 2015, p. 106)

O juiz deve vetar, pois, em audiência de instrução e julgamento, a leitura das declarações e depoimentos prestados pela vítima e testemunhas na fase investigativa, sob pena de comprometer sua imparcialidade objetiva, a legitimidade e a validade das suas decisões. Inadvertidamente deve ser resguardada a igualdade de oportunidades processuais.

Decerto os depoimentos prestados à autoridade policial estão na estrutura inquisitiva, em cujo formato imperam o segredo, a forma escrita e a ausência do contraditório. Dessa forma, não há sentido em sequer serem "renovados" em juízo.

Dessa forma, o consentimento do magistrado com a leitura dessas peças potencializa o risco de uma prova desvirtuada alavancar na instrução processual. Avançando-se mais, se a prova produzida em juízo for "cotejada" com os elementos do inquérito, é porque não há prova produzida em juízo que seja suficiente para condenar. Não se pode falar, pois, em prova "repetida" em juízo, senão em verdadeiramente "produzida" em contraditório.

De mais a mais, a leitura das declarações e depoimentos da fase investigativa tenta forjar uma "verdade" no processo. Além disso, aponte-se que a fala das vítimas, testemunhas e indiciados é intermediada pelo escrivão ou delegado de polícia, que a reduzirá por escrito. Esse intermediador construirá um texto a partir da sua apreensão e compreensão (captação particular), muitas vezes com sentido distorcido.

Salah H. Khaled Jr. é assertivo ao concluir que:

Portanto, em uma epistemologia acusatória da democraticidade, não cabe ao juiz a tarefa de produção de provas, embora lhe caibam outras, igualmente ou até mais importantes, de acordo com a posição de equilíbrio em que deve se situar. Esse equilíbrio não é a inamovibilidade: ele é um árbitro; não é um espectador. Como árbitro, deve zelar pelo devido processo legal, o que significa que deve estar atento à formação da prova, assim como ao meio de sua produção, pois isso consiste em um tipo processual, que, como no tipo penal, não admite outra forma, sob pena de nulidade. É nesse sentido que o juiz deve ter uma postura ativa e não no sentido de busca da verdade: ao fazer isso, ele, de fato, interpreta, mas não há absolutamente nada de errado nessa atitude e ela não é marcada pela simples objetividade no sentido moderno de neutralidade, mas sim por uma relação diferenciada com seu objeto, que nem sequer pode ser considerado no sentido habitualmente referido, como já observamos. (KHALED JR., 2013, p. 538 e ss.)

Convém repetir que é irrefutável e evidente que a testemunha está sujeita a erros de observação, invenções, imaginações, ilusões, lapsos de memória, dependendo ainda da sua condição física e psíquica, da mesma forma que o delegado de polícia (na fase investigativa) e que o juiz (na instrução criminal), pois eles mesmos são testemunhas da oitiva das testemunhas.

Nesse contexto, destaca-se que a prova serve para possibilitar a reconstituição de um fato histórico, passado, tendo uma função persuasiva. Através dela se permite a elaboração do convencimento e, ao final, da decisão. Daí o destaque dessa importância: a prova implica a formação da convicção do julgador, através da sua captura psíquica. Surge então o caráter dialético do processo, cuja estruturação advém da colaboração simétrica e crítica das partes na formação do provimento, o qual não pode abdicar do conhecimento dos fatos como sua base empírica (LOPES JR., 2014).

Somente a prova formalmente produzida em juízo é válida, não se prestando o processo à busca da mitológica verdade real (LOPES JR., 2014), sendo possível apenas a tentativa de retratação dos atos e fatos o mais fidedignamente possível na jurisdição.

É sabido que ao magistrado é vedada a participação ativa na persecução criminal, que constitui o resgate do famigerado processo penal inquisitório. Nesse sentido, somente se assegura a imparcialidade do juiz no sistema processual acusatório. A instrução probatória realizada de ofício pelo juiz afronta a imparcialidade objetiva, frustrando até mesmo a aparência de retidão aos jurisdicionados. No entanto, sempre que o juiz tiver de fazer algum tipo de escolha processual, haverá de fazê-lo a favor do réu, pautado no estado de inocência do acusado.

Então o processo penal deve ser pensado sob a perspectiva da proteção dos direitos fundamentais e da limitação do exercício do poder. São indispensáveis as garantias quanto ao exercício do direito de defesa, do contraditório e quanto à coleta da prova.

Nesse contexto, no Estado Democrático de Direito, a concepção de jurisdição supõe o processo como limite de poder, à guisa da sua inaptidão de reproduzir de forma inequívoca a realidade dos fatos.

Com efeito, o sistema acusatório pressupõe um juiz natural e imparcial que se limita às solicitações e requerimentos das partes e ao material por elas produzido. Ao magistrado são vedados o comportamento investigatório e a iniciativa probatória – até mesmo a subsidiária –, ficando-lhe reservada a apreciação isenta e objetiva da prova. É o próprio sistema acusatório que garante e preserva a imparcialidade do juiz, mantendo-o alheio e distante da gestão probatória.

Não se pode perder de vista que, no processo democrático, a verdade não ocupa um lugar preponderante, pois há limites constitucionais e legais à produção probatória. Ambicionar a todo custo a "verdade" provoca efeitos danosos ao devido processo. Em verdade, ao denunciado e ao juiz não cabe a produção de provas, exigência direcionada ao acusador.

Cabe ao magistrado, em observância aos princípios da imparcialidade e da inércia, no sistema penal acusatório, respeitar que a concentração da atividade persecutória fique nas mãos do autor. Um processo penal direcionado pelo estado de inocência deve proteger a atividade probatória, marcando a incerteza que caracterizará a persecução penal.

Segundo Geraldo Prado,

> Deve-se, pois à concepção ideológica de um processo penal democrático, a assertiva de que sua estrutura há de respeitar, sempre, o modelo dialético, reservando ao juiz a função de julgar, mas com a colaboração das partes, despindo-se, contudo, da iniciativa da persecução penal. A estrutura sincrônica dialética do processo penal democrático considera, pois, metaforicamente, o conceito de relação angular ou triangular e nunca de relação linear, sacramentando as linhas mestras do sistema acusatório. (PRADO, 2006, p. 33)

Como escreve Marcelo Lessa Bastos,

> Acredita-se que a consagração do sistema acusatório, caracterizado pela absoluta separação entre as funções de acusar e julgar e, por conseguinte, com a consequente imposição ao juiz da inércia e da correlação entre a imputação e a sentença, aliado a previsão de instrumentos processuais para que as partes possam recusar o juiz parcial, sejam medidas suficientes para garantir-lhe a imparcialidade. (BASTOS, 2014, p. 9)

Aceitar que o Ministério Público peça e consiga a leitura das declarações e depoimentos prestados em sede de investigação policial teria as mesmas consequências e máculas de um ato inicial de impulso por parte do juiz, em violação aos direitos e às garantias processuais.

Autorizar, pois, a leitura dessas peças é obstaculizar a oportunidade de a defesa influir em condições paritárias na formação do convencimento do julgador.

Nesse contexto, a presunção de inocência exige do julgador uma posição "negativa" e também uma postura "positiva", como ensina Aury Lopes Jr.:

> Sob a perspectiva do julgador, a presunção de inocência deve(ria) ser um princípio da maior relevância, principalmente no tratamento processual que o juiz deve dar ao acusado. Isso obriga o juiz não só a manter uma posição "negativa" (não o considerando culpado), mas sim a ter uma postura positiva (tratando-o efetivamente como inocente). Podemos extrair da presunção de inocência que: a) Predetermina a adoção da verdade processual, relativa, mas dotada de um bom nível de certeza prática, eis que obtida segundo determinadas condições. b) Como consequência, a obtenção de tal verdade determina um tipo de processo, orientado pelo sistema acusatório, que impõe a estrutura dialética e mantém o juiz em estado de alheamento (rechaço à figura do juiz-inquisidor – com poderes investigatórios/instrutórios – e consagração de um juiz de garantias ou garantidor). c) Dentro do processo, se traduz em regras para o julgamento, orientando a decisão judicial sobre os fatos (carga da prova). d) Traduz-se, por último, em regras de tratamento do acusado, posto que a intervenção do processo penal se dá sobre um inocente. (LOPES JR, 2005, p. 181)

Repita-se: somente a prova colhida sob o contraditório em seu viés participativo é que poderá servir de base à decisão judicial, a qual deverá expor seus fundamentos, como determina o art. 93, inc. IX, da Constituição da República. Viabiliza-se, nessa perspectiva, a participação das partes na composição do provimento, assegurando-se a eficácia plena do contraditório, além de evidenciar uma atuação jurisdicional imparcial. Por certo, o juiz deve ser fiscal da legalidade dos atos instrutórios, para impedir atuações levianas no comportamento processual das partes.

Outrossim, a qualidade da decisão judicial passa pela compatibilidade e adequação do procedimento ao Estado Democrático de Direito e pela delimitação da estratégia de comprovação empírica das alegações das partes.

Geraldo Prado assinala que

> Ao juiz cabem portanto, em conformidade com as novas regras dos artigos 155, 157, 395, 396 e 397, todos do CPP brasileiro, controlar a correção dos requisitos de verificabilidade dos fatos e assegurar a paridade de armas, para que o processo penal concreto não seja mero

jogo de cena ou cerimônia protocolar, consoante mencionado, ritual que apenas antecederia a imposição do castigo previamente definido pelas forças políticas.

Os citados dispositivos legais veiculam normas que visam dar concretude ordinária ao mandamento constitucional de um processo penal devido e regido pela presunção de inocência.

A renovada estrutura procedimental de processo penal brasileiro contempla etapas de controle da atividade probatória que são indispensáveis, como será visto a seguir, mas a adequação do CPP à Constituição fica esvaziada quando este controle não é exercido pelo juiz.

Em um processo acusatório este controle vertical dos elementos probatórios, que incide sobre as informações aportadas pelas partes, torna-se indispensável não apenas para assegurar a eficácia do contraditório como também para garantir que o processo, como entidade epistêmica, esteja eticamente fundamentado.

O sequenciamento das etapas e o conjunto de práticas de correção, conforme exposto adiante, objetiva demonstrar como o direito processual penal brasileiro comporta dispositivos destinados a adequar-se à dinâmica de execução do mencionado sistema de controles epistêmicos. (PRADO, 2014, p. 44 e ss.)

Restrições a direitos e liberdades são arbitrárias se não motivadas. Nos termos do art. 93, inc. IX, da Constituição da República, todas as decisões dos órgãos do Poder Judiciário serão fundamentadas, sob pena de nulidade. A liberdade do magistrado encontra limites na imprescindibilidade da fundamentação no Estado Democrático de Direito para cumprir suas funções endo e extraprocessual.

Aury Lopes Jr. pontua sobre a fundamentação das decisões judiciais:

> Nesse contexto, a motivação serve para o controle da *racionalidade da decisão judicial*. Não se trata de gastar folhas e folhas para demonstrar jurisdição jurídica (e jurisprudencial) ou discutir obviedades. O mais importante é explicar o porquê da decisão, o que levou a tal conclusão sobre a autoria e a materialidade. A motivação sobre a matéria fática demonstra o *saber* que legitima o *poder*, pois a pena somente pode ser imposta a quem – racionalmente – pode ser considerado o autor do fato criminoso imputado. (LOPES JR., 2014, p. 1097)

É a lição de Marcelo Lessa Bastos:

> O direito à prova é tão importante quanto a garantia do acesso à justiça, porque de nada adiantaria assegurar às partes a possibilidade de trazer suas pretensões ao conhecimento do Poder Judiciário se a essas mesmas

partes não forem assegurados todos os meios de convencer o julgador.

Sabe-se que a demanda se coloca a partir de fatos que são alegados pelas partes, os quais, uma vez comprovados, levarão o juiz a pronunciar o direito, concedendo esta ou aquela pretensão perseguida pelas partes a partir dos fatos controvertidos (*naha me factum, dabo tibi jus*). Daí, inócua seria a garantia de acesso à justiça se não fosse igualmente assegurado às partes o direito à prova dos fatos que alegam. (BASTOS, 2014, p. 69)

Deve ficar claro que todos os elementos colhidos no inquérito ou em qualquer procedimento investigatório preliminar têm de se esgotar com o oferecimento da denúncia, servindo de justa causa para a propositura da ação penal, exercendo o juiz o controle sobre o exercício desse direito, aferindo as condições da ação e os pressupostos processuais. A partir daí, é bem plausível o entendimento de que deve haver a exclusão física do inquérito policial dos autos do processo para garantir a originalidade do julgamento (LOPES JR., 2014).

Isso porque a defesa, via de regra, não participou da elaboração dos elementos no procedimento investigatório. Somente na jurisdição e sob o crivo do contraditório, a colheita da prova se dará com a participação plena das partes, no devido processo legal.

Gustavo Henrique Badaró expõe a respeito:

> Os elementos trazidos pela investigação não constituem, a rigor, provas no sentido técnico-processual do termo, mas informações de caráter provisório, aptas somente a subsidiar a formulação de uma acusação perante o Juiz ou, ainda, servir de fundamento para a admissão dessa acusação e, eventualmente, para a decretação de alguma medida de natureza cautelar. [...] Ainda que não exista regra expressa de exclusão dos elementos de informação colhidos no inquérito policial, tais dados não poderiam servir para o julgamento da causa. (BADARÓ, 2008, p. 63)

Geraldo Prado escreve:

> O processo penal, pois, não deve traduzir mera cerimônia protocolar, um simples ritual que antecede a imposição do castigo previamente definido pelas forças políticas incluindo-se nesta categoria os integrantes do Poder Judiciário.
>
> Ao revés, somente o processo que se caracteriza *ab initio* pela incerteza e que reclama a produção da certeza como meta, porém em seus próprios termos, isto é, em harmonia com preceitos que assegurem a dignidade da pessoa, estará de acordo com o ideal preconizado pela categoria jurídica devido processo legal. (PRADO, 2014, p. 17)

No processo penal em que se legitima, pois, a verdade processual, devem ser resguardadas as providências que assegurem a característica cognitiva da instrução, que não se justifica ou se rende em apenas (re)leitura dos elementos informativos produzidos na persecução penal, sob pena de eliminação ou mesmo perversão desses próprios elementos. A simples ratificação em juízo das declarações prestadas na fase investigativa não é aceitável (LOPES JR., 2014).

A urgência ou a pressão por um processo célere não pode implicar o afastamento da efetiva produção de provas no processo, pois processo é procedimento em que incidem, inexoravelmente, os princípios do contraditório, da ampla defesa, da isonomia, da fundamentação das decisões, do juízo natural, da imparcialidade, da vedação da utilização das provas ilícitas e da razoável duração do procedimento.

Com efeito, em jurisdição, garante-se o contraditório efetivo, com a participação da defesa técnica e com o exercício do direito de presença do defendente, o qual poderá auxiliar seu defensor na formulação de incompatibilidades e incongruências do depoimento testemunhal.

4 Tecnologia e fidedignidade na apreensão e registro da prova testemunhal

Não há como contradizer o fato de que as regras do jogo devem ter primazia sobre qualquer ambição de verdade, seja ela tida como substancial, real ou material (LOPES JR., 2014).

Nos termos do art. 215 do Código de Processo Penal, a redação do depoimento deve reproduzir fielmente as expressões utilizadas pela testemunha.

Indubitavelmente, a prova testemunhal é fator humanizante do processo (LOPES JR., 2014). No entanto, através de novas tecnologias, danos processuais às partes poderão ser minimizados.

Dispõe o art. 405, §1º, do CPP que, sempre que possível, o registro dos depoimentos será feito pelos meios e recursos de gravação magnética, estenotipia, digital ou técnica similar, inclusive audiovisual, com o fim de obter maior fidelidade das informações, proporcionando agilidade e eficiência aos registros. Há previsão da inquirição por videoconferência também no art. 217 do mesmo código.

O art. 185, §§8º e 9º, do CPP prevê que as normas do interrogatório por teleconferência alcançam a realização de outros atos processuais, tais como os depoimentos testemunhais, garantindo-se o acompanhamento do ato processual pelo acusado e seu defensor.

Ademais, no art. 222, §3º, o Código de Processo Penal estabelece que a oitiva de testemunha poderá ser realizada por meio de videoconferência ou outro recurso tecnológico de transmissão de sons e imagens em tempo real, permitindo-se a presença do defensor. Essa transmissão pode ser inclusive realizada durante a realização da audiência de instrução e julgamento, tudo estabelecido na Lei nº 11.900/2009, a qual preserva o princípio do juiz natural. Confere-se economia e celeridade ao processo penal, a despeito das discussões doutrinárias e jurisprudenciais acerca dos princípios da ampla defesa e da publicidade.

A colheita do depoimento através de recursos tecnológicos, já realidade na Justiça Federal e na Justiça Estadual de São Paulo, confere o registro com verossimilhança – com captação de sensações, expressões, gestos e reações através das modernas câmeras –, em avanço à materialização da prova com fidedignidade. É a preservação da prova, com incremento do princípio da publicidade, permitindo o acesso aos atos judiciais pela internet. Note-se a possibilidade de conferência do material produzido e arquivado, no momento recursal, possibilitando um controle da legitimidade do ato judicial instrutório.

Compreenda-se então que transcender um sistema perverso de provas é possível, partindo do entendimento de que

A verdade não é, nem pode ser, senão uma só: aquela que eu, como outros, chamava de verdade formal, não é verdade. Nem eu sabia naquele tempo, que coisa fosse e por que, sobretudo, nem com o processo, nem através de qualquer outro modo, a verdade jamais pode ser alcançada pelo homem. [...] uma rosa é uma rosa [...] porque não é alguma outra flor [...] para conhecer verdadeiramente a rosa, isto é, para chegar à verdade, é necessário conhecer não somente aquilo que ela não é. Por isso a verdade de uma coisa nos foge até que possamos conhecer todas as outras coisas e, assim, não podemos conseguir senão um conhecimento parcial dessa coisa. E quando digo coisa, refiro-me também a um homem. Em síntese, a verdade esta no todo, não na parte; e o todo é demais para nós. (COUTINHO, 2002, p. 174)

Nessa perspectiva, Nereu José Giacomolli escreve com sapiência:

Cabe ao julgador emitir um juízo valorativo no que tange à proposição dos meios de prova, aos meios de busca da prova, à idoneidade dos elementos de prova, à credibilidade das fontes e, por fim, avaliar o resultado probatório. O convencimento há de resultar do que dos autos consta. Livre convencimento vincula-se ao poder decidir sem coação, sem afetação da capacidade de entendimento e determinação do órgão decisor, mas não no sentido de afastar a necessidade de justificação e de ultrapassar as limitações do devido processo. O livre convencimento não dispensa a racionalização fática, jurídica e crítica da prova, na perspectiva do estado de inocência, da licitude e do *in dubio pro reo*. (GIACOMOLLI, 2015, p. 194)

5 Conclusão

Diante da leitura, em audiência de instrução e julgamento, de depoimentos e declarações prestados na fase policial, por iniciativa do Ministério Público, com o beneplácito do juiz, cabe à defesa apresentar desacordo. Essa impugnação deve ser materializada em ata de audiência, com manifestações reiteradas em alegações finais e razões recursais, demonstrando-se a ilicitude da prova produzida com essa metodologia, haja vista que as provas ilícitas são inadmissíveis, devendo ser desentranhadas dos autos, nos termos do art. 157, *caput*, do Código de Processo Penal.

Trata-se de sanção processual prevista na Constituição da República, que visa ao bloqueio do uso de estratégia de alcance de prova – desprezível do ponto de vista jurídico e ético – contrária à constitucionalidade e à legalidade.

De toda forma, pois, o relato da vítima e da testemunha deve ser livre, original e espontâneo, não precedido de leitura de peças da fase investigativa. As partes devem fazer perguntas, inutilizando-se as declarações contaminadas com elementos produzidos na fase investigatória. Não se olvide que a complementação das indagações por parte do magistrado ofende o princípio acusatório.

Cumprindo ao juiz indeferir as provas consideradas irrelevantes, impertinentes ou protelatórias, da mesma forma compete a ele fiscalizar a forma como a prova ingressa no processo. Isso em superação ao mito da verdade real e na assertiva da efetividade dos direitos fundamentais e garantias constitucionais no processo penal. Decerto a consideração de elementos colhidos de forma inquisitorial e em violação ao contraditório não encontra legitimidade no Estado Democrático de Direito.

Nem poderia ser outra a solução: é nula a condenação criminal baseada em elementos produzidos na fase de investigação, ou seja, não produzidos em juízo e com inobservância da garantia constitucional do contraditório.

Reconhece-se que práticas autoritárias persistem na busca de uma verdade incompatível com os critérios da livre narrativa dos testemunhos. Diante disso, do juiz se exige uma postura mais ampliada do processo, não se preocupando com fórmulas e respostas peremptórias e acabadas.

O que se deve buscar no processo penal, no Estado Democrático de Direito, é a reprodução célere dos fatos no tempo e espaço, numa (re)construção dialética e em contraditório, utilizando-se técnicas normativamente preestabelecidas no devido processo constitucional.

Abstract: In Brazilian criminal proceedings, witness deposition is the most exploited kind of proof, submitting the litigants to the remembrance from both, victim and witnesses. Human memory is twistable and can be modified by misleading information, suggestion and imagination. Reading, in court, the statement given in the investigation stage, violates the Constitutional principles of due process of law, the right to adversary proceedings, full defense and the articles 203 and 204 from the criminal procedure law. Proof serves to enable the replenishment of historical event, sustaining persuasive role. Procedure's dialectical nature then arises, structured from symmetrical, critique and equal collaboration by the parties in order to pattern the judgement.

Keywords: Democratic State of Law. Jurisdiction. Accusatory system. Witness evidence. Due process of law. Adversarial proceedings. Full defense. Equal protection.

Referências

ÁVILA, Gustavo Noronha de. *Falsas memórias e sistema penal*: a prova testemunhal em xeque. Rio de Janeiro: Lumen Juris, 2013.

BADARÓ, Gustavo Henrique. *Direito processual penal*. Rio de Janeiro: Elsevier, 2008. t. I.

BASTOS, Marcelo Lessa. *Processo penal e gestão da prova*: a questão da iniciativa instrutória do juiz em face do sistema acusatório e da natureza da ação penal. Rio de Janeiro: Lumen Juris, 2014.

BRASIL. Código de Processo Penal Brasileiro. *Decreto-lei n. 3.689/41*. Brasília: Senado Federal, 1941.

BRASIL. *Constituição da República Federativa do Brasil*. Brasília: Senado Federal, 1988.

BRASIL. Superior Tribunal de Justiça. Habeas Corpus nº 183.696. Rel. Min. Maria Thereza de Assis Moura. *Diário do Judiciário Eletrônico*, Brasília, 27 fev. 2012.

CALAMANDREI, Piero. *Direito processual*: volume III. Campinas: Bookseller, 1999.

COUTINHO, Jacinto. Glosas ao verdade, dúvida e certeza, de Francesco Carnelutti, para os operadores do direito. *In: Anuário Ibero-americano de direitos humanos*. Rio de Janeiro: Lumen Juris, 2002.

DI GESU, Cristina Carla. *Prova penal e falsas memórias*. Dissertação (Mestrado em Ciências Criminais) – Faculdade de Direito, Pontifícia Universidade Católica do Rio Grande do Sul. Porto Alegre, 2008.

GIACOMOLLI, Nereu José. *O devido processo penal*: abordagem conforme a Constituição Federal e o Pacto de São José da Costa Rica. 2. ed. São Paulo: Atlas, 2015.

JARDIM, Afrânio Silva. Bases constitucionais para um processo penal democrático. *In*: JARDIM, Afrânio Silva. *Direito processual penal*. 10. ed. Rio de Janeiro: Forense, 2001.

KHALED JR., Salah H. *A busca da verdade no processo penal*: para além da ambição inquisitorial. São Paulo: Atlas, 2013.

LOPES JR., Aury. *Direito processual penal e sua conformidade constitucional*: volume 1. Rio de Janeiro: Lumen Juris, 2008.

LOPES JR., Aury. *Direito processual penal*. 11. ed. São Paulo: Saraiva, 2014.

LOPES JR., Aury. *Introdução crítica ao processo penal (fundamentos da instrumentalidade garantista)*. 3. ed. Rio de Janeiro: Lumen Juris, 2005.

LOPES JR., Aury. *Sistemas de investigação preliminar*. 3. ed. Rio de Janeiro: Lumen Juris, 2005.

MITTERMAIER, C. J. A. *Tratado da prova em matéria criminal*. Campinas: Bookseller, 2008.

PINTO, Felipe Martins. *Introdução crítica ao processo penal*. Belo Horizonte: Del Rey, 2012.

PRADO, Geraldo. *Prova penal e sistema de controles epistêmicos*: a quebra da cadeia de custódia das provas obtidas por métodos ocultos. São Paulo: Marcial Pons, 2014.

PRADO, Geraldo. *Sistema acusatório*: a conformidade constitucional das leis processuais penais. Rio de Janeiro: Lumen Juris, 2006.

ROSA, Alexandre Morais da. *Guia compacto do processo penal conforme a teoria dos jogos*. Rio de Janeiro: Lumen Juris, 2014.

ROSA, Alexandre Morais da. *Qual a cor do cavalo branco de Napoleão?* Disponível em: <http://www.conjur.com.br/2014-fev-22/diario-classe-qual-cor-cavalo-branco-napoleao>. Acesso em: 23 jun. 2015.

Informação bibliográfica deste texto, conforme a NBR 6023:2002 da Associação Brasileira de Normas Técnicas (ABNT):

FALLEIROS, Thaísa Amaral Braga. A conformidade da prova testemunhal no processo penal brasileiro. In: GONÇALVES, Guilherme Alberto Marinho; HECKERT JÚNIOR, Ival; QUEIROZ JÚNIOR, Antônio Raimundo de Castro (Coord.). *A teoria do direito aplicada*: seleção dos melhores artigos científicos do Programa de Pós-Graduação da Escola Superior de Advocacia da OAB/MG. Belo Horizonte: Fórum, 2016. v. 1. p. 195-218. ISBN 978-85-450-0109-6.

PARTE III

DIREITO TRABALHISTA

A ORGANIZAÇÃO SINDICAL E O PROJETO ACE: CONSTRUÇÃO OU DESCONSTRUÇÃO?

MAÍRA NEIVA GOMES

Sumário: 1 Introdução – **2** A organização no local de trabalho como elemento primordial de desenvolvimento do sindicato – **3** Para se reconhecer um direito é preciso aniquilar outros? – Referências

1 Introdução

O intuito deste pequeno estudo é analisar o projeto de lei apresentado pelo Sindicato dos Trabalhadores Metalúrgicos de São Bernardo do Campo – Sindicato dos Metalúrgicos do ABC Paulista – no início de 2011 ao Poder Executivo Federal, conhecido nos círculos sindicais e jurídicos como projeto ACE.

Para tanto, primeiramente, se buscará analisar a importância das organizações no local de trabalho na construção do sindicalismo e, posteriormente, o impacto do projeto de lei na própria organização sindical.

2 A organização no local de trabalho como elemento primordial de desenvolvimento do sindicato

O embrião do sindicalismo moderno – as corporações de companheiros – nascem ainda no fim do período mercantilista como forma de organizar os trabalhadores assalariados, cujo ingresso nas corporações de ofício, mesmo após a aprendizagem, estava sendo negado.

As corporações de companheiros iniciam a oposição de interesses com relação aos mestres de ofício, ao mesmo tempo em que buscam evitar o uso de mão de obra que não havia passado pelo processo de aprendizagem e que, por isso, se constituía como mão de obra mais barata que era utilizada pelos intermediadores da produção.

Tanto as corporações de companheiros, quanto as corporações de ofício se instalavam e se organizavam dentro dos muros das cidades, onde a produção artesanal se desenvolvia.

Nesse sentido, embora ainda não houvesse um lugar produtivo único, pode-se afirmar que já havia coincidência do lugar da produção – ateliês dentro dos muros da cidade – com o lugar da resistência – corporações de companheiros instaladas também no interior das cidades.

O desenvolvimento da fábrica difusa, como denomina Viana (2003), possibilitou que a produção se organizasse fora da cidade, utilizando mão de obra não qualificada para o processo artesanal e que, por isso, era impedida pelas corporações de companheiros e de ofícios de ingressarem nas cidades.

O movimento luddista, como relata Thompson (2004; 2002a; 2002b), embora tenha buscado resistir, não conseguiu impedir que a produção capitalista se desenvolvesse a partir da utilização de mão de obra desqualificada para o processo artesanal.

Assim, é com a consolidação da fábrica concentrada, antes mesmo da Primeira Revolução Industrial, que surge a ideia de sindicato, tal como o conhecemos hoje. E o sindicato nasce também no mesmo lugar da produção.

Isso porque, como lembra Viana (1996), a concentração fabril para racionalizar e otimizar a produção permite a consolidação da solidariedade coletiva, sentimento que une os trabalhadores para a luta comum e embasa a própria noção de sindicato.

No século XX, o sindicato adquire uma nova dimensão. Ele passa a incorporar a estrutura da democracia representativa liberal. O sindicalismo, então, além de ser reconhecido como instrumento essencial para a articulação dos interesses dos trabalhadores dentro do sistema capitalista, adota formas representativas de poder que o afastam do local de seu nascimento, qual seja, o próprio local da produção.

No entanto, a estrutura burocrática do sindicato, desatrelada do local produtivo, passa a ser contestada pelos próprios trabalhadores em diversos países. Na Itália tal fato ocorre a partir do *operaísmo* das décadas de 1950/1960, como relata Cocco (2001). No Brasil, a partir do fim da década de 1970, com o surgimento do *novo sindicalismo combativo*.

Tanto na Itália, quanto no Brasil e também em outros países, a contestação da representação sindical passa pela ideia de que a democracia deve adotar meios de participação direta dos próprios trabalhadores. E são as organizações nos locais de trabalho – que, na época, ainda não eram reconhecidas juridicamente em ambos os países aqui citados – que efetuam esse movimento.

O núcleo ideológico básico partia da premissa de que a direção dos movimentos operários deveria ser efetuada pelos próprios trabalhadores, os reais conhecedores do processo produtivo. É uma negação ao modelo sindical corporativista baseado na ideia de representação e não incorporação – de fato – dos trabalhadores na estrutura sindical.

As organizações nos locais de trabalho foram essenciais para a aprovação do Estatuto do Trabalhador Italiano, em 1969, e também para o desenvolvimento do sindicalismo combativo brasileiro.

No Brasil, sua importância é reconhecida pelo próprio texto constitucional que, em seu art. 11, prevê como direito fundamental dos trabalhadores a sua existência.[1] Mas qual seria hoje a importância da organização no local de trabalho?

Primeiramente, ela poderia promover a democratização do poder diretivo, propiciando o entendimento direto dos trabalhadores e das empresas com relação às questões cotidianas, como exemplo, a distribuição do espaço e tarefas, a alimentação, a limitação do próprio poder diretivo, inibindo práticas de assédio e de abusos de poder, entre tantas outras possibilidades. Esse é um aspecto de extrema relevância, já que a noção de Estado Democrático de Direito inibe a ideia de poder potestativo que não comporta a manifestação da vontade do outro.

Além disso, ela permitiria ao sindicato um contato mais imediato com os trabalhadores representados, possibilitando a esse compreender a dinâmica produtiva. Mas o que talvez seja o mais importante é o fato de que ela poderia promover uma educação ética sindical constante, que possibilitaria a conscientização, a participação democrática direta e o fortalecimento da noção de pertença de classe.

Não há dúvidas da necessidade de efetividade imediata do direito fundamental dos trabalhadores à organização no local de trabalho. Na realidade, o que torna temeroso o projeto é o custo para os trabalhadores pelo reconhecimento de tal direito.

---

[1] A autora esclarece, embora não seja objeto do presente estudo, que é adepta da ideia da nova hermenêutica constitucional de que os direitos fundamentais consagrados no texto da Constituição possuem eficácia imediata.

3 Para se reconhecer um direito é preciso aniquilar outros?

Na Itália, no início dos anos 2000, o movimento sindical incorporou o discurso de que para preservar postos de trabalho era necessário abrir mão de direitos conquistados historicamente. Assim, parte significativa das entidades sindicais da Itália apoiaram o Decreto Biagi,[2] que efetuou a flexibilização de importantes direitos trabalhistas.

No Brasil, o projeto ACE, apresentado por um sindicato historicamente importante, prevê que os comitês sindicais por empresa realizem negociações trabalhistas, tendo como único limite os direitos previstos no art. 7º do texto constitucional.

Além das preocupações que a doutrina e diversos segmentos da sociedade organizada[3] já vêm levantando com relação à possibilidade de flexibilização trabalhista, há alguns outros aspectos negativos que devem ser debatidos.

Primeiramente, a justificativa do projeto adota um discurso de flexibilização trabalhista que também estava presente no momento das reformas efetuadas no fim da década de 1990. Considerar a CLT "velha, detalhista, ultrapassada ou um presente de Getúlio Vargas", tal como é apresentada na cartilha amplamente distribuída pelo Sindicato dos Metalúrgicos de São Bernardo do Campo e Região, não é negar a própria construção de direitos pelos trabalhadores?

Ora, a CLT também é fruto de ampla mobilização que os trabalhadores brasileiros efetuaram no fim da década de 1910. Ela consolidou diversas normas oriundas de conquistas já realizadas pelos trabalhadores. Essa história não pode ser negada pelo próprio movimento sindical, sob pena de este perder sua identidade de classe.

A segunda grande preocupação é com relação à própria organização sindical. O projeto prevê a criação de comitês sindicais por empresa, uma forma de organização de extrema importância que é adotada pelo Sindicato dos Metalúrgicos de São Bernardo do Campo e Região.

Essa forma de organização remonta ao antigo SUR – Sistema Único de Representação – que surgiu com as oposições sindicais do fim da década de 1970, no ABCD paulista, e muito influenciou o novo sindicalismo combativo.

---

[2] Nº 276/2003.

[3] Comunidade acadêmica, vários setores do movimento sindical, inclusive da própria CUT, membros do Ministério Público do Trabalho e do Judiciário Trabalhista.

É um sistema de representação que se incorpora na estrutura administrativa do sindicato, mas cujas raízes foram lançadas em outro período histórico. Na época do surgimento dessas organizações espontâneas por local de trabalho, a organização produtiva ainda seguia, no Brasil, a lógica taylorista/fordista de grande concentração operária em poucas plantas fabris. Isso possibilitou a formação de um profundo sentimento de solidariedade de classe entre os trabalhadores, que permitiu o fortalecimento de tais organizações.

Mas o momento histórico de hoje é outro. A fábrica não é mais concentrada, ela é fragmentada, dispersa. Além disso, a grande massa trabalhadora não se encontra mais no ambiente fabril e sim espalhada em diversos outros ramos econômicos.

Diante de tal realidade, seria possível, nos dias de hoje, construir organizações fortes, com grande poder de pressão que impediriam a flexibilização de direitos? Além disso, impor uma forma de organização, típica do ambiente fabril concentrado, a todo conjunto da classe trabalhadora não feriria o princípio da liberdade e autonomia sindical, impedindo que as especificidades da organização do mundo do trabalho e da própria cultura das diversas categorias espalhadas por todo o Brasil definissem a sua melhor forma de organização?

A necessidade de reconhecimento dos comitês sindicais por empresa pelos sindicatos e pelo Ministério do Trabalho e Emprego, tal como previsto no projeto, também não violaria a liberdade sindical, nos moldes consagrados pelo texto constitucional e pela Convenção nº 98 da OIT, além dos princípios políticos de liberdade de organização dos próprios trabalhadores, que tanto marcaram o novo sindicalismo combativo?

Por fim, em um governo eleito pelos trabalhadores, não se deveria pensar em construção de direitos e não flexibilização destes? As bandeiras históricas do movimento sindical não podem ser abandonadas no momento atual. O tema trabalhista deve ser central. Mas isso não depende apenas do Governo Federal, é necessário que o próprio movimento sindical se recoloque como centralidade governamental, sem que outras bandeiras dos movimentos sociais se percam, mas propiciando a conjugação de interesses da classe trabalhadora.

Referências

COCCO, Giuseppe. Introdução. *In*: LAZZARATO, Maurizio; NEGRI, Antonio. *Trabalho imaterial*: formas de vida e produção da subjetividade. Rio de Janeiro: DP & A, 2001.

DELGADO, Maurício José Godinho. *Curso de direito do trabalho*. São Paulo: LTR, 2013. 1504 p.

GOMES, Maíra Neiva; VIANA, Márcio Túlio. O negociado sobre o legislado II: a aventura continua. *In*: SILVEIRA, Vladmir Oliveira da *et al*. (Org.). *Anais do XX Encontro Nacional do CONPEDI* – Democracia e reordenação do pensamento jurídico: compatibilidade entre a autonomia e a intervenção estatal. Florianópolis: Fundação Boiteux, 2011.

HOBSBAWM, Eric J. *Era dos extremos*: o breve século XX – 1914 – 1991. 2. ed. Tradução de Marcos Santarrita. São Paulo: Companhia das Letras, 1995. 598 p.

HUBERMAN, Leo. *História da riqueza do homem*. 2. ed. rev. Tradução de Waltensir Dutra. Rio de Janeiro: LTC, 2006. 285 p.

PISTORI, Gerson Lacerda. *História do direito do trabalho*: um breve olhar sobre a idade média. São Paulo: Ltr, 2007. 136 p.

THOMPSON, E. P. *A formação da classe operária*: a árvore da liberdade. 4. ed. Tradução de Denise Bottmann. Rio de Janeiro: Paz e Terra, 2004. 204 p. v. 1.

THOMPSON, E. P. *A formação da classe operária*: a força dos trabalhadores. 3. ed. Tradução de Denise Bottmann. Rio de Janeiro: Paz e Terra, 2002a. 440 p. v. 3.

THOMPSON, E. P. *A formação da classe operária*: a maldição de Adão. 4. ed. Tradução de Renato Neto e Cláudia Rocha de Almeida. Rio de Janeiro: Paz e Terra, 2002b. 347 p. v. 2.

VIANA, Márcio Túlio. *Direito de resistência* – Possibilidades de autodefesa do empregado em face do empregador. 1. ed. São Paulo: LTR, 1996. 456 p.

VIANA, Márcio Túlio. Terceirização e sindicato: um enfoque para além do jurídico. *LTR – Revista Legislação do Trabalho*, São Paulo, ano 67, n. 7, p. 775-790, jul. 2003.

Informação bibliográfica deste texto, conforme a NBR 6023:2002 da Associação Brasileira de Normas Técnicas (ABNT):

GOMES, Maíra Neiva. A organização sindical e o projeto ACE: construção ou desconstrução?. In: GONÇALVES, Guilherme Alberto Marinho; HECKERT JÚNIOR, Ival; QUEIROZ JÚNIOR, Antônio Raimundo de Castro (Coord.). *A teoria do direito aplicada*: seleção dos melhores artigos científicos do Programa de Pós-Graduação da Escola Superior de Advocacia da OAB/MG. Belo Horizonte: Fórum, 2016. v. 1. p. 221-226. ISBN 978-85-450-0109-6.

A SÚMULA Nº 277 DO TST, A ULTRATIVIDADE LIMITADA POR REVOGAÇÃO DAS NORMAS COLETIVAS E A SUA APLICAÇÃO RETROATIVA

CARULINA DE FREITAS CHAGAS

Resumo: Recentemente o Tribunal Superior do Trabalho (TST) alterou a redação da Súmula nº 277, manifestando claramente sua adesão à teoria da aderência limitada por revogação, ou teoria da ultratividade relativa das normas originárias de negociação coletiva aos contratos de trabalho. Essa alteração foi alvo de inúmeras críticas e questionamentos diversos, dentre os quais destacam-se o referente ao qual a teoria da aderência das normas coletivas deveria ter sido objeto da súmula, bem como o referente à aplicação retroativa dos efeitos da nova redação dessa súmula. O presente artigo visa demonstrar que o TST agiu corretamente ao determinar, em julgamento de recurso de revista, por meio da modulação dos efeitos da aplicação da nova redação da Súmula nº 277, que esta só terá aplicação para as negociações coletivas posteriores à sua publicação, não sendo dotada de efeito retroativo. Será demonstrado que tal decisão revelou-se a mais adequada, pois privilegiou e resguardou o princípio constitucional da segurança jurídica, harmonizando-o ao novo entendimento manifestado pela nova redação da Súmula nº 277.

Palavras-chave: Súmula nº 277. Aderência limitada por revogação. Retroatividade. Princípio da segurança jurídica. Modulação dos efeitos.

Sumário: 1 Introdução – **2** A negociação coletiva trabalhista – **3** O acordo coletivo de trabalho e a convenção coletiva de trabalho – **4** A evolução do entendimento do Tribunal Superior do Trabalho sobre a ultratividade das normas coletivas trabalhistas – **5** A nova redação da Súmula nº 277 e a polêmica sobre a aderência das normas coletivas aos contratos de trabalho – **6** A retroatividade da ultratividade e o princípio da segurança jurídica – Acórdão do TST, em sede de recurso de revista, nos autos do Processo nº 37500-76.2005.5.15.004 – **7** Conclusão – Referências

1 Introdução

O presente artigo visa desenvolver um estudo acerca da Súmula nº 277 do Tribunal Superior do Trabalho (TST), a qual versa sobre a aplicação temporal das normas oriundas da negociação coletiva do trabalho, especificamente dos acordos e convenções coletivas do trabalho, e da sua eficácia e ultratividade.

Por meio da nova redação conferida à mencionada súmula, dispondo que as normas oriundas de negociação coletiva integram os contratos de trabalho, vigorando até que sejam renovadas ou suprimidas por negociação coletiva posterior, o TST manifestou brusca mudança do entendimento que até então vinha adotando. Embora a alteração do entendimento tenha ocorrido em setembro de 2012, este ainda se encontra envolto em discussões jurisprudenciais e doutrinárias, as quais estão longe de ter fim ou solução unânime.

Pretende-se, por meio deste estudo, demonstrar ao final que, a par das discussões existentes, o entendimento que se mostra mais adequado é justamente aquele manifestado pela nova redação da súmula, atualmente vigente, a qual não terá, contudo, efeitos retroativos, como forma de assegurar observância e fiel cumprimento ao princípio da segurança jurídica.

Para construir esse raciocínio, será feito previamente um breve estudo acerca da negociação coletiva trabalhista, bem como sobre os dois principais instrumentos que ela visa produzir: acordo coletivo de trabalho e convenção coletiva de trabalho. Serão analisados os tipos principais de cláusulas que esses diplomas normativos contêm, bem como a necessidade trazida pela própria Consolidação das Leis do Trabalho de que eles tenham prazo de vigência.

Ultrapassada essa etapa, será avaliada a evolução de entendimentos já adotados pelo TST acerca da aplicação temporal das normas resultantes de negociação coletiva, bem como as teorias doutrinárias existentes para explicar e defender como deve se dar a sua aplicação temporal, tendo em vista que a questão encontra divergência doutrinária e mesmo jurisprudencial, embora haja súmula a respeito.

Serão expostos os principais e mais comuns argumentos apresentados contrariamente e a favor da adoção, pela nova redação da Súmula nº 277, da teoria da ultratividade limitada por revogação, apontando-se que essa redação se mostra a mais adequada às normas e aos princípios trabalhistas, sendo a que melhor harmoniza os interesses das partes que normalmente participam das negociações.

Ao final, por meio da exposição da discussão doutrinária existente sobre a retroatividade dos efeitos da nova redação da súmula, bem como pela análise de um caso prático, relativo a julgamento de recurso de revista pelo TST, pretende-se demonstrar que esses efeitos não devem ter aplicação retroativa, incidindo somente nas negociações coletivas posteriores à alteração da redação da súmula, sob pena de violar o princípio da segurança jurídica.

2 A negociação coletiva trabalhista

A nova ordem constitucional, inaugurada com a Constituição da República de 1988 (CR/88), deu grande ênfase ao processo de produção autônoma de normas trabalhistas, efetivado por meio da negociação coletiva trabalhista. Expressamente declarou seu reconhecimento aos acordos e às convenções coletivas de trabalho,[1] elevando-os ao patamar de direitos e garantias fundamentais, na categoria dos direitos sociais. Nesse sentido, destacou o Ministro Maurício Godinho Delgado:

> A Constituição, em seus artigos 8º até o 11, implementou, efetivamente, o mais relevante avanço democrático no Direito Coletivo brasileiro, desde a década de 1930. [...] reconheceu os instrumentos jurídicos clássicos da negociação coletiva, CCT e ACT (art. 7º, XXVI), conferindo-lhes amplos poderes (art. 7º, VI, XIII e XIV), ressalvada a obrigatoriedade da participação dos sindicatos obreiros na dinâmica negocial coletiva (art. 8º, VI). (DELGADO, 2013, p. 1415)

No contexto da evolução histórica e social do direito do trabalho, marcada pela intensa luta da classe obreira por melhores condições de trabalho e por um leque mais amplo de direitos trabalhistas, a negociação coletiva sempre teve papel de extrema importância. Bruno Ferraz Hazan, citando Amauri Mascaro Nascimento, destaca essa importância:

> Negociação coletiva é forma de desenvolvimento do poder normativo dos grupos sociais segundo uma concepção pluralista que não reduz à formação do direito positivo à elaboração do Estado. É a negociação destinada à formação consensual de normas e condições de trabalho

---

[1] "Art. 7º São direitos dos trabalhadores urbanos e rurais, além de outros que visem à melhoria de sua condição social: [...] XXVI - reconhecimento das convenções e acordos coletivos de trabalho".

que serão aplicadas a um grupo de trabalhadores e empregadores (NASCIMENTO, 2001, p. 539). É possível, ainda, aduzir outra função da negociação, a criação de normas que serão aplicadas às relações individuais de trabalho, desenvolvidas no âmbito da sua esfera de aplicação. Essa é sua função precípua, presente desde as primeiras negociações sobre tarifas, nas relações de trabalho dos países europeus, destinadas a fixar o preço do trabalho. *A sua importância, como fonte de regulamentação dos contratos individuais de trabalho, é das maiores, sendo essa sua missão, e por si só justificadora de sua existência.* (NASCIMENTO, 2000, p. 308 *apud* HAZAN, 2009, p. 34, grifos do original)

E é no papel da negociação trabalhista que reside um dos inúmeros marcos característicos do direito do trabalho, pois nesse ramo jurídico especializado, além do caráter protetivo que todas as normas dedicam ao empregado, inclusive as de origem estatal, é conferido às partes empregadora e empregado, por delegação constitucional e também legal, o papel de produzir as normas que irão reger suas próprias relações de trabalho, não ficando esse papel a cargo exclusivamente do Estado. Trata-se de uma participação ativa das partes, a qual certamente decorreu da histórica luta de classes que marca o surgimento e a evolução, não só da formação da classe obreira, mas também do próprio direito do trabalho, principalmente no seu aspecto coletivo.

O papel normativo autônomo exercido por meio da negociação coletiva tem por objetivo essencial a produção de dois tipos principais de instrumentos normativos: o acordo coletivo do trabalho e a convenção coletiva de trabalho. Esses são os diplomas que poderão ser produzidos ao final de uma negociação coletiva bem-sucedida, na qual as partes, por meio de concessões recíprocas, chegam a um acordo quanto à regulamentação das condições que serão aplicáveis às respectivas relações contratuais de trabalho.

Porém, não são raras as situações nas quais as partes negociantes não conseguem chegar a um consenso. Nessas hipóteses, visando à solução da controvérsia e à finalização do processo de negociação coletiva iniciado, recorre-se ao Poder Judiciário para que este solucione a questão.

Assim, é instaurado o dissídio coletivo, ao final do qual a Justiça do Trabalho estabelece, por meio de sentença e a partir das reivindicações apresentadas pelas partes suscitante e suscitada, quais serão as condições a reger as respectivas relações de trabalho. Essa sentença é especialmente denominada sentença normativa. E tal denominação justifica-se: ao mesmo tempo em que se trata de um provimento jurisdicional, ela contém cláusulas prevendo direitos e obrigações, que regerão as relações das partes na ação. Por tal razão, é amplamente difundida no ramo do direito processual do trabalho a sua precisa e completa definição como sendo *corpo de sentença e alma de lei*, conforme encontrado em Hazan (2009).[2] Contudo, embora seja também um instrumento normativo decorrente da negociação coletiva, ainda que de forma indireta e não propriamente elaborado pelas partes às quais se aplicará, a sentença normativa não é o foco principal desse artigo. Assim, não detalharemos, nesse artigo, o seu estudo.

Quanto à importância da negociação coletiva trabalhista no cenário juslaboral, vale citar também o destaque conferido pelo Ministro Maurício Godinho Delgado:

> A *negociação coletiva* é um dos mais importantes métodos de solução de conflitos existentes na sociedade contemporânea. Sem dúvida, é o mais destacado no tocante a *conflitos trabalhistas de natureza coletiva*. [...] a negociação coletiva enquadra-se no grupo dos instrumentos de autocomposição. [...] Contudo, é formula autocompositiva essencialmente *democrática*, gerindo interesses profissionais e econômicos de significativa relevância social. Por isso não se confunde com a *renúncia* e muito menos com a *submissão*, devendo cingir-se, essencialmente, à *transação* (por isso fala-se em *transação coletiva negociada*). É claro que a negociação coletiva, sendo dinâmica social relativamente complexa, relaciona-se, comumente, a algumas das citadas fórmulas heterocompositivas ou mesmo autocompositivas. É o que se verifica com a mediação, a greve e a arbitragem (embora esta ainda não seja frequente nas negociações coletivas verificadas no Brasil). Esses três mecanismos podem ser considerados, desse modo, *instrumentos-meios* da negociação coletiva trabalhista. (DELGADO, 2013, p. 1405-1406, grifos nossos)

Logo adiante, traz ainda a ideia de que o acordo coletivo de trabalho e a convenção coletiva de trabalho são *instrumentos-fins* da negociação coletiva:

---

[2] Nesse sentido, Bruno Hazan, citando Maurício Godinho Delgado, expõe que: "Distingue-se, entretanto, a sentença normativa da sentença clássica, no que concerne à sua substância, o seu conteúdo. É que ela não traduz a aplicação de uma norma jurídica existente sobre relação fático-jurídica configurada (como verificado nas sentenças clássicas); não é, por isso, rigorosamente, exercício de poder jurisdicional. Ela, na verdade, expressa, ao contrário, a própria criação de normas jurídicas gerais, abstratas, impessoais, obrigatórias, para incidência sobre as relações *ad futurum*. Por essa razão, a sentença normativa, do ponto de vista material (isto é, substantivamente, sob a ótica de seu conteúdo), equipara-se à lei em sentido material. Em decorrência dessa dualidade, que lhe é atávica, é que Calamandrei produziu a hoje clássica referência à sentença normativa como 'corpo de sentença, alma de lei'" (HAZAN, 2009, p. 34-35).

Por sua vez, a negociação tem, é claro, seus *instrumentos-fins*, aqueles que consumam o sucesso da dinâmica negocial. Trata-se, no Brasil, da convenção coletiva de trabalho e do acordo coletivo de trabalho (o contrato coletivo do trabalho é figura ainda não institucionalizada no país). (DELGADO, 2013, p. 1405) (Grifos nossos)

Esses dois principais instrumentos, intitulados por Delgado (2013) de instrumentos-fins da negociação coletiva, serão estudados mais detalhadamente no item seguinte.

3 O acordo coletivo de trabalho e a convenção coletiva de trabalho

Para que bem se compreenda o presente estudo, é imprescindível uma análise prévia, ainda que breve, sobre diplomas negociais coletivos do acordo coletivo do trabalho e da convenção coletiva do trabalho, os quais, conforme visto anteriormente, são os instrumentos-fins de toda negociação coletiva.

Iniciado o processo de negociação coletiva, com a participação do ente sindical representativo da categoria profissional, bem como do ente representativo da categoria econômica, ou, ainda, participação direta do próprio empregador, o que se busca, ao final da negociação, mediante concessões recíprocas das partes, é a elaboração das condições de trabalho que lhes serão aplicadas, instrumentalizadas no acordo ou na convenção coletiva de trabalho.

A CLT traz o conceito de convenção coletiva do trabalho em seu art. 611. Vejamos:

Art. 611. Convenção Coletiva de Trabalho é o acordo de caráter normativo, pelo qual dois ou mais Sindicatos representativos de categorias econômicas e profissionais estipulam condições de trabalho aplicáveis, no âmbito das respectivas representações, às relações individuais de trabalho. (BRASIL, 1943)

Quanto à natureza jurídica das condições de trabalho avençadas por meio das convenções coletivas de trabalho, o Ministro Maurício Godinho Delgado explica com precisão:

As convenções coletivas, embora de origem privada, criam regras jurídicas (*normas autônomas*), isto é, preceitos gerais, abstratos e impessoais, dirigidos a normatizar situações *ad futurum*. Correspondem, consequentemente, à noção de *lei em sentido material*, traduzindo *ato-regra* (*Duguit*) ou *comando abstrato*. São, desse modo, do ponto de vista substantivo (ou seja, de seu conteúdo), diplomas desveladores de inquestionáveis regras jurídicas (embora existam também no seu interior *cláusulas contratuais...*). (DELGADO, 2013, p. 1412)

O acordo coletivo de trabalho, por sua vez, muito se assemelha à convenção coletiva, diferenciando-se pela dispensabilidade da participação do sindicato representativo da categoria econômica e, consequentemente, pela sua menor abrangência. A CLT assim o define:

Art. 611. [...]

§1º É facultado aos Sindicatos representativos de categorias profissionais celebrar Acordos Coletivos com uma ou mais empresas da correspondente categoria econômica, que estipulem condições de trabalho, aplicáveis no âmbito da empresa ou das empresas acordantes às respectivas relações de trabalho. (BRASIL, 1943)

Aqui também importa citar as lições de Maurício Godinho Delgado quanto à natureza das disposições contidas em um acordo coletivo de trabalho:

Do ponto de vista formal, traduzem acordo de vontades (contrato *lato sensu*) – à semelhança das convenções –, embora com especificidade no tocante aos sujeitos pactuantes e âmbito de abrangência. Do ponto de vista substantivo (seu conteúdo), também consubstanciam diplomas reveladores de regras jurídicas típicas, qualificadas por serem gerais (em seu âmbito mais delimitado, é verdade), abstratas e impessoais, sendo também dirigidas à regulação *ad futurum* de relações trabalhistas. (DELGADO, 2013, p. 1413)

A partir dessas definições constatam-se algumas diferenças entre as convenções coletivas de trabalho e os acordos coletivos de trabalho.

Inicialmente, mencione-se que nos acordos coletivos de trabalho não há a participação do ente sindical representante da categoria econômica, mas, tão somente, e por imposição constitucional,[3] a do sindicato representante da categoria profissional.

Outra diferença é quanto ao âmbito de abrangência desses diplomas negociais. A convenção coletiva tem aplicação mais ampla

---

[3] "Art. 8º É livre a associação profissional ou sindical, observado o seguinte: [...] VI - é obrigatória a participação dos sindicatos nas negociações coletivas de trabalho".

que o acordo coletivo, e por contar com a participação do sindicato representativo da categoria econômica, aplica-se a toda a sua área de abrangência, atingindo todos os empregadores que se enquadrem na atividade econômica envolvida.

O acordo coletivo, por sua vez, tem abrangência apenas no âmbito de atuação das empresas pactuantes, não se estendendo às demais empresas integrantes da mesma categoria econômica, que não participaram da negociação e não foram representadas pela participação do respectivo sindicato patronal.

No tocante ao conteúdo, não paira dúvida acerca do fato de que ambos os instrumentos se encontram aptos a regular os mesmos temas, sem qualquer distinção ou hierarquia.

A par das diferenças mencionadas, o principal fator a aproximar esses dois diplomas negociais é serem instrumentos normativos trabalhistas elaborados pela participação direta das próprias partes às quais serão aplicados, e cujas relações laborais serão por eles regidas. Essa condição os classifica como inquestionáveis fontes formais autônomas do direito do trabalho.[4]

3.1 Do conteúdo obrigatório e das espécies de cláusulas estipulados nos acordos e convenções coletivas de trabalho

A CLT especificou o conteúdo mínimo obrigatório que deve ser observado tanto pelas convenções coletivas de trabalho quanto pelos acordos coletivos de trabalho. Nesse sentido, cite-se o seu art. 613:

Art. 613. As Convenções e os Acordos deverão conter obrigatoriamente:
I - Designação dos Sindicatos convenentes ou dos Sindicatos e empresas acordantes;
II - *Prazo de vigência*;
III - Categorias ou classes de trabalhadores abrangidas pelos respectivos dispositivos;
IV - Condições ajustadas para reger as relações individuais de trabalho durante sua vigência;

---

[4] Fontes formais autônomas, conforme os ensinamentos de Maurício Godinho Delgado, "seriam as regras cuja produção caracteriza-se pela imediata participação dos destinatários principais das regras produzidas. [...] As regras autônomas – *caso coletivamente negociadas e construídas* – consubstanciam um autodisciplinamento das condições de vida e trabalho pelos próprios interessados, tendendo a traduzir um processo crescente de democratização das relações de poder existentes na sociedade" (DELGADO, 2011, p. 1308-1309).

V - Normas para a conciliação das divergências sugeridas entre os convenentes por motivos da aplicação de seus dispositivos;

VI - Disposições sobre o processo de sua prorrogação e de revisão total ou parcial de seus dispositivos;

VII - Direitos e deveres dos empregados e empresas;

VIII - Penalidades para os Sindicatos convenentes, os empregados e as empresas em caso de violação de seus dispositivos.

Parágrafo único. As convenções e os Acordos serão celebrados por escrito, sem emendas nem rasuras, em tantas vias quantos forem os Sindicatos convenentes ou as empresas acordantes, além de uma destinada a registro. (BRASIL, 1943, grifos nossos)

Nada impede, porém, que sejam tratados nesses instrumentos negociais outros assuntos não mencionados nesse dispositivo celetista.[5] Dessa forma, vários aspectos das relações de emprego poderão ser abordados nesses diplomas negociais. Esses diplomas podem prever, ainda, conteúdo destinado aos próprios sujeitos pactuantes do instrumento coletivo.

Nesse contexto, é importante conhecer os dois tipos principais de cláusulas previstas nos acordos e nas convenções coletivas de trabalho: cláusulas normativas e cláusulas obrigacionais.

As cláusulas normativas constituem o objeto principal dos diplomas negociais coletivos. São, propriamente, as cláusulas que regulam os direitos e as obrigações trabalhistas que regerão as relações de trabalho entre todos os vinculados por aquele acordo ou convenção.

Por sua vez, as cláusulas obrigacionais são destinadas aos signatários do instrumento coletivo, às partes sindicais que celebram o convênio, e não propriamente contemplam direito ou obrigação trabalhista destinado a reger relação empregatícia.

Nesse sentido, Bruno Hazan destaca que:

As cláusulas denominadas *obrigacionais* são aquelas que estipulam direitos e obrigações apenas aos sujeitos coletivos convenentes (no caso de convênios coletivos) ou suscitantes (no caso de sentença normativa), vale dizer, sindicatos e/ou empresas. Normalmente, são cláusulas

---

[5] Desde, é claro, que observem o disposto nos arts. 9º e 444 da CLT. Vejamos:
"Art. 9º. Serão nulos de pleno direito os atos praticados com o objetivo de desvirtuar, impedir ou fraudar a aplicação dos preceitos contidos na presente Consolidação".
"Art. 444. As relações contratuais de trabalho podem ser objeto de livre estipulação das partes interessadas em tudo quanto não contravenha às disposições de proteção ao trabalho, aos contratos coletivos que lhes sejam aplicáveis e às decisões das autoridades competentes".

que estabelecem obrigações recíprocas, acessórias ao pacto, a fim de facilitarem sua aplicação e seu cumprimento. Possuem, assim, natureza contratual, gerando efeitos apenas às partes pactuantes (*inter pars*). [...] Já as cláusulas denominadas *normativas* são aquelas que realmente estipulam condições de trabalho a serem aplicadas às categorias, no limite das respectivas representações, possuindo, portanto, efeitos *erga omnes*. Por estabelecerem preceitos gerais, abstratos e impessoais, direcionados a reger as relações individuais de trabalho, possuem natureza normativa. (HAZAN, 2009, p. 54-55)

É importante destacar, também, que, por serem fontes formais autônomas do direito do trabalho, quando houver conflito na aplicação de acordos e convenções coletivas com outras normas justrabalhistas, todas aplicáveis à mesma situação fática, deverá ser observado o critério hierárquico especial trabalhista. Esse critério, diversamente do civilista, privilegia e valida a aplicação da norma mais favorável ao empregado. A CLT, no seu art. 620, expressamente estabelece que sendo o conflito entre um acordo coletivo e uma convenção coletiva, prevalecerão as normas da convenção: "as condições estabelecidas em Convenção, quando mais favoráveis, prevalecerão sobre as estipuladas em acordo". A expressão "mais favoráveis" faz remissão à aplicação prática do princípio da norma mais favorável ao empregado.[6]

3.2 Do prazo de vigência dos acordos e convenções coletivos de trabalho

A CLT, conforme visto, cuidou de estabelecer o conteúdo obrigatório que deve ser observado tanto pelas convenções coletivas de trabalho quanto pelos acordos coletivos de trabalho, conforme disposto no já citado art. 613.

---

[6] Está claro, portanto, que a Constituição determina a preponderância da convenção coletiva sobre o acordo coletivo, como fórmula para se cumprir o princípio da norma mais favorável, afastando-se o critério geral oriundo do direito civil. Porém, se o acordo coletivo for mais favorável, ele há de prevalecer, evidentemente. A lógica normativa justrabalhista explica-se: *é que interessa ao direito coletivo valorizar os diplomas negociais mais amplos* (como as convenções coletivas), *pelo suposto de que contêm maiores garantias aos trabalhadores*. Isso ocorre porque a negociação coletiva no plano estritamente empresarial (como permite o ACT, embora com o reforço participatório do sindicato) inevitavelmente reduz a força coletiva dos obreiros: aqui eles não agem, *de fato*, como categoria, porém como mera comunidade específica de empregados. A propósito, não é por outra razão que o sindicalismo de empresa é considerado uma via de submissão sindical à força do polo empregador (DELGADO, 2013).

Importa destacar que esse dispositivo dispõe acerca do conteúdo mínimo a ser observado nos acordos e convenções coletivas de trabalho, exigindo-se a fixação do prazo de vigência das convenções e acordos coletivos. Esse prazo, nos termos do art. 614, §2º, da CLT, corresponde a 2 (dois) anos: "Não será permitido estipular duração de Convenção ou Acordo superior a 2 (dois) anos".

Nesse contexto, de extrema importância é o estudo da aplicação temporal das normas originadas da negociação coletiva aos vigentes contratos de trabalho firmados entre os empregadores e empregados aos quais elas se aplicarão.[7] Embora a CLT seja expressa ao fixar prazo de vigência máximo de 2 anos, a doutrina mostra-se polêmica quanto à aplicação temporal das normas coletivas, havendo 3 (três) teorias para explicar como ocorre a aderência das normas coletivas aos contratos de trabalho que regem.

Nesse ínterim, é importante diferenciar as cláusulas normativas das cláusulas obrigacionais, pois há entendimento de que apenas as cláusulas normativas irão aderir, ou não (conforme a teoria adotada), aos contratos de trabalho. Vejamos:

> As cláusulas obrigacionais não possuem natureza normativa e, ainda, por serem direcionadas aos sujeitos signatários do instrumento (ou suscitantes do dissídio coletivo), não se inserem nos contratos individuais de trabalho [...]. Já as cláusulas normativas, que possuem um nítido conteúdo normativo, estabelecem regras a serem aplicadas aos trabalhadores por seus empregadores. Assim, integram e se projetam nos contratos individuais de trabalho [...]. Como a celeuma relativa à aderência contratual dos instrumentos normativos se dá no que tange ao potencial da *norma* coletiva em aderir, ou não, a um determinado contrato de trabalho, tem-se que o debate se limita às cláusulas *normativas* dos instrumentos coletivos, já que somente estas é que integrarão aos contratos de trabalho. (HAZAN, 2009. p. 55-56)

Por outro lado, quanto às teorias que versam sobre a aplicação temporal dos acordos e convenções coletivas de trabalho aos respectivos

---

[7] Essa aplicação temporal das normas coletivas aos contratos de trabalho refere-se à discussão acerca da ultratividade dessas normas. Nos dizeres dos ministros do TST Maurício Godinho Delgado, Kátia Magalhães Arruda e Augusto César Leite de Carvalho, a ultratividade pode ser assim explicada: "a norma coletiva de trabalho é ultra-ativa, ou reveste-se de ultra-atividade, quando continua eficaz após o seu termo final de vigência" (ARRUDA; CARVALHO; DELGADO, 2012, p. 2).

contratos de trabalho, o Ministro Maurício Godinho Delgado destaca a existência de três. São elas:

> *A) Aderência Irrestrita (ultratividade plena)* – [...] sustenta que os dispositivos de tais diplomas ingressam para sempre nos contratos individuais, não mais podendo deles ser suprimidos. Na verdade, seus efeitos seriam aqueles inerentes às cláusulas contratuais, que se submetem à regra do art. 468 da CLT. Trata-se, na verdade, de conferir ultratividade plena aos dispositivos negociais coletivos no tocante aos contratos de trabalho por ele regidos. [...]
>
> *B) Aderência Limitada pelo Prazo (sem ultratividade)* – Em polo oposto à antiga vertente situa-se a posição interpretativa que considera que os dispositivos dos diplomas negociados vigoram no prazo assinado a tais diplomas, não aderindo indefinidamente a eles (*aderência limitada pelo prazo*). Aplicar-se-ia, aqui, o mesmo critério do texto original da Súmula 277, TST (embora esta se dirigisse à sentença normativa, como se sabe). Tal vertente teve prestígio significativo na jurisprudência por cerca de 25 anos, desde 1988, certamente pelo fato de ter assimilado o caráter de norma jurídica hoje inerente aos dispositivos convencionais.
>
> *C) Aderência Limitada por Revogação (ultratividade relativa)* – Entre as duas vertentes interpretativas, há a que defende a aderência limitada por revogação. É a posição tecnicamente mais correta e doutrinariamente mais sábia – embora não fosse, reconheça-se, prestigiada de modo notável na jurisprudência entre 1988 até fins da primeira década do novo século. Em 2008, entretanto, a partir de decisões da Seção de Dissídios Coletivos do TST em sentenças normativas, começou a despontar com energia na jurisprudência da Corte Superior Trabalhista, alcançando o *status* de Precedente Normativo 120 da SDC em 2011 e finalmente, texto explícito renovado da Súmula 277 do TST. (DELGADO, 2013, p. 1432-1433, grifos do original)

O TST já manifestou, ao longo dos tempos, a opção por duas dessas teorias, tendo alterado recentemente o entendimento que vinha adotando há décadas, conforme será demonstrado no próximo tópico.

4 A evolução do entendimento do Tribunal Superior do Trabalho sobre a ultratividade das normas coletivas trabalhistas

Conforme visto anteriormente, a CLT exige como conteúdo obrigatório nos ACT e nas CCT a fixação do prazo de duração do instrumento. Esse prazo não poderá ser superior a 2 anos. Ademais, ao estabelecer o conteúdo obrigatório dos diplomas negociais coletivos, em seu art. 613, exige, além do prazo de vigência, a fixação de procedimento para revisão e prorrogação das cláusulas.[8] E, mais adiante, no art. 615, traça as regras para esse procedimento.[9]

A intenção do legislador ao estabelecer esse prazo determinado era fomentar a constante e periódica negociação coletiva, permitindo que, frequentemente, as partes pudessem reavaliar o que foi pactuado e fazer os necessários ajustes, mantendo ou alterando as condições, conforme julgassem necessário, e entrassem em acordo. Assim, as condições pactuadas poderiam ser reavaliadas, por exemplo, na hipótese de haver uma alteração da conjuntura econômica e/ou social no país. E foi assim por longo tempo.

Refletindo a maioria das decisões proferidas pela Seção de Dissídios Coletivos, bem como coadunando-se com as disposições celetistas, o TST aprovou, por meio da Resolução nº 10/1988, publicada no *Diário do Judiciário* dos dias 1º, 2 e 3.3.1988, o enunciado da Súmula nº 277, o qual, originariamente, assim estabelecia:

> Nº 277 Sentença normativa. Vigência. Repercussão nos contratos de trabalho.
>
> As condições de trabalho alcançadas por força de sentença normativa vigoram no prazo assinado, não integrando, de forma definitiva, os contratos. (BRASIL, 2012)

Posteriormente, a Súmula nº 277 foi novamente alterada para excepcionar, de sua regra geral, as situações fáticas abrangidas pela Lei nº 8.542,[10] posteriormente revogada pela Medida Provisória nº 1.709,

---

[8] "Art. 613. As Convenções e os Acordos deverão conter obrigatoriamente: [...]
VI - disposições sobre o processo de sua prorrogação e de revisão total ou parcial de seus dispositivos".

[9] "Art. 615. O processo de prorrogação, revisão, denúncia ou revogação total ou parcial de Convenção ou Acordo ficará subordinado, em qualquer caso, à aprovação de Assembléia Geral dos Sindicatos convenentes ou partes acordantes, com observância do disposto no art. 612.
§1º O instrumento de prorrogação revisão denúncia ou revogação de Convenção ou Acordo será depositado, para fins de registro e arquivamento, na repartição em que o mesmo originariamente foi depositado, observado o disposto no art. 614.
§2º As modificações introduzidas em Convenção ou Acordo, por força de revisão ou de revogação parcial de suas cláusulas, passarão a vigorar 3 (três) dias após a realização do depósito previsto no §1º".

[10] Referida lei dispunha sobre a política nacional de salários. Seu art. 1º, §1º, estabelecia que as cláusulas dos acordos, convenções ou contratos coletivos de trabalho integram os contratos individuais de trabalho e somente poderão ser reduzidas ou suprimidas por posterior acordo, convenção ou contrato coletivo de trabalho. Trata-se de uma ultratividade relativa, que vigeu por curto período de tempo, tendo sido rapidamente revogada.

convertida na Lei nº 10.192 de 14.2.2001. Essa alteração foi promovida pela Resolução nº 161 de 2009, publicada no *Diário Eletrônico da Justiça do Trabalho*, nos dias 23, 24 e 25.11.2009. A Súmula nº 277 passou, portanto, a assim dispor:

> Nº 277 Sentença normativa. Convenção ou acordo coletivos. Vigência. Repercussão nos contratos de trabalho
>
> I - As condições de trabalho alcançadas por força de sentença normativa, convenção ou acordos coletivos vigoram no prazo assinado, não integrando, de forma definitiva, os contratos individuais de trabalho.
>
> II - Ressalva-se da regra enunciado no item I o período compreendido entre 23.12.1992 e 28.07.1995, em que vigorou a Lei nº 8.542, revogada pela Medida Provisória nº 1.709, convertida na Lei nº 10.192, de 14.02.2001. (BRASIL, 2012)

Não obstante, quanto à aplicabilidade e vigência dos diplomas negociais, a regra manteve-se a mesma: não há ultratividade, vigorando as normas e condições pactuadas pelo prazo pactuado. Apenas excepcionou-se, por período específico de tempo, as situações tratadas na Lei nº 8.542/92.

Por fim, a terceira e mais recente alteração significou brusca ruptura com o entendimento até então manifestado pelo TST. Isso porque o TST, até então adepto da teoria da aderência limitada pelo prazo,[11] alterou a redação da Súmula nº 277, deixando evidente sua opção pela teoria da aderência limitada por revogação, ou teoria da ultratividade relativa:

> *Súmula nº 277 do TST*
>
> *CONVENÇÃO COLETIVA DE TRABALHO OU ACORDO COLETIVO DE TRABALHO. EFICÁCIA. ULTRATIVIDADE (redação alterada na sessão do Tribunal Pleno realizada em 14.09.2012) - Res. 185/2012, DEJT divulgado em 25, 26 e 27.09.2012*
>
> As cláusulas normativas dos acordos coletivos ou convenções coletivas integram os contratos individuais de trabalho e somente poderão ser modificadas ou suprimidas mediante negociação coletiva de trabalho. (BRASIL, 2012)

---

[11] As redações anteriores da Súmula nº 277 do TST refletiam a clara opção pela teoria da aderência limitada pelo prazo (sem ultratividade).

Essa alteração de entendimento, desde a publicação da alteração da redação da súmula tem sido alvo de polêmicas, conforme será demonstrado nos itens seguintes. Porém, tal redação é a que está vigente e é a que certamente vem sendo observada pelos Tribunais Trabalhistas nos julgamentos referentes à matéria.

5 A nova redação da Súmula nº 277 e a polêmica sobre a aderência das normas coletivas aos contratos de trabalho

A atual redação da Súmula nº 277 do TST, publicada em setembro de 2012, a qual expôs a opção do TST pela teoria da aderência limitada por revogação, para as normas produzidas por meio de negociação coletiva, foi alvo de várias críticas de doutrinadores e de diversos segmentos sociais.

Inicialmente, pode-se afirmar que a categoria econômica, e seus representantes sindicais, imediatamente insurgiu-se contra a nova redação da súmula, ao argumento de que ela inviabilizaria a negociação coletiva, sendo verdadeiro desestímulo a tal prática tão característica do direito do trabalho. Ora, tais manifestações de inconformidade são naturais, pois até a referida alteração da Súmula nº 277, a categoria econômica, representativa dos empregadores, tinha, a seu favor, uma posição jurisprudencial que, dentre as possibilidades existentes, não admitia qualquer postergação da vigência das normas coletivas, quando atingido o fim do prazo dos instrumentos negociais coletivos trabalhistas.

A categoria econômica, praticamente unânime ao defender a teoria da aderência limitada pelo prazo, ou seja, da inexistência de ultratividade, afirmou que a alteração ofendeu o princípio da legalidade, e que a súmula foi editada sem indicação de precedentes.[12]

---

[12] Quanto a esse último argumento, de ausência de precedentes, destacam os ministros do TST que: "Como alertava o Ministro Luciano Castilho, no citado E-ED-RR-716768/2000.3, a Seção de Dissídios Coletivos tem atribuído ultra-atividade inclusive às sentenças normativas. Esse novo entendimento tornou-se pacífico naquela Seção Especializada do TST desde o mês de abril de 2008, portanto mais de quatro anos antes do estabelecimento da nova redação à Súmula nº 277 da Corte Superior. Essa sequência jurisprudencial consistente foi sufragada pelo Tribunal Pleno em maio de 2011, quando o TST aprovou o novo Precedente Normativo 120 da SDC, que expressava o entendimento já solidificado em uma de suas seções especializadas. Tal sequência histórica reiterada evidencia que a Corte Superior, em setembro de 2012, ao editar a nova redação da Súmula nº 277, apenas veio sedimentar e ampliar sua nova e precedente reflexão acerca da matéria, melhor incorporando a compreensão constitucional acerca do assunto" (ARRUDA; CARVALHO; DELGADO, 2012, p. 12).

Aqueles que discordam da nova redação da Súmula nº 277 afirmam também que a alteração da redação, ao invés de estimular a prática da negociação coletiva, irá, em verdade, engessá-la, pois nenhum empregador sentir-se-á confortável para conceder novos direitos e benefícios trabalhistas a seus empregados sabendo que serão incorporados aos contratos de trabalho, além do prazo fixado pela legislação trabalhista.

Além disso, também afirmam que a CLT preza pela observância de um prazo máximo de vigência para essas normas e que a Constituição da República, ao reconhecer os acordos e as convenções coletivas de trabalho, reconhece também a legislação infraconstitucional que os regula. Nesse contexto, sob pena de violação do princípio da legalidade, deve ser observado o prazo máximo de vigência dessas normas, o qual não confere nenhuma ultratividade a elas.

Para demonstrar as principais críticas que têm sido feitas à alteração da Súmula nº 277 pelos defensores da ultratividade limitada pelo prazo, vale citar os seguintes trechos do artigo elaborado por Maurício de Figueiredo Correa da Veiga:

> Diante desta abrupta mudança de entendimento, algumas consequências desastrosas poderão ocorrer.
>
> *As empresas se sentirão absolutamente desconfortáveis em conceder qualquer tipo de benefício além daqueles já contemplados na legislação trabalhista*, pois se forem concedidos através de norma coletiva poderão se incorporar ao contrato de trabalho dos empregados.
>
> A cada nova rodada de negociações os empregados (ou seus representantes) já partirão de um patamar de grande conforto, pois dificilmente terão reduzidos os benefícios assegurados na norma coletiva anterior e se o empregador não fornecer novo benefício pelo menos aquele já está assegurado.
>
> Portanto, o que o empregador "flexibilizou" em favor do empregado, em um determinado momento, se transformará em direito adquirido para aquele funcionário e neste caso *o que ocorrerá na prática é a punição daquele bom empregador que concedia a seus empregados mais do que o mínimo garantido pela legislação.*
>
> Ao defender a limitação dos benefícios ao tempo de duração dos instrumentos coletivos, *Eduardo Gabriel Saad* afirma que "Em primeiro lugar, temos de reconhecer que *os ajustes coletivos perderão, muito depressa, sua utilidade, na composição de interesses da empresa e dos seus empregados, se suas disposições aderirem irremissivelmente ao contrato individual de trabalho.* Depois de uma ou duas convenções coletivas, pouca coisa restará para ser disciplinada. [...] Além disso, as empresas relutarão em concluir tais pactos coletivos, por temerem conseqüências que se tornem imutáveis.

Na atual conjuntura, sempre a empresa julgará preferível levar o conflito à Justiça do Trabalho, porque a sentença normativa – apesar do comportamento às vezes pouco dogmático dos Tribunais do Trabalho, à luz da Constituição – não se aventura a fazer incursões muito profundas no mundo do trabalho, como as Convenções e Acordos soem fazer". [...] *A nova construção jurisprudencial pode até ter tido a intenção de fomentar a negociação coletiva, mas na prática irá provocar a sua extinção,* tendo em vista que o empresário estará sempre com a "faca em seu pescoço". [...] Contudo, no caso presente uma a peculiaridade a ser destacada é que *a alteração jurisprudencial foi de um extremo ao outro sem que houvesse precedente jurisprudencial para embasar a repentina mudança.* (VEIGA, 2012, grifos nossos)

Raul Clemens, ao expor os posicionamentos contrários à nova redação da Súmula nº 277 do TST, destaca o seguinte:

[...] existem ainda aqueles que entendem que o TST, ao modificar a Súmula 277, revigorou lei já revogada (§1º do art. 1º da Lei 8.542/92), atuando de forma inconstitucional, pois simplesmente transcreveu o teor daquele diploma legal no texto da nova Súmula.

Segundo artigo publicado na *Revista Justiça do Trabalho,* sob a direção de Schlossmacher, não andou bem a Corte Superior Trabalhista em recriar uma norma que foi efetivamente desastrosa ao incentivo da negociação coletiva: "Essa Lei 8.542 foi revogada pela Lei 10.192, de 14.02.2001, sendo que seu artigo primeiro, parágrafo primeiro, trouxe durante os anos que vigorou, enorme prejuízo para os trabalhadores, pelo princípio da proteção que desprotege, ou seja, concedeu a Lei aos empregados benefícios que eram negociados em cada data-base, fazendo com que as empresas repensassem na concessão de todos esses benefícios, em decorrência de não poder mais alterá-los nem negociar com relação aos mesmos". (SCHLOSSMACHER, 2013, p. 65 *apud* CLEMENS, 2013, p. 55)

Por outro lado, os defensores da ultratividade irrestrita das normas contratuais permaneceram insatisfeitos, pois embora a jurisprudência do TST tenha manifestado algum avanço com essa mudança de entendimento, ela ainda assim optou pela posição intermediária, negando ainda, aos direitos trabalhistas, a aderência irrestrita das normas coletivas aos contratos de trabalho cujas relações visam regulamentar.

Nesse sentido, Bruno Ferraz Hazan, defensor da aderência irrestrita das normas coletivas, afirma que, sobretudo após a EC nº 45, que instituiu o comum acordo como condição para a instauração do dissídio coletivo, foram minadas as possibilidades de conquista de novos direitos pelos trabalhadores, bem como a manutenção dos direitos já conquistados. Vejamos:

Note-se, portanto, que esses novos paradigmas reacendem o debate a respeito da aderência contratual das condições de trabalho estabelecidas nos instrumentos normativos. Isso porque antes, como havia a possibilidade plena de instauração de dissídio coletivo a fim de se garantir as conquistas, desnecessária era a discussão a respeito dos efeitos das cláusulas quando findo o instrumento. No entanto, estando os sindicatos profissionais relativamente impossibilitados de buscar guarida plena do Judiciário (após a EC n. 45/2004 que instituiu o "comum acordo"), o tema aparece como fundamental para o futuro das conquistas da classe trabalhadora e do próprio Direito do Trabalho. A aderência irrestrita das cláusulas normativas, com sua ultratividade, vê-se necessária, atualmente, como a única forma remanescente e plena de manutenção, pelos trabalhadores, de suas conquistas históricas, já que os sindicatos profissionais, enfraquecidos, estão à mercê do capital. As outras teorias negam o aspecto absoluto da ultratividade normativa, constituindo assim, dentro das atuais perspectivas de desconstrução do ramo trabalhista, interpretações pouco estratégicas, já que o caminho deve ser o da construção ou reconstrução do Direito. Nem sempre o meio termo é a melhor saída! (HAZAN, 2009, p. 98)

Por fim, havemos de concordar que o posicionamento manifestado na nova redação da Súmula nº 277, pela adoção da teoria da aderência limitada por revogação, ou da ultratividade relativa, é o mais adequado e equilibrado, conectando os interesses das partes envolvidas na negociação coletiva. Conforme já destacou o Ministro Maurício Godinho Delgado, ao dispor sobre a aderência limitada por revogação:

> Tal posição é tecnicamente mais correta, por estar se tratando de norma jurídica – e norma provisória é, regra geral, uma excepcionalidade. Doutrinariamente é também a mais sábia, por ser mais harmônica aos objetivos do Direito Coletivo do Trabalho, que são buscar a paz social, aperfeiçoar as condições laborativas e promover a adequação setorial justrabalhista. Ora, a provisoriedade conspira contra esses objetivos, ao passo que o critério da aderência por revogação instaura natural incentivo à negociação coletiva. (DELGADO, 2013, p. 1433)

E, juntamente com os ministros do TST Kátia Magalhaes Arruda e Augusto César Leite de Carvalho, tece críticas tanto à teoria que defende a ausência de ultratividade, quanto à teoria que defende ser irrestrita a ultratividade das normas coletivas:

> [...] tanto o critério da ultra-atividade plena (aderência contratual irrestrita), como o critério de negatividade de ultra-atividade às normas coletivas negociadas (aderência contratual limitada pelo prazo) não

correspondem à melhor harmonização com os princípios e regras do Direito do Trabalho. No primeiro caso (ultra-atividade plena ou aderência contratual irrestrita), esse desajuste resulta por eliminar a característica de fonte de norma jurídica que é inerente aos dispositivos dos diplomas coletivos negociados, tornando-os permanentes, imutáveis – o que, sem dúvida, desatende ao objetivo constitucional brasileiro de incentivar e prestigiar a negociação coletiva trabalhista. No segundo caso (sem ultra-atividade), em que a aderência contratual é limitada pelo prazo fixado no instrumento, tal desajuste contribui para desprestigiar a própria negociação coletiva, criando anomias jurídicas que enfraquecem e desequilibram as partes coletivas trabalhistas, também em desatenção aos objetivos constitucionais nessa área. Desse modo, o critério da ultra-atividade ora sufragado pela nova redação da Súmula nº 277 (também chamado de critério da aderência limitada por revogação) perfila o Direito brasileiro, ao lado de experiências próximas da tradição jurídica democrática ocidental e de nosso próprio estuário de influências, melhor traduzindo o direcionamento constitucional brasileiro nesse campo normativo. (ARRUDA; CARVALHO; DELGADO, 2012, p. 12)

Os ministros ainda destacam que:

A nova redação da Súmula nº 277 do TST não cria direitos e benefícios. Permite, ao invés, que as regras coletivas se desenvolvam sobre os pontos relevantes, ou seja, a propósito dos direitos não regidos pela norma coletiva de trabalho precedente, salvo se há a intenção de modificá-los ou suprimi-los.
Além disso, atende à lógica prevista no art. 7º da CF quando trata da preservação dos direitos que visem à melhoria das condições sociais dos trabalhadores. Leva, enfim, ao equilíbrio de forças, absolutamente essencial à negociação coletiva no contexto de um estado democrático (princípio da equivalência entre os contratantes coletivos).
A ultra-atividade condicional, ou seja, aquela que faz a norma coletiva prevalecer até que a cláusula de interesse seja eventualmente derrogada por norma coletiva posterior, promove a harmonia entre os atores coletivos da relação laboral, impondo a negociação coletiva de trabalho como um modo necessário de rever conquistas obreiras, sem o artifício de tê-las suprimidas pela mera passagem do tempo. (ARRUDA; CARVALHO; DELGADO, 2012, p. 15)

Raul Clemens também se manifesta favorável à posição jurisprudencial contida no enunciado da Súmula nº 277 do TST:

[...] certa é a ideia de que as cláusulas mais benéficas, decorrentes da negociação coletiva, devem aderir ao contrato individual de trabalho e a ele se integrar para todos os efeitos legais, de forma que a sua validade permaneça sobre o encerramento da vigência do instrumento coletivo, ressalvados aqueles empregados que não foram contratados à época da negociação mais benéfica.

Com efeito, a nova redação da Súmula 277 do TST, a qual reconhece a ultratividade das normas coletivas de trabalho é uma medida justa e digna de respeito, pois além de conferir o caráter de direito adquirido às conquistas obreiras, possibilita também maior equilíbrio para as futuras negociações entre empregadores e trabalhadores, bem como respeita os princípios da condição mais benéfica e do não retrocesso social, a letra do artigo 114, §2º da CF, o caráter suplementar da autonomia privada coletiva e, por fim, condiciona a prevalência dos direitos fundamentais em detrimento do capitalismo selvagem. (CLEMENS, 2013, p. 58)

De fato, a teoria da aderência limitada por revogação mostra-se a mais coerente com o disposto na CLT acerca da vigência dos acordos e convenções coletivas, bem como na Constituição Federal, quanto à observância do disposto no art. 114, §2º, da CR/88. Também se mostra que está em consonância com o preceituado pelos princípios trabalhistas da proteção e seus subprincípios da cláusula ou condição mais benéfica, do *in dubio pro operario* e da proibição do retrocesso social.

6 A retroatividade da ultratividade e o princípio da segurança jurídica – Acórdão do TST, em sede de recurso de revista, nos autos do Processo nº 37500-76.2005.5.15.004

A par das polêmicas existentes quanto à alteração da redação da Súmula nº 277, manifestando a adoção, pelo TST, da teoria da aderência limitada por revogação, ou da teoria da ultratividade relativa das normas coletivas, conforme exposto no item anterior, é essa atual redação da súmula que reflete a posição majoritária do TST, e a que irá prevalecer nos julgamentos futuros. É sabido que, embora as súmulas não sejam leis, são amplamente aplicadas pelos tribunais trabalhistas, além de caracterizarem-se inequivocamente como fonte do direito material e processual do trabalho, tendo, portanto, inegável caráter normativo.

Assim, a nova Súmula nº 277 do TST está em plena vigência desde 14.9.2012, e, desde então, vem sendo aplicada aos julgados trabalhistas relativos à matéria. Bem ou mal, trata-se agora de observar os parâmetros estabelecidos para sua aplicação, sobretudo no que tange à sua aplicação temporal.

Nesse contexto, importante destacar nesse tópico outra polêmica trazida pela publicação da nova redação da súmula, além daquela referente à qual é a teoria mais adequada quanto à aderência das normas coletivas aos contratos de trabalho. Trata-se da discussão sobre a aplicação retroativa da ultratividade das normas negociais coletivas, declaradas pela Súmula nº 277. Nesse sentido, advertiu o advogado Roberto Lopes:

> [...] o fato é que existe outra discussão resultante da nova Súmula, que seria a retroatividade ou não dos efeitos da ultratividade. Vale dizer que a ultratividade poderia ser aplicada nos contratos de trabalho em vigor, para normas coletivas já expiradas e que não foram validadas ou revalidadas em novos instrumentos coletivos de trabalho. Como se observa, esse posicionamento traz, em seu bojo, notória insegurança jurídica e, por que não dizer, induz ao engessamento do instituto da negociação coletiva, o que se lamenta, principalmente quando verificamos a inexistência de unanimidade no meio jurídico quanto à aplicação do referido verbete sumular. (LOPES, 2013, p. 1)

Explicando a polêmica em outras palavras, foi demonstrado que as normas negociais coletivas possuem ultratividade limitada por revogação. Isso significa que, mesmo expirado o prazo de vigência dos acordos ou convenções coletivas, as condições pactuadas continuarão válidas e aplicáveis aos contratos de trabalho, até que sejam renovadas ou suprimidas por negociação coletiva posterior. A polêmica que se instaura é a seguinte: essa ultratividade tem aplicação retroativa, para incidir sobre as negociações coletivas firmadas antes da publicação da nova redação da Súmula nº 277? Como nada foi estabelecido a respeito, quando da alteração da súmula, teve início a polêmica sobre a retroatividade ou não dos seus efeitos, o que pôs em discussão, inclusive, o respeito ao princípio da segurança jurídica.

O professor de direito do trabalho e advogado Estevão Mallet, em brilhante artigo, chama atenção para a discussão sobre a retroatividade da jurisprudência. Vejamos:

> Põe-se, por conta de tais mudanças, o problema, de inegável relevância teórica e prática, ainda que escassamente considerado pela doutrina nacional – que, por isso se encontra pendente de solução –, de saber se a retroatividade é atributo inerente à jurisprudência, de modo que possam as novas súmulas, vinculantes ou não, aplicar-se sempre aos fatos ocorridos antes de sua edição, ou se, ao contrário, nem sempre a modificação da jurisprudência se reveste de eficácia retroativa. (MALLET, 2005, p. 134-135)

Para parte da doutrina trabalhista tradicional, as súmulas – por não serem leis, mas sim uma compilação do entendimento reiteradamente manifestado pelos tribunais sobre situações fáticas semelhantes – não implicariam inovação no ordenamento jurídico, mas apenas refletiriam o entendimento já manifestado pelos Tribunais sobre a aplicação das leis. Por tal razão, não faz sentido impedir a sua aplicação retroativa. Estevão Mallet chama a atenção quanto a esse entendimento e faz, ao final, a sua crítica:

> A solução tradicional para a questão proposta parte da idéia de que a jurisprudência não criaria direito, senão que apenas explicitaria ou revelaria o conteúdo latente da lei [...]. Considera, ainda, que a jurisprudência representaria apenas a consolidação do entendimento já firmado nos tribunais, não inovando na ordem jurídica nem surpreendendo os que são por ela atingidos. Daí porque – eis a conclusão do raciocínio – não caberia invocar, contra a aplicação retroativa da jurisprudência, a garantia constitucional que protege o ato jurídico perfeito, o direito adquirido e a coisa julgada. [...]
>
> *Essa conclusão em torno da eficácia necessária e invariavelmente retroativa da jurisprudência, inclusive daquela sumulada, ainda que amparada por numerosos precedentes, dos mais diferentes tribunais, e mesmo por parte da doutrina, está a merecer reflexão crítica, tendo em conta a fragilidade de suas premissas e os graves problemas que dela decorrem.* (MALLET, 2005, p. 135-137, grifos nossos)

No seio dessa discussão, e diante da ausência de qualquer previsão da Súmula nº 277 quanto à sua aplicação retroativa, abriu-se espaço para que essa polêmica fosse manifestada no âmbito do Poder Judiciário. Houve decisões conflitantes, no tocante à retroatividade, ou não, dos efeitos da Súmula nº 277. Nesse sentido, Roberto Lopes também advertiu:

> Trataremos, neste momento, de dois exemplos de insegurança jurídica que a Súmula trouxe no âmbito das relações do trabalho.
>
> O primeiro diz respeito a caso de trabalhadores da extinta Brasil Telecom, hoje Oi, que conseguiram garantir o pagamento de participação nos lucros para aposentados, previsto em cláusula da convenção coletiva de 1969, que não teria sido expressamente revogada em negociações posteriores.
>
> A Subseção I Especializada em Dissídios Individuais (SDI-1) do TST aplicou ao caso a nova redação da Súmula nº 277, alterada em setembro. A decisão declara que os benefícios concedidos aos trabalhadores passariam a integrar os contratos individuais, sendo automaticamente renovados e só revogados se houver uma nova negociação. [...]

Já a 4ª Turma, do TST, em decisão unânime, rechaçou a pretensão de um ajudante de maquinista que pedia a manutenção de parcela, suprimida em 1999, pela então Rede Ferroviária Federal (RFFSA), hoje Ferrovia Centro Atlântica, relativa a horas de viagem, previstas em uma antiga norma regulamentar que não teria sido cancelada.

O relator do processo, ministro Luiz Philippe Vieira de Mello Filho, foi categórico ao afirmar que a alteração da jurisprudência deve ser sopesada com o princípio da segurança jurídica, principalmente se levarmos em consideração o fato de que o TST alterou significativamente seu entendimento ao revisar a Súmula. Aduziu, ainda, que, nos últimos 24 anos, o entendimento do próprio TST foi o de que as vantagens negociadas entre empresas e trabalhadores valeriam enquanto vigorasse o acordo, no prazo máximo de um ou dois anos, conforme a Consolidação das Leis do Trabalho (CLT). Daí porque, para mantê-los em uma próxima convenção, era necessária nova rodada de negociação, maneira salutar e segura de resolver questões afetas às relações de trabalho [...]. (LOPES, 2013)

Diante da polêmica apontada, percebe-se que foram proferidas duas decisões completamente distintas: uma aplicou retroativamente a nova redação da Súmula nº 277, e a outra negou retroatividade aos efeitos da nova redação dessa mesma súmula. Essa última decisão, a qual parece-nos a mais correta, foi proferida pela 4ª Turma do TST, sob a relatoria do Ministro Luiz Philippe Vieira de Mello Filho, e será analisada nesse tópico.

Trata-se, tal decisão, do julgamento de recurso de revista interposto por Paulo Silas Machado em face das empresas Ferrovia Centro Atlântica S.A., Ferroban – Ferrovias Bandeirantes S.A. e Valec (sucessora da extinta RFFSA), por meio do qual o TST analisou a alteração de entendimento perpetrada pela alteração da Súmula nº 277 e modulou os efeitos da aplicação da nova redação da súmula, sopesando o novo entendimento adotado com o princípio da segurança jurídica, para declarar, ao final, a impossibilidade de aplicação retroativa da nova redação da Súmula nº 277. O processo, de nº 37500-76.2005.5.15.004, originário do Tribunal Regional do Trabalho da 15ª Região, foi julgado em 28.11.2012, e esse julgamento foi publicado no dia 7.12.2012.

A decisão proferida nesse processo pelo TST sopesou a nova redação da Súmula nº 277 com o princípio da segurança jurídica, princípio geral de direito, constitucionalmente assegurado, e "pedindo licença ao Supremo Tribunal Federal", modulou os efeitos da súmula, determinando sua aplicação apenas às negociações coletivas futuras, por meio da aplicação do art. 27 da Lei nº 9.868/99. Por meio dessa decisão, publicada apenas 2 meses após a alteração da súmula, o TST afastou a polêmica sobre a aplicação retroativa da nova redação da Súmula nº 277, com a devida brevidade, privilegiando o princípio da segurança jurídica.

Estevão Mallet já defendeu o mesmo raciocínio analisando o conflito que surge quando estamos diante de uma jurisprudência inovadora que põe em risco a segurança. As considerações feitas refletem com muita clareza a situação imposta pela aplicação da nova redação da Súmula nº 277 e que demandou a modulação dos seus efeitos. Vale transcrever:

> Demonstrado que a jurisprudência cristalizada nos tribunais nem sempre representa a consolidação de entendimento gradualmente sedimentado, torna-se evidente que os mesmos problemas provocados pela aplicação retroativa das normas legais podem ocorrer quando aplicadas novas orientações, firmadas por decisões judiciais a fatos pretéritos. Realmente a aplicação retroativa de nova interpretação jurisprudencial compromete, tanto quanto a aplicação retroativa da lei, a estabilidade das relações jurídicas e atenta conta o ideal de segurança. [...] Tenha-se em conta, a propósito, que constitui a segurança uma das finalidades mais relevantes de qualquer sistema jurídico, em todos os tempos e nos mais diferentes povos. (MALLET, 2005, p. 139-140)

E, mais adiante, arremata que:

> [...] a jurisprudência que se acha assente e sedimentada, tanto mais a dos tribunais superiores, especialmente aquela compendiada em verbetes publicamente divulgados, cria expectativas, produz confiança, induz comportamentos. [...] Não é possível desprezar impunemente a expectativa legitimamente criada na sociedade, desconsiderar a confiança produzida, ignorar os comportamentos adotados segundo o que na altura se dizia e apregoava ser correto. Fazê-lo compromete a própria autoridade dos tribunais e a credibilidade das respectivas decisões, que deixam de servir ou de ser vistas como guia seguro para o comportamento das pessoas. (MALLET, 2005, p. 141)

Diante da importância da decisão, merecem transcrição os seguintes trechos do acórdão, disponível no *site* do Tribunal Superior do Trabalho:

> 1-3 – FERROVIÁRIO – HORAS DE JANELA – CONDIÇÃO ESTA-BELECIDA EM NORMA COLETIVA – SÚMULA 277 DO TST – SOPESAMENTO – PRINCÍPIO DA SEGURANÇA JURÍDICA [...]

O Tribunal Superior do Trabalho, em sua composição plena, em sessão realizada em 14.09.2012, alterou o entendimento consolidado consubstanciado na Súmula 277 desta Corte Superior, que passou a estabelecer que "as cláusulas normativas dos acordos coletivos ou convenções coletivas integram os contratos individuais de trabalho e somente poderão ser modificadas ou suprimidas mediante negociação coletiva".

Esse posicionamento jurisprudencial altera essencialmente a concepção quanto aos efeitos das normas coletivas nos contratos de trabalho individuais, sejam elas provenientes de sentença normativa, acordo, convenção, ou contrato coletivo de trabalho.

A redação anterior da Súmula nº 277 do TST, segundo a qual as condições de trabalho alcançadas por força de sentença normativa, convenção ou acordos coletivos vigoram no prazo assinado, não integraram, de forma definitiva, os contratos individuais de trabalho, consagrava, na forma registrada pelo Ministro Maurício Godinho Delgado, a vertente da aderência limitada pelo prazo, ou a não ultratividade das normas coletivas.

De acordo com a nova redação da súmula, consagra-se a vertente interpretativa da aderência limitada por revogação, ou ultratividade relativa, segundo a qual as normas coletivas aderem aos contratos de trabalho até que outra disposição resultante de negociação coletiva as revogue ou substitua.

Essa é a posição que parece mais adequada em decorrência do disposto no art. 114, §2º, da Constituição Federal, que estabelece a faculdade de ajuizamento de dissídio coletivo de natureza econômica, "respeitadas as disposições mínimas legais de proteção ao trabalho, *bem como as convencionadas anteriormente.*

As normas coletivas, como instrumentos de produção de conteúdo jurídico pelos próprios destinatários das normas, constituem fonte material de direito do trabalho, valorizadas mais ainda pela ordem constitucional instituída em 1988.

Dessa forma, a mudança de postulado quanto à aderência das normas coletivas nos contratos de trabalho conduz a questionamentos em relação às situações ocorridas anteriormente à alteração do entendimento e quanto às hipóteses que já estão sendo objeto das lides individuais e coletivas na Justiça do Trabalho.

A questão consiste no sopesamento do princípio da segurança jurídica e a evolução das posições jurisprudenciais consolidadas.

A Constituição Federal, no caput do art. 5º, estabelece o direito à segurança jurídica como fundamento estruturante da ordem jurídica. [...]

Nos debates ocorridos no Superior Tribunal de Justiça, em julgamento do EREsp 738694 (2006/0043241-3), em que se discutia a alteração de entendimento jurisprudencial consolidado quanto à validade de norma legal que instituía benefício fiscal, o Ministro Herman Benjamin sustentou a existência de sombra de juridicidade, situação que tratou nos seguintes termos:

"Sombra de juridicidade indica que uma situação de juridicidade anterior, originada na lei, projeta-se no ordenamento, como eco capaz de produzir efeitos jurídicos válidos, não obstante a revogação do texto legal que lhe deu causa.

Com isso, os fatos jurídicos – neste caso, o benefício fiscal – passam a retirar seu sustento normativo já não mais diretamente de um ato do legislador da lei revogada, mas de outra(s) das fontes do Direito, admitidas pelo sistema.

As indagações que se levantam no campo da 'sombra de juridicidade', então, não se referem, no caso dos autos, à possibilidade de o Tribunal Superior manejar os efeitos *ex tunc* e *ex nunc* de sua decisão, conectando-se, diversamente, como o universo das fontes do Direito, ou melhor dizendo, da transição de fontes do Direito, como apoio para benefícios tributários. Lembra Ricaro Lorenzetti que a 'a norma jurídica não é somente a lei estatal, pois há pluralismo de fontes [...]. Como se sabe, no Brasil a tipologia das fontes do Direito não está regulada na Constituição Federal [...], mas, sim, de forma transversa e precária, na Lei de Introdução ao Código Civil [...]'. É a partir desse estatuto, portanto, mas não só nele, que devemos buscar auxílio na compreensão dos fundamentos da "sombra de juridicidade".

Nesse contexto, merece destaque, ainda, o disposto no art. 27 da Lei n. 9.698/99, que adota as razões de segurança jurídica ou excepcional interesse social para restrição dos efeitos de decisão em que se declara a inconstitucionalidade de lei ou ato normativo, o que se denominou modulação dos efeitos das ações de controle de constitucionalidade.

Com esses pressupostos, a alteração no entendimento consubstanciado na Súmula nº 277 do TST, quanto à ultratividade das normas coletivas, deve ter seus efeitos aplicados às situações ocorridas a partir de sua publicação, e não, retroativamente, às situações em que se adotava e esperava outro posicionamento da jurisprudência consolidada da Justiça do Trabalho.

Dessa forma, tendo em vista que a Corte regional registrou que a pretensão tinha como origem direito instituído em regulamento de empresa, suprimido por norma coletiva, sem que outra norma coletiva restabelecesse o direito, não se há de falar em alteração do contrato de trabalho, estando, desta via, intacto o art. 468 da CLT. (Tribunal Superior do Trabalho, Processo nº TSTRR-37500-76.2005.5.15.0004, Recurso de Revista, 4ª Turma. Min. Rel. Vieira de Mello Filho. Julg. 28.11.2012. Publ. 7.12.2012, grifos nossos)

Como visto, com muita propriedade, o TST, na mencionada decisão, sopesou a aplicação da nova redação da Súmula nº 277 com o princípio da segurança jurídica, no que tange à aplicação temporal do novo entendimento manifestado pelo Tribunal. Passou-se pela discussão da aplicação retroativa, ou não, da súmula, para ao final concluir corretamente pela modulação dos efeitos da aplicação da nova redação da Súmula nº 277 do TST, determinando a aplicação dos efeitos do novo entendimento apenas às situações ocorridas a partir de sua publicação, e não de forma retroativa para as negociações coletivas consolidadas sob o entendimento anterior. Assim, restaram preservados tanto o princípio constitucional da segurança jurídica quanto a observância da nova redação da Súmula nº 277 do TST, devendo a mencionada decisão servir de parâmetro para as situações futuras que venham a discutir a aplicação temporal dos efeitos da nova Súmula nº 277 do TST, ou seja, da aplicação da teoria da ultratividade limitada por revogação.

7 Conclusão

O presente artigo, a par de todas as críticas existentes, permite a conclusão de que a nova redação da Súmula nº 277 do TST representou uma evolução no entendimento do Tribunal e do ordenamento jurídico trabalhista, pois o TST, ao estabelecer que as normas oriundas de negociação coletiva integram os contratos de trabalho somente podendo ser modificadas ou suprimidas por negociação coletiva posterior, pretendeu, ao mesmo tempo, resguardar direitos trabalhistas e estimular a negociação coletiva entre as categorias econômica e profissional.

Concluiu-se, também, que agiu acertadamente o Tribunal Superior do Trabalho ao estabelecer, por meio de incidental modulação de efeitos de acórdão de julgamento de recurso de revista, que a teoria da ultratividade limitada por revogação, adotada pela nova redação conferida à sua Súmula nº 277, deveria incidir tão somente nas negociações coletivas realizadas posteriormente à sua publicação. Essa decisão, adotada explicitamente no julgamento de recurso de revista analisado nesse estudo, é a que mais se coaduna à preservação da segurança jurídica no ordenamento jurídico trabalhista.

Abstract: Recently, the Superior Labor Court (TST) has modified the Docket 277 text. This action express a clear support to the "teoria da aderência limitada por revogação" also known as "teoria da ultratividade relativa das normas originárias de negociação coletiva aos contratos de trabalho". Several criticisms and questions were made based on that change. Two of those must be highlighted. The first regards to which theoretical framework the docket should refer. The second relates to lack of clarity about the retroactive application of new docket text. The present article aims to evaluate the decision of the Superior Labor Court on its final judgment about the effect of the Docket

277 modifications that will be valid only for collective negotiations held after the docket new text publication. Thus, the new Docket 277 text does not contemplate retroactive effects. The results show that TST decision is constitutionally appropriate toward protecting the principle of legal certainty, whilst it reconciles the innovation offered by the new Docket 277 text.

Keywords: Docket 277. Teoria da aderência limitada por revogação. Retroactivity. Principle of legal certainty. Adjustment of effects.

Referências

ARRUDA, Kátia Magalhães; CARVALHO, Augusto Cesar Leite de; DELGADO, Maurício Godinho. A Súmula nº 277 e a defesa da Constituição. *Biblioteca Digital do TST*. Disponível em: <http://aplicacao.tst.jus.br/dspace/handle/1939/28036>. Acesso em: 27 mar. 2015.

BRASIL. *Constituição da República Federativa do Brasil*. Brasília, 1988. Disponível em: <http://www2.planalto.gov.br/acervo/constituicao-federal>. Acesso em: 6 jun. 2015.

BRASIL. *Decreto-Lei nº 5452, de 1º de maio de 1943*. Consolidação das Leis do Trabalho. Disponível em: <http://www.planalto.gov.br/ccivil_03/Decreto-Lei/Del5452.htm>. Acesso em: 6 jun. 2015.

BRASIL. Tribunal Superior do Trabalho. *Processo nº TST-RR-37500-76.2005.5.15.0004*, Tribunal Superior do Trabalho, Recurso de Revista, Órgão julgador: 4ª Turma, Ministro Relator Vieira de Mello Filho, j. 28.11.2012, publ. 7.12.2012. Disponível em: <http://aplicacao4.tst.jus.br/consultaProcessual/consultaTstNumUnica.do?consulta=Consultar&conscsjt=&numeroTst=37500&digitoTst=76&anoTst=2005&orgaoTst=5&tribunalTst=15&varaTst=0004&submit=Consultar>. Acesso em: 6 jun. 2015.

BRASIL. Tribunal Superior do Trabalho. *Súmula nº 277*. Convenção Coletiva de Trabalho ou Acordo Coletivo de Trabalho. Disponível em: <http://www3.tst.jus.br/jurisprudencia/Sumulas_com_indice/Sumulas_Ind_251_300.html#SUM-277>. Acesso em: 6 jun. 2015.

CLEMENS, Raul Rodrigo Bomfim Furtado. *A ultratividade das normas coletivas de trabalho à luz da Súmula 277 do TST*. 2013. Trabalho de conclusão de curso (Graduação) – Curso de Direito da Universidade Católica de Brasília, Brasília, 2013. Disponível em: <http://repositorio.ucb.br/jspui/bitstream/10869/2344/1/Raul%20Rodrigo%20Bomfim%20Furtado%20Clemens.pdf>. Acesso em: 14 maio 2015.

DELGADO, Maurício Godinho. *Curso de direito do trabalho*. 10. ed. São Paulo: Ltr, 2011.

DELGADO, Maurício Godinho. *Curso de direito do trabalho*. 12. ed. São Paulo: Ltr, 2013.

HAZAN, Bruno Ferraz. *A aderência contratual das normas coletivas*. 2009. 104 f. Dissertação (Mestrado) – Programa de Pós-Graduação em Direito da Pontifícia Universidade Católica de Minas Gerais, Belo Horizonte, 2009. Disponível em: <http://www.biblioteca.pucminas.br/teses/Direito_HazanBF_1.pdf>. Acesso em: 21 abr. 2015.

LOPES, Roberto. *A inaplicabilidade do efeito retroativo da Súmula 277 do TST nas Convenções e Acordos Coletivos do Trabalho*. Trabalhos Técnicos da Divisão Sindical – Confederação Nacional do Comércio de Bens, Serviços e Turismo. Disponível em: <http://www.cnc.org.br/sites/default/files/arquivos/ds_-_a_inaplicabilidade_do_efeito_retroativo_da_sumula_277_do_tst_nas_convencoes_e_acordos_coletivos_de_trabalho.pdf>. Acesso em: 29 abr. 2015.

MALLET, Estevão. A jurisprudência sempre deve ser aplicada retroativamente?. *Revista do TST*, Brasília, v. 71, n. 3, p. 134-149, set/dez. 2005.

SILVA, Antônio Álvares da. *Legislado e negociado com comentário à Súmula 227 do TST*. Disponível em: <http://www.revistas.unifacs.br/index.php/redu/article/viewFile/3184/2287%20Acesso%20em%20>. Acesso em: 29 abr. 2015.

VEIGA, Maurício de Figueiredo Correia da. *TST decreta a morte da negociação coletiva*. Disponível em: <http://www.conjur.com.br/2012-nov-29/mauricio-veiga-sumula-277-tst-decreta-morte-negociacao-coletiva>. Acesso em: 27 mar. 2015.

Informação bibliográfica deste texto, conforme a NBR 6023:2002 da Associação Brasileira de Normas Técnicas (ABNT):

CHAGAS, Carulina de Freitas. A Súmula nº 277 do TST, a ultratividade limitada por revogação das normas coletivas e a sua aplicação retroativa. In: GONÇALVES, Guilherme Alberto Marinho; HECKERT JÚNIOR, Ival; QUEIROZ JÚNIOR, Antônio Raimundo de Castro (Coord.). *A teoria do direito aplicada*: seleção dos melhores artigos científicos do Programa de Pós-Graduação da Escola Superior de Advocacia da OAB/MG. Belo Horizonte: Fórum, 2016. v. 1. p. 227-255. ISBN 978-85-450-0109-6.

A INSPEÇÃO DO TRABALHO E OS LIMITES À AÇÃO FISCAL

JULIANA FIGUEIREDO DE FREITAS

Resumo: A fiscalização do trabalho encontra respaldo nas normas internacionais e nacionais. A natureza jurídica é de poder de polícia especial, da qual decorrem prerrogativas no exercício da função. A inspeção é de suma importância porque objetiva o fiel cumprimento das normas de proteção ao trabalho, por meio da autuação, orientação e sanção para sanear as irregularidades encontradas. No Brasil, a competência da atividade é exclusiva da União e a principal autoridade é o Ministério do Trabalho e Emprego. A fiscalização do trabalho rege-se por princípios, os quais também limitam a ação fiscal, juntamente com disposições normativas que a regulamentam. Por fim, destaca-se a discussão sobre a possibilidade de o auditor fiscal do trabalho reconhecer a existência de vínculo empregatício quando constata a ocorrência dos elementos fáticos jurídicos da relação de emprego e fraude do empregador, apontando-se os entendimentos encontrados no Tribunal Superior do Trabalho sobre o tema.

Palavras-chave: Inspeção do trabalho. Sistema Nacional de Inspeção do Trabalho. Limites.

Sumário: 1 Introdução – 2 Fundamentos e natureza jurídica – 3 Finalidades e objetos – 4 Sistema Nacional de Inspeção do Trabalho: órgãos competentes – 5 Princípios da ação fiscal e seus limites – 6 Revisão jurisprudencial – 7 Conclusão – Referências

1 Introdução

As normas trabalhistas são de observância obrigatória. Nesse contexto, a fiscalização do trabalho tem grande relevância social, como um dos principais meios de se obter o cumprimento da legislação trabalhista, em especial para resguardar direitos e garantias dos trabalhadores. E, ainda, quando se considera a efetivação das normas trabalhistas durante o contrato de emprego, seja em caráter preventivo ou repressivo. O caráter preventivo se dá pela orientação de empregadores e empregados sobre a forma de cumprimento dessas normas de proteção ao trabalho, enquanto o modo repressivo ocorre com a aplicação de sanção para as infrações encontradas.

Sendo assim, o tema também é relevante para o dia a dia das empresas e da Justiça do Trabalho. Afinal, o empregador deve conhecer as atribuições do fiscal que aparecerá para vistoriar o local de trabalho e os limites da ação fiscal, evitando, assim, a ocorrência de abusos. E para a Justiça do Trabalho porque ela necessita conhecer o instituto para melhor apreciação das causas que são submetidas à sua apreciação quando se discutem a inspeção do trabalho. E também porque, em uma sociedade em que as normas de proteção ao trabalho são respeitadas, ou as violações são resolvidas administrativamente, tende-se a diminuir o volume de ações judiciais em que se discute a violação a direitos trabalhistas.

Por conseguinte, é menor a sobrecarga do Poder Judiciário. Esse estudo é importante para a realidade brasileira, pois em nosso país é tão comum esperar do Judiciário a solução dos litígios, enquanto o uso das alternativas administrativas, como a fiscalização do trabalho, poderia ser mais eficaz à resolução desses impasses, principalmente porque pode preveni-los.

Este artigo se propõe a esclarecer, de forma sucinta, o papel e as atribuições dos órgãos de fiscalização do trabalho. E isso se justifica porque muito pouco se debate sobre o assunto, apesar da relevância do tema.

Portanto, o presente estudo objetiva analisar o instituto da inspeção do trabalho, identificando os seus fundamentos em normas nacionais e internacionais. Busca-se, também, traçar a natureza jurídica, as finalidades e os objetos dessa inspeção, pela análise dos ensinamentos doutrinários e das normas existentes sobre o tema.

Além disso, visa apontar os órgãos competentes pela inspeção trabalhista, destacando-se o Ministério do Trabalho e Emprego – MTE –, sua secretaria especializada e órgãos de representação regionais, que juntos compõem o Sistema Nacional de Inspeção do Trabalho. E mais, a colaboração do Ministério Público do Trabalho – MPT – nesse sistema.

Ainda se pretende apresentar os princípios da ação fiscal e seus limites, os quais balizam a atuação dos auditores fiscais do trabalho, com ênfase para o princípio de legalidade administrativa.

Por fim, sobre os limites das atribuições do auditor fiscal do trabalho, discute-se a possibilidade de esse fiscal reconhecer a existência de vínculo de emprego e autuar o empregador infrator. E se isso configuraria invasão da competência da Justiça do Trabalho, destacando-se os entendimentos encontrados no Tribunal Superior do Trabalho – TST – sobre o tema.

2 Fundamentos e natureza jurídica

A natureza jurídica da inspeção do trabalho é de poder de polícia especial (GARCIA, 2014; MANNRICH, 2005; REIS, 2011). O poder de polícia é uma função administrativa que visa à proteção do bem-estar geral, limitando-se ou disciplinando-se o exercício de direitos individuais, interesses ou liberdades, regulando-se atos ou abstenções, tudo em prol do interesse público. O conceito legal está previsto no art. 78, *caput*, do Código Tributário Nacional – CTN. Em sentido estrito, inclui os atos normativos e os atos concretos do Poder Executivo; e, em sentido amplo, acrescentam-se os atos legislativos. Na lição de Carvalho (2009, p. 346-348):

> No Brasil, o Direito Administrativo utiliza a expressão poder de polícia para designar a competência do Estado de restringir o exercício de direitos e liberdades individuais a fim de evitar danos ao bem comum. Trata-se do que a doutrina denomina mecanismo de frenagem de que dispõe o Estado para conter e prevenir abusos no exercício de direito individual. Por meio dele, os entes federativos impedem a atividade privada que pode se mostrar nociva ao bem-estar geral. O que se persegue é exatamente evitar ofensas à ordem pública e aos interesses da coletividade.

E adiante:

> Em sentido amplo, o poder de polícia abrange os atos legislativos dos entes da federação que limitam atividades particulares prejudiciais ao bem comum, nos termos da distribuição constitucional de competência para legislar. Abarca, também, os atos normativos e concretos da Administração que concretizam a restrição à liberdade e à propriedade em favor da supremacia do interesse público. [...]
> Se em sentido amplo o poder de polícia compreende, além dos atos administrativos concretos da Administração, quaisquer atos normativos do Estado (leis, decretos veiculadores de regulamentos, portarias, instruções, resoluções, circulares, etc.), sem sentido restrito excluem-se os atos legislativos.

Portanto, o poder de polícia corresponde aos atos normativos – e, em sentido amplo, aos atos legislativos – da Administração, bem como aos atos concretos, que objetivam cessar atividades particulares contrárias ao interesse público.

A fiscalização é um dos meios pelos quais o poder de polícia se expressa e visa "verificar o cumprimento das ordens de polícia ou observar se estão ocorrendo abusos pelo particular que obteve licença ou autorização" (SANTOS, 2002, p. 106).

Por isso, possui caráter preventivo. Na conclusão de Santos (2002, p. 106):

> A prevenção se dá pela simples possibilidade de fiscalização condicionante, em regra, por si mesma da ação individual. A Fiscalização prepara a repressão, porquanto somente com a ação fiscal pode-se flagrar o descumprimento, seguindo-se a aplicação das sanções que, em última análise, têm efeito preventivo – punindo um administrado, os demais tendem a adequar-se aos preceitos legais.

Portanto, a fiscalização é atividade estatal destinada a averiguar o efetivo cumprimento das ordens de polícia. Cumprir as normas é evitar a sanção. Por isso, a própria possibilidade de acontecer a fiscalização serve de prevenção para o cumprimento das normas, pois se evita a punição.

Além de aplicar penalidades para as infrações encontradas, a fiscalização do trabalho objetiva, ainda, orientar e informar trabalhadores e empregadores no cumprimento das normas trabalhistas. Por isso a doutrina sustenta que a inspeção do trabalho se trata de poder de polícia especial.

Nesse sentido, Garcia (2014) assevera que:

> A inspeção federal do trabalho, no entanto, tem por incumbência não apenas sancionar as violações das normas de proteção do trabalho, mas também orientar a respeito do cumprimento da legislação trabalhista, prevenir infrações e regularizar as condutas passíveis de correção.

Em conformidade, ensina Medauar, citada por Mannrich (2005) e Reis (2009):

> A Inspeção do Trabalho é dotada de poderes de polícia especial. Não no sentido de garantir a ordem e a segurança, mas para atuar na ordem econômica e social, com vistas ao interesse público, impondo limites aos direitos e liberdades individuais, mediante restrições e imposições, no âmbito da competência própria da Administração Pública do

Trabalho. Trata-se de polícia especial, pois suas atribuições situam-se entre prevenção e vigilância, no que se refere à polícia administrativa, e repressiva, no âmbito da polícia judiciária.

Por conseguinte, é incontestável a natureza de poder de polícia especial da inspeção do trabalho, vez que, além de punir, a atuação do auditor fiscal do trabalho se incumbe de orientar e informar trabalhadores e empregadores sobre o cumprimento das normas trabalhistas.

A inspeção do trabalho, por ser poder de polícia e, então, ato administrativo, sujeita-se a controles e possui limitações legais, especialmente quanto aos requisitos de validade do ato. Além disso, desfruta de prerrogativas que viabilizam a atuação dos agentes de inspeção.

Considerando os seus aspectos peculiares, os fundamentos jurídicos da inspeção do trabalho são diversos, entre convenções internacionais, normas constitucionais, leis, decretos, portarias e instruções normativas.

No âmbito internacional, destaca-se a Convenção nº 81 da Organização Internacional do Trabalho – OIT –, de 1947, rerratificada no Brasil pelo Decreto nº 95.461, de 11.12.87. Por isso, integra o ordenamento jurídico brasileiro.

Essa norma internacional, que dispõe sobre a inspeção do trabalho na indústria e no comércio, é o principal diploma internacional sobre a matéria. Isso porque sistematiza a inspeção do trabalho (SANTOS, 2002); estabelece bases e diretrizes desse sistema em âmbito mundial (SANTANA, 2002); regulamenta estrutura, funcionamento, agentes, atribuições, poderes e deveres relativos à inspeção do trabalho (MANNRICH, 2005); e o sistema recomendado é responsável por garantir o cumprimento das normas de proteção ao trabalhador, além de prestar esclarecimentos a empregados e empregadores sobre o assunto e cientificar as autoridades competentes de eventuais abusos (art. 3º da Convenção nº 81 da OIT).

No plano nacional, a inspeção do trabalho está prevista no art. 21, XXIV da Constituição da República Federativa do Brasil de 1988 – CRFB/88 –, como atividade de competência da União em organizar, manter e executar, a ser exercida com exclusividade.

Sobre competência exclusiva e privativa da União, Mendes (2014) explica:

> Uma parte da doutrina distingue competência privativa de competência exclusiva – a diferença entre ambas residindo no fato de esta última

não poder ser delegada. Assim, as competências delimitadas no art. 21 seriam exclusivas da União, enquanto as previstas no art. 22 lhe seriam privativas. Preferimos [...] considerar que ambos os termos expressam a mesma ideia, podendo ser usados indistintamente.

A divergência repercute no campo da inspeção do trabalho, principalmente a recepção do art. 626 da Consolidação das Leis do Trabalho – CLT –, cujo *caput* prevê a delegação da função de fiscalizar o cumprimento das normas de proteção ao trabalho.

Para aqueles que entendem ser a competência exclusiva indelegável a outros entes da federação, apenas ao Estado é permitido interferir no contrato de trabalho (CABRAL; COSTA, 2002, p. 21). E, sobre a não recepção do artigo da CLT indicado acima pela CRFB/88, Santos (2002, p. 103) assevera: "concluímos ser inconstitucional a hipótese de estadualização ou municipalização de qualquer das competências administrativas da Inspeção do Trabalho".

Mannrich (2005), por sua vez, ao comentar a competência da União para organizar, manter e executar a inspeção do trabalho, entende pela possibilidade de delegação da função aos Estados: "Portanto, tais atribuições não foram conferidas aos estados ou municípios, exceto em caso de convênio, como já ocorreu no passado, pelo qual engenheiros do estado de São Paulo desempenhavam funções de inspeção, lavrando autos de infração". De toda forma, a possibilidade de aplicar penalidades é restrita à União.

Não obstante as duas linhas interpretativas, atualmente não há repercussão prática, vez que no Brasil a inspeção do trabalho é feita por agentes da União, não sendo desprezadas as hipóteses de auxílio e comunhão das atividades de fiscalização através de consórcios e parcerias com outros órgãos públicos de distinta esfera da Federação.

A disposição constitucional, de acordo com Silva (2002, p. 62), "alude apenas à inspeção na área do trabalho, atribuindo destaque para o cumprimento dos objetivos do Estado brasileiro", quais sejam, os valores sociais do trabalho, a teor do art. 1º, IV da CRFB/88. Em sentido semelhante, Santos (2002, p. 90) defende que "uma visão sistemática do texto constitucional vigente revela o quanto é fundamental à sobrevivência do Estado brasileiro o valor social do trabalho". E adiante explicita a afirmação:

> [...] Para efetivar a função executiva, faz-se necessário dispor de uma estrutura administrativa com poderes para condicionar os interesses privados ao interesse público.

> Na esfera das relações de natureza trabalhista, cabe à Inspeção do Trabalho agir no sentido de garantir, cotidianamente, o equilíbrio da relação entre o capital e o trabalho [garantindo o princípio constitucional]. [...] Destacamos o valor social do trabalho e da livre iniciativa, eleito fundamento do Estado brasileiro. E, sinteticamente, definimos o valor social do trabalho e da livre iniciativa como merecimento inerente ao trabalho humano, em virtude de ser essa a condição indispensável à subsistência e desenvolvido do país. (SANTOS, 2002, p. 92-95)

Portanto, a previsão constitucional a respeito da inspeção do trabalho decorre dos fundamentos do Estado brasileiro, em especial, aos valores sociais do trabalho, e visa atingir os objetivos desse Estado. Em última análise, também garante a sobrevivência e o desenvolvimento do próprio Estado brasileiro, porque visa equilibrar as relações trabalhistas, à proteção ao trabalho e à livre iniciativa, pois o trabalho humano é indispensável à produção de riqueza no país e por atribuir valor social à propriedade (SANTOS, 2002, p. 95).

Essa disposição constitucional está regulamentada por leis e atos normativos. No que tange às leis, relevante apontar a CLT, Título VII "Do processo de multas administrativas", arts. 626 e seguintes, destacando-se que a maioria desses dispositivos legais são anteriores à própria Constituição Federal e à ratificação da Convenção nº 81 da OIT no ordenamento jurídico brasileiro. E dentre os atos normativos, nota-se o Decreto nº 4.552, de 27.12.2002, que aprovou o Regulamento da Inspeção do Trabalho – RIT –, que "reproduz a Conv. 81, da OIT, com as devidas adaptações, inclusive as autorizadas pelo instrumento internacional" (MANNRICH, 2005) e "Tem como finalidade assegurar a aplicação da legislação trabalhista em todo território nacional. Mais especificamente, descreve a estrutura organizacional da inspeção, as obrigações e os prerrogativas dos(as) auditores(as)-fiscais do trabalho" (ORGANIZAÇÃO INTERNACIONAL DO TRABALHO, 2010, p. 18).

3 Finalidades e objetos

O art. 3º da Convenção nº 81 da OIT aponta as finalidades da inspeção do trabalho: a) aplicação das disposições legais sobre condições do trabalho e proteção aos trabalhadores no exercício da função; b) informação e aconselhamento técnico a empregadores e trabalhadores sobre os meios de observar as disposições legais; e c) cientificar a autoridade competente de deficiências ou abusos que não estão compreendidos nas disposições legais existentes.

Baseado nessa convenção, Mannrich (2005) conclui que são finalidades da inspeção do trabalho:

> Coube à Conv. 81, da OIT, determinar a finalidade da Inspeção do Trabalho: velar pelo cumprimento de todos os dispositivos legais relacionados a trabalho e proteção dos trabalhadores; assessorar empregados e empregadores sobre o cumprimento da legislação trabalhista; levar ao conhecimento das autoridades os abusos praticados em relação às situações não previstas em lei.

E, para Vale (2004, p. 19), são "[...] finalidades institucionais da fiscalização do trabalho [...] a orientação dos empregadores no cumprimento das normas trabalhistas, especialmente as normas de segurança e medicina do trabalho, que é campo dos mais tormentosos na rotina da *empresa*" (grifos no original).

Na visão de Sussekind (2003, p. 1287): "A inspeção do trabalho é atividade da maior importância, já que o Estado, por seu intermédio, assegura o cumprimento das leis de proteção ao trabalhador [...] objetivando garantir a realização do direito perante seu destinatário: o empregado".

As finalidades da inspeção do trabalho são, portanto, assegurar o cumprimento das normas trabalhistas, informar e orientar empregadores e trabalhadores sobre a efetivação dessas normas e comunicar às autoridades o descumprimento.

Essa inspeção é aplicável aos estabelecimentos em que os inspetores do trabalho devem assegurar a aplicação dos dispositivos legais referentes às condições de trabalho e à proteção dos trabalhadores no exercício da profissão, nos termos do art. 23 da Convenção nº 81 da OIT. E de acordo com o art. 9º do RIT, estão sujeitos à inspeção do trabalho todas as empresas, estabelecimentos e locais de trabalho, públicos ou privados, estendendo-se aos profissionais liberais e instituições sem fins lucrativos, bem como às embarcações estrangeiras em águas territoriais brasileiras. Afinal, todos podem ser objeto do poder de polícia: particular, pessoa jurídica de direito público, política ou administrativa e pessoa jurídica de direito privado integrante da Administração Pública (CARVALHO, 2009).

E para o desempenho desse mister, os arts. 12 e 13 da Convenção nº 81 da OIT preveem prerrogativas aos agentes da inspeção do trabalho, tais como penetrar livremente e sem aviso anterior em qualquer estabelecimento sujeito à inspeção; examinar materiais e documentos; interrogar os empregados e o empregador, ou o representante dele;

adotar medidas que eliminem os defeitos encontrados; ordenar modificações nas instalações ou medidas imediatas, em caso de perigo iminente, relativos à saúde e à segurança dos trabalhadores.

Por fim, as disposições legais compreendem a legislação, as sentenças arbitrais, as convenções coletivas e os acordos coletivos relativos às normas trabalhistas, em conformidade com o art. 27 da Convenção nº 81 da OIT.

Contudo, diante dos fundamentos e finalidades esculpidos na norma internacional, critica-se o enfoque dado pela CLT à inspeção do trabalho.

A Convenção nº 81 da OIT foi rerratificada pelo Brasil e, por isso, integra o ordenamento jurídico brasileiro. Essa norma internacional atribui como finalidade principal da inspeção do trabalho a orientação, ao passo que a CLT, em especial os arts. 626 e 628, instituiu a regra da punição para o descumprimento das normas de proteção ao trabalho, inclusive sob pena de responsabilidade administrativa do fiscal. Portanto, a lei brasileira está na contramão da recomendação da OIT.

Do mesmo modo, o RIT prescreve a possibilidade de orientação apenas em caráter excepcional, ao prever que o auditor fiscal do trabalho ministre orientações quando atendidos os critérios de conveniência e oportunidade (art. 18, II do RIT), para a dupla visita (art. 23 do RIT) e no procedimento especial, este diante de motivo grave ou relevante que impossibilite ou dificulte o cumprimento da legislação trabalhista (arts. 27 e 28 do RIT). Em virtude da excepcionalidade, essas disposições são insuficientes para dar efetividade à recomendação internacional.

Além disso, nota-se que as punições apenas exploram o caráter repressivo da conduta irregular. Por isso, a primazia da informação e da orientação, como sugerido pela OIT, é relevante. Afinal, de cunho pedagógico, visam esclarecer aos envolvidos nas relações de emprego qual é o efetivo cumprimento da lei, incentivando as condutas conformes, fazendo nascer uma cultura de proteção pelos próprios atores.

Sobre o benefício da orientação, em detrimento da sanção imediata, ao tecer comentários sobre a dupla visita, Vale (2004, p. 25, grifos nossos) afirma:

> É mister ressaltar que o critério da dupla visita não atenta contra quaisquer direitos do trabalhador. Pelo contrário, obriga a fiscalização a orientar os empregadores a torná-los efetivos, sob pena de, na segunda visita, lavrar o auto ou autos de infração, se houver mais de uma infração. Se a fiscalização autuasse na primeira visita, o empregador ver-se-ia

praticamente compelido a se defender na esfera administrativa e protelar o benefício ao empregado. *Com a orientação prévia, pode o empregador se convencer de que é melhor cumprir a exigência do que discutir administrativa e/ou judicialmente a questão.*

Portanto, a orientação objetiva o cumprimento voluntário das normas de proteção ao trabalho, podendo ser um mecanismo mais eficaz que a sanção imediata.

4 Sistema Nacional de Inspeção do Trabalho: órgãos competentes

O art. 21, XXIV, da CRFB/88 prevê como competência da União organizar, manter e executar a inspeção do trabalho, com base nas recomendações da Convenção nº 81 da OIT. Para tanto, foi instituído o Sistema Federal de Inspeção do Trabalho, cuja autoridade central é o Ministério do Trabalho e Emprego – MTE –, a teor do art. 1º do RIT.

O sistema é composto por autoridades de direção, auditores fiscais do trabalho e agentes de higiene e segurança do trabalho. É o disposto no art. 2º do RIT:

> Art. 2º Compõem o Sistema Federal de Inspeção do Trabalho:
> I - autoridades de direção nacional, regional ou local: aquelas indicadas em leis, regulamentos e demais atos atinentes à estrutura administrativa do Ministério do Trabalho e Emprego;
> II - Auditores-Fiscais do Trabalho; (Redação dada pelo Decreto nº 4.870, de 30.10.2003)
> III - Agentes de Higiene e Segurança do Trabalho, em funções auxiliares de inspeção do trabalho.

No Brasil, o MTE é o órgão central do sistema de fiscalização do trabalho por meio da Secretaria de Inspeção do Trabalho – SIT, a quem compete fixar diretrizes, orientar e monitorar as ações fiscais e promover estudos relacionados ao tema. Divide-se em dois departamentos: Departamento de Fiscalização do Trabalho – DEFIT – e Departamento de Segurança e Saúde no Trabalho – DSST (ORGANIZAÇÃO INTERNACIONAL DO TRABALHO, 2010).

O MTE também atua por unidades descentralizadas, as denominadas Superintendências Regionais do Trabalho e Emprego – SRTEs –, as quais competem execução, supervisão e monitoramento de ações relacionadas a políticas públicas afetadas ao MTE na sua área de jurisdição, nos termos do art. 21 do Decreto nº 5.063/2004, incluindo, então, a fiscalização do trabalho. As STREs estão presentes nos 26 estados e no Distrito Federal. Quanto à organização interna das SRTEs,

> podem se desmembrar em Gerências e Agências Regionais.[...] Hierarquicamente subordinadas às SRTE, as Gerências apóiam as Superintendências na prestação de serviços ao trabalhador. [...] As Agências Regionais destinam-se a prestar esclarecimentos e serviços aos cidadãos [...]. Além das ações fiscais, os ATFs realizam plantões internos nas SRTEs, GRTEs e ARTEs. O plantão de atendimento ao público presta informações sobre direitos trabalhistas e recolhe denúncias de descumprimento de leis. (ORGANIZAÇÃO INTERNACIONAL DO TRABALHO, 2010, p. 20)

Portanto, o MTE também possui estrutura regional para inspeção do trabalho, a cargo das SRTEs, das Gerências Regionais do Trabalho e Emprego – GRTEs – e das Agências Regionais do MTE – ARTEs.

Por fim, merece destaque a atuação do Ministério Público do Trabalho – MPT –, uma das ramificações do Ministério Público – MP –, a teor do art. 128 da CRFB/88 e art. 24 da LC nº 75/93.

O MP é uma instituição permanente, com autonomia funcional e administrativa, para a defesa da ordem jurídica, do regime democrático e dos interesses sociais e individuais indisponíveis (art. 127 da CRFB/88). O MPT, por sua vez, incumbe-se da defesa dos direitos difusos, coletivos, individuais homogêneos e individuais indisponíveis quando pautados na relação de trabalho, cuja atuação pode ser extrajudicial ou judicial (arts. 83 e seguintes da LC nº 75/93).

No que tange à inspeção do trabalho, a atuação do MPT relaciona-se da seguinte maneira:

> É comum também requisitar diligências e fiscalizações por parte dos auditores fiscais do Trabalho que integram a Superintendência Regional do Trabalho e Emprego (SRTE, antiga DRT). Com base nos relatórios elaborados pela SRTE, os membros do MPT podem propor às partes envolvidas nos conflitos a assinatura de termos de ajustamento de conduta (TACs), estabelecendo obrigações e a aplicação de multas em caso de descumprimento. (MINISTÉRIO PÚBLICO DO TRABALHO, 2013, p. 9)

As atuações do MPT e do MTE são diferentes porque a função do MPT é zelar pelo cumprimento da lei, restringindo-se às hipóteses legais; ao passo que a atribuição do MTE é mais ampla, é o dever de inspecionar toda e qualquer circunstância, indiferente de suas características, que traduzir infração à lei trabalhista. Nota-se que as atuações do auditor fiscal do trabalho e do MPT são complementares, e não excludentes:

> Em determinadas circunstâncias, a fiscalização do trabalho pode se deparar com descumprimento generalizado da lei de tal ordem que a imposição de multa não seja suficiente para cessar a ilegalidade detectada, continuando o empregador a descumprir a legislação sem sequer recolher as multas impostas, com total desprezo da ação fiscal.
> Seja pela extensão do fato, seja pela gravidade da infração ou ineficácia da punição, é possível a provocação do Ministério Público, titular da ação civil pública, para agir em juízo.
> Assim, além da penalidade imposta, o empregador, ao descumprir a legislação do trabalho, pode responder em juízo nos autos de ação civil pública. (MANNRICH, 2005)

Portanto, o resultado da fiscalização do trabalho, quando relevante à atividade do MPT, baseará a atuação deste último para a instauração de inquéritos civis, e a proposição de termos de ajustamento de conduta, ou a instauração de ações civis públicas, se infrutífera a negociação extrajudicial. Tudo isso na defesa dos interesses de relações trabalhistas e, em última análise, com o objetivo de fazer cumprir as normas de proteção do trabalho.

5 Princípios da ação fiscal e seus limites

Os princípios são: "as *proposições básicas*, fundamentais, típicas, que condicionam todas as estruturações subsequentes. Princípios, neste sentido, são alicerces da ciência" (CRETELLA JÚNIOR *apud* DI PIETRO, 2015, p. 96, grifos no original).

A ação fiscal rege-se por princípios gerais e específicos.

Os princípios gerais são os comuns a todo ato administrativo (art. 37, *caput* da CRFB/88), na lição de Di Pietro (2015, p. 97-119):

- legalidade: a atuação da Administração limita-se ao permitido em lei;
- impessoalidade: atuação da Administração com vistas ao interesse público, e não a pessoas determinadas, ou que os atos de funcionários são imputáveis ao órgão ou entidade que representa;

- moralidade: probidade administrativa para atos da Administração e do particular que com ela se relaciona;
- publicidade: divulgação dos atos da Administração, salvo hipóteses de sigilo;
- eficiência: alcance de melhores resultados na prestação do serviço público em relação ao modo de atuação do agente público e estruturação da Administração;
- segurança jurídica: irretroatividade de nova interpretação de lei na Administração; e
- razoabilidade ou proporcionalidade: atuação da Administração na medida do atendimento ao interesse público.

Os princípios específicos, na lição de Renzo, citado por Morais (2009), são:
- lealdade e boa-fé: decoro e probidade que orientam a conduta das partes envolvidas na fiscalização; incluem a presunção de inocência do administrado;
- instrução probatória: corolário dos princípios da ampla defesa e do contraditório, consiste na possibilidade de o fiscalizado produzir as provas que julgar convenientes;
- verdade real: busca pela veracidade dos fatos por meio de qualquer prova lícita;
- revisibilidade imediata dos atos: oportunidade para o inspecionado de demonstrar a regularidade de seus atos sempre que constatada irregularidade durante a inspeção;
- preclusão dos procedimentos: dever de fundamentar a revisão de ofício dos atos relativos à fiscalização já encerrada;
- audiência do fiscalizado: direito do auditado de conversar com o auditor e ser ouvido por este;
- objetividade da ação fiscal: atendimento ao interesse público, sem promoção pessoal de agentes e de autoridades.

Esses princípios, aliados a outras disposições normativas e limites do ato administrativo e do poder de polícia, são os limites da ação fiscal.

Em conformidade, Mannrich (2005) assevera que:

> Os agentes da Inspeção do Trabalho submetem-se a limites gerais e específicos. Os limites gerais são os comuns aos dos agentes públicos, tais como os princípios da legalidade, impessoalidade, moralidade, publicidade e eficiência, nos termos do art. 37 da Carta Maior.
>
> Há limites específicos, conforme se vê do Regulamento da Inspeção do Trabalho – RIT, aprovado pelo Decreto n. 4.552, de 27.12.02.

E, segundo Reis (2009):

> cabe ao AFT [auditor fiscal do trabalho] o dever de fiscalizar as relações de trabalho, cujos atos devem ter respaldo e fundamento jurídico, sujeitos aos princípios básicos da Administração Pública, mormente porque potencialmente representam limitação a direitos do administrado.

Conclui-se que a inspeção do trabalho está sujeita a limites gerais e específicos, sendo que os limites gerais são os comuns a todo agente público e os limites específicos estão previstos no RIT.

O princípio da legalidade é o mais importante para atuação e limites dos atos de inspeção. A legalidade, no direito público, autoriza a Administração a atuar apenas naquilo que a lei autoriza, sob pena de invalidade do ato por abuso (MARINELA, 2011, p. 31). Essa legalidade se distingue da legalidade para os particulares: ao agente público só é permitido fazer o que a lei expressamente permite, aos particulares é possível tudo, desde que não vedado por lei (DI PIETRO, 2015, p. 98). Tendo em vista que a inspeção do trabalho é ato administrativo, praticado por agente administrativo, ela está sujeita à legalidade administrativa e a atuação dos fiscais deve acontecer no estrito limite legal.

Em sentido semelhante, Garcia (2014): "O auditor-fiscal do trabalho, em exercício de atividade administrativa, de natureza vinculada, exerce poderes-deveres, o que necessita ser feito dentro dos limites da lei, sob pena de incidir em abuso ou desvio de poder".

Portanto, o respeito ao princípio da legalidade é crucial à validade da inspeção do trabalho e dos atos dela decorrentes, sendo, por isso, importante limite à ação fiscal, sob pena de configurar abuso ou desvio de poder.

Destacam-se também as balizas decorrentes do princípio da proporcionalidade, pois são limitações ao poder de polícia:

> A principal limitação ao poder de polícia é a necessidade de o mesmo ser utilizado na exata proporção em que a proteção do interesse social assim justifica. Não se admite sacrifício de direitos e liberdades individuais protegidos constitucionalmente se, a amparar este condicionamento, não se encontra o interesse público primário em favor de que se reconhece posição de supremacia. (CARVALHO, 2009, p. 350)

Então, a proporcionalidade é importe baliza à ação fiscal porque esta deve ser utilizada na medida exata à proteção do interesse público que autoriza a fiscalização.

Conclui-se que os princípios são importantes limitações à atuação durante a inspeção do trabalho e à ação fiscal.

Sobre as limitações impostos pelo RIT:

> a atuação de auditor fiscal do trabalho restringe-se a determinada área que lhe foi conferida. A lei prevê em que situações, excepcionalmente, poderá agir fora daquela circunscrição.
>
> De qualquer forma, a análise dos diversos limites de sua atuação leva em conta a extensão de seus poderes e de seus deveres, não se admitindo qualquer abuso, sob pena das medidas legais cabíveis. (MANNRICH, 2006, p. 2)

Incluem-se nas limitações os elementos do ato administrativo, vez que a ação fiscal possui natureza jurídica de poder de polícia. Sobre a limitação do poder de polícia:

> Como todo ato administrativo, a medida de polícia, ainda que seja discricionária, sempre esbarra em algumas limitações impostas pela lei, quanto à *competência* e à forma, aos *fins* e mesmo com relação aos *motivos* ou ao *objeto*; quanto aos dois últimos, ainda que a Administração disponha de certa dose de discricionariedade, esta deve ser exercida nos limites traçados pela lei. (DI PIETRO 2015, p. 163, grifos no original)

No mesmo raciocínio, Reis (2009) destaca a limitação da ação fiscal pelos elementos do ato administrativo, pois são os requisitos deles que conferem validade ao ato. Sobre os elementos, assim os define:

> Sujeito é o autor do ato, que detém competência administrativa para exercê-lo.
>
> Forma é o revestimento e modo pelo qual o ato se exterioriza.
>
> Objeto é o conteúdo do ato, aquilo sobre o qual é disposto.
>
> Motivo é a situação objetiva que enseja e justifica a prática do ato.
>
> E finalidade é o bem jurídico que será atendido com a realização do ato, é o fim a que se propõe.

Outra importante limitação à ação fiscal é a dupla visita, de observância obrigatória para as hipóteses legais: novas leis, regulamentos ou instrumentos ministeriais e estabelecimento e local de trabalho recém-inaugurado – nas duas situações considera-se o prazo de noventa dias (art. 627 da CLT c/c art. 23, §1º do RIT) –; empresas com até dez empregados (art. 6º, §3º da Lei nº 7.855/1989); microempresas e empresas de pequeno porte (art. 55 da LC nº 123/2006), salvo se constatada infração por falta de registro de empregado ou anotação da Carteira de Trabalho e Previdência Social – CTPS –; reincidência; fraude, resistência ou embaraço à fiscalização (GARCIA, 2014; VALE, 2004, p. 19-28).

A responsabilidade administrativa do auditor fiscal do trabalho também é limitação à ação fiscal. Isso porque o art. 17.2 da Convenção nº 81 da OIT prevê que "Os inspetores de trabalho terão a *liberdade* de fazer advertências ou de dar conselhos, em vez de intentar ou recomendar ações" (grifos nossos). Não obstante, o art. 628 da CLT impõe ao auditor fiscal do trabalho o dever de lavrar o auto de infração quando concluir pela ocorrência de violação a preceito legal, sob pena de responsabilidade administrativa. Portanto, constatada a irregularidade, o auditor fiscal do trabalho possui dever de autuar.

Portanto, são limites da ação fiscal os princípios que a norteiam, os elementos do ato administrativo e os impositivos legais, tais como a restrição de área, extensão dos poderes e deveres de atuação, as hipóteses para a dupla visita e a responsabilidade administrativa do fiscal.

5.1 O princípio da legalidade e a ação fiscal

O princípio da legalidade está previsto no art. 5º, II e no art. 37, *caput*, ambos da CRFB/88. O primeiro estabelece que apenas a lei poderá obrigar alguém a fazer ou deixar de fazer, enquanto o segundo prescreve que a Administração Pública obedecerá ao princípio da legalidade, e também aos princípios da impessoalidade, moralidade, publicidade e eficiência.

Para Di Pietro (2015, p. 98), "na relação administrativa, a vontade da Administração Pública é a que decorre da lei", de modo que a ela "só pode fazer o que a lei permite". É o que Marinela (2011) denomina de critério de subordinação à lei. Ela acrescenta que essa situação decorre do interesse da coletividade que se representa e também que a validade e a eficácia da atividade administrativa condicionam-se à observância da norma legal, sob pena de desvio, sujeito à responsabilidade do administrador público. E para Carvalho (2008), é a exigência de subsunção com regra legal permissiva e consiste no conceito clássico de legalidade. Sobre o assunto, conclui Mello (2012, p. 103, grifos no original): "a consagração da ideia de que a Administração Pública só pode ser exercida na conformidade da lei e que, de conseguinte, a atividade administrativa é atividade sublegal, infralegal, consistente na expedição de *comandos complementares* à lei".

Nesse ponto, o princípio da legalidade no âmbito administrativo diverge-se daquele aplicado às relações entre particulares, porque a legalidade, para o direito privado, consiste em assegurar "a liberdade de fazer tudo o que a lei não proíbe quando da gestão dos seus interesses (exigência de não contradição à lei)" (CARVALHO, 2008, p. 48). É o prestígio à autonomia da vontade porque se estabelece uma relação de não contradição à lei (MARINELA, 2011).

Além da noção clássica,

> enquadra-se na *legalidade* a ação administrativa conforme as regras expressas nas leis vigentes e na Constituição. Na *legitimidade*, além do cumprimento das regras jurídicas, tem-se o atendimento da moral administrativa e da finalidade pública. Assim sendo, a legalidade atende-se com a concreção das regras legais e constitucionais. A legitimidade, além de abranger o cumprimento das regras jurídicas, abarca também a moralidade e a finalidade pública. (CARVALHO, 2008, p. 49, grifos no original)

Carvalho (2008) ainda afirma que a simples legalidade passou a ser insuficiente para legitimação do direito, pois é necessária a ampliação para a noção de juridicidade, a qual abrange, além da regra legal, os princípios gerais de direito previstos na CRFB/88, sejam eles implícitos ou explícitos. E conclui:

> Destarte, atualmente quando se fala que, segundo o princípio da legalidade, o administrador público somente pode agir se a lei expressamente o autoriza, entenda-se lei como toda norma jurídica, princípios constitucionais explícitos ou implícitos, princípios gerais de direito, regras legais, normas administrativas (decretos, portarias, instruções normativas, etc.).
> [...] Trata-se de trazer para o processo de aplicação do sistema os valores consagrados na sociedade e os objetivos expressos na Constituição. Inadmite-se uma absurda inversão hierárquica entre os valores fundamentais que devem prevalecer na sociedade e as regras específicas tantas vezes divorciadas das finalidades públicas. (CARVALHO, 2008, p. 53)

Portanto, entende-se que o princípio da legalidade é mais que o respeito à lei em sentido estrito, mas à observância ao ordenamento jurídico, à moralidade e à finalidade pública. Carvalho (2008) acredita, ainda, que essa concepção da legalidade permite a limitação de abusos, inclusive daqueles cometidos na atividade legislativa ou na atividade administrativa de regulamentação e de execução.

Destaca-se que o princípio da legalidade não se confunde com os princípios da tipicidade e da reserva legal (CARVALHO, 2008; MARINELA, 2011). Tipicidade é a existência prévia de regra legal que prevê cada conduta do Poder Público, mas a legalidade dispensa esse rigor (CARVALHO, 2008), de modo que não se exige que cada conduta do administrado público esteja expressamente prevista em alguma norma, mas que a conduta dele esteja em conformidade com o sistema jurídico. E reserva legal é a exigência, pela CRFB/88, de uma espécie normativa específica para regulamentar dada matéria, todavia não é esse o alcance da legalidade, a qual pressupõe, em sentido amplo, que o comportamento administrativo se sujeite às normas jurídicas previstas no ordenamento jurídico (CARVALHO, 2008; MARINELA, 2011).

Em suma, o princípio da legalidade é o respeito ao sistema jurídico, à moralidade e à finalidade pública. E no âmbito administrativo é o limite da atuação da Administração Pública ao permitido em lei. No que toca à inspeção do trabalho, é essencial à ação fiscal e à finalidade do instituto, pois a proteção das normas trabalhistas, que buscam concretizar os fundamentos da República Federativa do Brasil, em especial os valores sociais do trabalho e da livre iniciativa, visam, em última análise, a proteção ao interesse público.

Por isso a importância do princípio da legalidade para atuação e limites dos atos de inspeção. A inobservância incide em abuso ou desvio de poder (GARCIA, 2014). Desse modo, o respeito à legalidade é condição de validade da inspeção do trabalho e dos atos dela decorrentes. Isto é, limita os poderes da inspeção do trabalho, os quais estão estipulados na Convenção nº 81 da OIT, em consonância com a legislação federal, e o procedimento fiscal, que deve respeitar as garantias individuais, o que engloba a ação desde os procedimentos controlados do Sistema Federal de Inspeção do Trabalho que dão início ao processo de fiscalização, passando pela chegada do fiscal nas dependências da empresa, até a conclusão do ato (RENZO *apud* MORAIS, 2009).

A exemplo, observa-se que a responsabilidade administrativa do auditor fiscal do trabalho decorre da legalidade. Isso porque o art. 628 da CLT determina que é imprescindível a lavratura de auto de infração quando o fiscal concluir pela existência de violação de preceito legal, sob pena de responsabilidade administrativa. Do mesmo modo, é a obrigatoriedade de adoção do critério da dupla visita pelo auditor quando verificadas as hipóteses legais.

Outra repercussão prática da aplicação do princípio da legalidade no processo de fiscalização é a necessidade da correta tipificação da irregularidade no auto de infração. A capitulação incorreta gera a insubsistência do auto de infração. Nesse caso, o auto de infração será nulo, pois há prejuízo na defesa do autuado, o que levará à ilegalidade da cobrança (MINAS GERAIS, 2014).

Feitas as considerações acima, conclui-se que o princípio da legalidade é o mais importante para ação fiscal, pois toda a atuação durante a inspeção do trabalho deve ser feita dentro dos limites da lei, sob pena de configurar abuso e anular o ato administrativo.

6 Revisão jurisprudencial

A ação fiscal submete-se ao controle do Poder Judiciário, em virtude do direito de ação, que assegura a qualquer pessoa recorrer-se da ação judicial sempre que ocorrer lesão ou ameaça de lesão a algum direito:

> Todo e qualquer ato da fiscalização sujeita-se à revisão do Poder Judiciário, por força da garantia constitucional do direito de ação, sendo ao acusado garantido o devido processo legal, com os recursos e meios a ele inerentes (CRFB/88 art. 5º, LV).
>
> Segundo o princípio da indeclinabilidade do direito de ação, na ocorrência de lesão ou ameaça de lesão, o ordenamento jurídico, seja no âmbito da lei processual civil comum, seja na hipótese de lei processual especial, assegura a ação pertinente para provação jurisdicional. (MANNRICH, 2005)

Umas das principais questões levadas à apreciação do Poder Judiciário brasileiro em matéria de inspeção do trabalho é a possibilidade de o auditor fiscal do trabalho reconhecer a existência de vínculo empregatício em uma relação trabalhista, aplicando-se multa administrativa ao empregador que não efetuar o registro de empregados.

A doutrina não é unânime sobre o tema. Garcia (2014) defende essa possibilidade ao argumento de que o reconhecimento da relação de empregado pelo auditor fiscal do trabalho não configura invasão da competência jurisdicional da Justiça do Trabalho, pois com ela não se confunde; e também pelo poder-dever do agente da inspeção de fiscalizar o fiel cumprimento das normas de proteção trabalhista, aplicando-se as sanções previstas em lei para as hipóteses de violação, sob pena de responsabilidade administrativa.

No mesmo sentido, Cabral e Costa (2002, p. 27): "Compete ao Auditor-Fiscal do Trabalho, na ação fiscal, decidir se a relação de trabalho encontrada é ou não uma relação de emprego. A legislação atual reguladora do estágio, se aplicada literalmente, representa um óbice à caracterização do vínculo empregatício".

Por outro lado, Sérgio Pinto Martins, citado por Cabral e Costa (2002), entende que apenas a Justiça do Trabalho é competente sobre a matéria de vínculo de emprego, afastando tal atribuição do auditor fiscal do trabalho.

No Poder Judiciário a divergência persiste.

Sobre a possibilidade de o auditor fiscal do trabalho reconhecer o vínculo empregatício sempre que verificar a ocorrência dos elementos fáticos jurídicos da relação de emprego é a decisão da 6ª Turma do TST, proferida em 5.11.2014, em sede de recurso de revista, por unanimidade:

RECURSO DE REVISTA. EXECUÇÃO FISCAL. MULTA ADMI-NISTRATIVA. AUTO DE INFRAÇÃO. COMPETÊNCIA DO AUDITOR FISCAL DO TRABALHO PARA RECONHECER FRAUDE E VÍNCULO DE EMPREGO. É atividade típica do Poder Executivo assegurar a fiel execução das leis, entre as quais se incluem as trabalhistas (art. 21, XXIV, e 84, IV, da CRFB/88/88). A imposição de multas administrativas pelo descumprimento das normas trabalhistas é inerente ao poder de polícia do Estado. Além disso, a imposição de multa pela violação do art. 41 da CLT, decorre do estrito cumprimento do princípio da legalidade administrativa (art. 37, caput, da CRFB/88/88) e da observância do disposto nos arts. 47 e 48 da Consolidação das Leis do Trabalho. Está legalmente previsto dentro das atribuições do auditor-fiscal do trabalho verificar os registros dos trabalhadores, cabendo ao auditor do trabalho aferir, mediante uma análise detalhada e circunstanciada do caso concreto, se a intermediação de mão de obra é ilícita e se há fraude na instituição de cooperativa, para dar fiel cumprimento ao disposto nos arts. 8º e 9º da CLT. Trata-se de um poder-dever que decorre do próprio conceito de Estado Democrático de Direito. O que se veda é o abuso de poder, por excesso de competência ou desvio de finalidade, o que não se constatou no caso concreto. Assim, é válida a autuação decorrente dos Autos de Infração objetos desta execução fiscal, que atesta que houve fraude na constituição da cooperativa e na intermediação de mão de obra. Recurso de revista a que se dá provimento. (BRASIL, 2014)

A decisão acima defende a competência do auditor fiscal do trabalho para reconhecer a existência de vínculo empregatício e autuar o infrator, independentemente de decisão judicial prévia, por constatar no caso concreto fraude na constituição de cooperativa, pois configurada relação de emprego entre os cooperados e o tomador de serviço.

São os fundamentos da decisão:

1) atribuição do auditor fiscal do trabalho a fiscalização do fiel cumprimento das normas de proteção ao trabalho (art. 626 da CLT);
2) atividade típica do Poder Executivo de assegurar a execução das leis, incluindo as trabalhistas (arts. 21, XXIV, e 84, IV da CRFB/88);
3) imposição de multas administrativas por descumprimento das normas de proteção ao trabalho é inerente ao poder de polícia do Estado e decorre do princípio da legalidade administrativa (art. 37 da CRFB/88). Além disso, a multa pela manutenção de empregado sem registro em CTPS está prevista expressamente nos arts. 47 e 48 da CLT;
4) atribuição legal do auditor fiscal do trabalho de verificar os registros na CTPS e de recolhimento do FGTS, com intuito de reduzir os índices de informalidade e maximizar a arrecadação (art. 11, II e III da Lei nº 10.593/2002 – que organiza a carreira de auditoria fiscal do trabalho, entre outras providências). E, via de consequência, cabe a ele a análise circunstanciada para aferir a ocorrência de fraude e constatar no caso concreto a existência de relação de emprego, para cumprir a lei trabalhista, em especial os arts. 8º e 9º da CLT;
5) negar essa atribuição ao auditor fiscal do trabalho é esvaziar a própria atividade administrativa do Estado;
6) condicionar o reconhecimento do vínculo empregatício à apreciação do Poder Judiciário é violar o princípio da separação dos poderes.

Portanto, concluiu a 6ª Turma do TST que não há usurpação da competência da Justiça do Trabalho quando o auditor fiscal do trabalho, em análise circunstanciada, reconhece a existência de vínculo empregatício.

Em sentido contrário é a decisão da 5ª Turma do TST, em 7.12.2011, em julgamento de recurso de revista:

> AUDITOR FISCAL DO TRABALHO. ART. 41 DA CLT. REGISTRO DE EMPREGADOS. RECONHECIMENTO DE VÍNCULO DE EMPREGO. COMPETÊNCIA. A competência atribuída à União para organizar, manter e executar a inspeção do trabalho, fixada no art. 21, inc. XXIV, da Constituição da República, não encampa a hipótese de o Auditor Fiscal do Trabalho reconhecer o vínculo de emprego. Esta, é competência atribuída pelo legislador constituinte exclusivamente à

Justiça do Trabalho no art. 114 da Constituição da República. Note-se que mesmo nos casos em que o vínculo de emprego é reconhecido em juízo, determina-se a expedição de ofícios à DRT, para as providências necessárias com relação à fiscalização do trabalho. Dessa forma, não há cogitar de competência do Auditor Fiscal do Trabalho para reconhecer vínculo de emprego, sendo insubsistente o auto de infração. Recurso de Revista de que se conhece e a que se nega provimento. (BRASIL, 2011)

No julgado acima, defende-se a tese de que apenas a Justiça do Trabalho pode reconhecer a existência de vínculo empregatício de uma relação. Portanto, essa análise não pode ser feita pelo auditor fiscal do trabalho, sendo insubsistente o auto de infração quando o fiscal reconhece o vínculo de emprego, sem prévia declaração da justiça especializada.

A aludida decisão sustenta os seguintes fundamentos:

1) a competência para reconhecimento de vínculo de emprego está prevista no art. 114 da CRFB/88 e é exclusiva da Justiça do Trabalho;

2) competência atribuída à União para organizar, manter e executar a inspeção do trabalho (art. 21, XXIV da CRFB/88) não engloba a hipótese de se reconhecer vínculo empregatício, pois o reconhecimento do vínculo empregatício é competência atribuída pelo legislador constituinte apenas à Justiça do Trabalho;

3) o auto de infração lavrado quando o auditor fiscal do trabalho reconhece a existência de vínculo de emprego é insubsistente.

Além disso, a decisão do tribunal regional, mantido pelo acórdão citado acima, observa que se a Justiça do Trabalho reconhecer o vínculo de emprego entre as partes, concluindo pela ocorrência de irregularidades, ela acionará a Delegacia Regional do Trabalho – atualmente a SRTE – para que esta tome as providências cabíveis, o que inclui a realização de fiscalização, se for o caso, com a respectiva lavratura de auto de infração. Desse modo não haveria prejuízo ao empregado reconhecer que apenas a Justiça do Trabalho é competente para reconhecer a existência de vínculo empregatício (BRASIL, 2011).

Portanto, concluiu a 5ª Turma do TST que o auditor fiscal do trabalho invade a competência da Justiça do Trabalho quando aquele reconhece a existência de vínculo empregatício, em análise casuística.

Desse modo, verifica-se a ocorrência de divergência doutrinária e jurisprudencial sobre o tema.

Nota-se que a discussão versa sobre a interpretação e o alcance das normas que compõem o ordenamento jurídico brasileiro em matéria de inspeção do trabalho. Afinal, de acordo com o princípio da legalidade, os agentes de fiscalização apenas podem agir dentro dos limites das normas constitucionais e legais. Sendo assim, a principal divergência é a extensão do disposto no art. 21, XXIV da CRFB/88, se a atividade exclusiva da União organizar, manter e executar a inspeção do trabalho, e com isso zelar pelo cumprimento das normas trabalhistas, permite ao auditor fiscal do trabalho reconhecer a existência de vínculo empregatício, em análise ao caso concreto.

7 Conclusão

A fiscalização do trabalho visa assegurar a efetividade das normas trabalhistas por meio de sanções e orientações. A atuação do auditor fiscal do trabalho é atividade administrativa vinculada: sempre que perceber a violação dos dispositivos legais, há poder-dever de autuar o infrator, ainda que a irregularidade encontrada não seja, a princípio, o objeto do ato. Ademais, há responsabilidade administrativa desses fiscais.

Uma das principais repercussões jurisprudências sobre o tema é a possibilidade de o auditor fiscal do trabalho reconhecer a existência de vínculo empregatício e fraude do empregador, sancionando-o. Há divergência entre as decisões encontradas. De um lado, defende-se a possibilidade de reconhecimento do vínculo de emprego pelo fiscal do trabalho, após análise casuística, e obrigatoriedade de autuar o infrator. De outro, há quem entenda que a competência de reconhecimento do vínculo é exclusiva da Justiça do Trabalho.

O melhor entendimento é o primeiro deles, segundo o qual é atribuição do auditor fiscal do trabalho verificar a existência da relação de emprego quando presentes os pressupostos fático jurídicos, independentemente de prévia manifestação do Poder Judiciário. Os fundamentos são diversos, e já expostos no capítulo anterior, nos quais inclui-se a função do Poder Executivo de interpretar e aplicar a legislação vigente e previsão legal específica da atribuição do fiscal do trabalho e da multa administrativa.

Além disso, nota-se que a atuação do fiscal não impede a defesa do autuado, seja pela via administrativa ou judicial. De modo que atribuir tal competência ao auditor fiscal do trabalho não afasta do Poder Judiciário a discussão sobre a efetiva existência da relação de emprego. Portanto, não há invasão de competência.

Observa-se, ainda, que o Poder Judiciário deixa de atuar em diversos casos de violações a direitos trabalhistas, em especial ao trabalho informal. Isso porque o Judiciário atua apenas quando provocado pela parte interessada. Via de consequência, a maioria dos que sofreram violação a direitos trabalhistas opta por propor reclamatórias após o fim do contrato de trabalho, quando só é possível buscar por reparações pecuniárias. Nesse particular, a fiscalização do trabalho tem melhores condições de buscar o efetivo cumprimento das normas trabalhistas durante a relação de emprego, porque é ato vinculado e atua independentemente de provocação do interessado.

Dessa forma, conclui-se que o reconhecimento dessa competência ao auditor fiscal do trabalho está em consonância com o ordenamento jurídico brasileiro. E mais, reforça o poder da inspeção do trabalho e sua importância cotidiana. Principalmente porque objetiva o respeito às normas de proteção ao trabalho durante o vínculo contratual.

Abstract: The labor inspection finds support in international and national standards. The legal status is of special police powers, which accrue prerogatives on the job. The inspection is very important because it aims at the compliance with the standards of protection to labor through the assessment, guidance and sanction to cleanse up the irregularities found. In Brazil, the competence of the activity is exclusive to the Union and the main authority is the Ministry of Labor and Employment. The labor inspection is governed by principles, which also limit the fiscal action, along with legal provisions that rule it. Finally, there is the discussion about the possibility of the labor's tax auditor recognizing the existence of an employment relationship when he notes the occurrence of legal factual elements of the employment relationship and the employer fraud, pointing up the knowledge found in the Superior Labor Court on the theme.

Keywords: Labor inspection. National Labor Inspection System. Limits.

Referências

BANDEIRA DE MELLO, Celso Antônio. *Curso de direito administrativo*. 29. ed. rev. e atual. São Paulo: Malheiros, 2012.

BRASIL. *Constituição da República Federativa do Brasil de 1988*. Disponível em <http://www.planalto.gov.br/ccivil_03/constituicao/ConstituicaoCompilado.htm>. Acesso em: 20 maio 2015.

BRASIL. *Decreto nº 4.552, de 27 de dezembro de 2002*. Aprova o Regulamento da Inspeção do Trabalho. Disponível em: <http://www.planalto.gov.br/ccivil_03/decreto/2002/d4552.htm>. Acesso em: 9 jun. 2015.

BRASIL. *Decreto nº 5.063, de 3 de maio de 2004.* Aprova a Estrutura Regimental e o Quadro Demonstrativo dos Cargos em Comissão e das Funções Gratificadas do Ministério do Trabalho e Emprego, e dá outras providências. Disponível em: <http://www.planalto. gov.br/ccivil_03/_ato2004-2006/2004/decreto/d5063.htm>. Acesso em: 21 jun. 2015.

BRASIL. *Decreto nº 95.461, de 11 de dezembro de 1987.* Revoga o Decreto nº 68.796, de 23 de junho de 1971, e revigora o Decreto nº 41.721, de 25 de junho de 1957, concernentes à Convenção nº 81, da Organização Internacional do Trabalho. Disponível em <http:// www.planalto.gov.br/ccivil_03/decreto/Antigos/D95461.htm>. Acesso em: 25 maio 2015.

BRASIL. *Decreto-lei nº 5.452, de 1º de maio de 1943.* Aprova a Consolidação das Leis do Trabalho. Disponível em: < http://www.planalto.gov.br/ccivil_03/decreto-lei/Del5452. htm>. Acesso em: 19 maio 2015.

BRASIL. *Lei Complementar nº 123, de 14 de dezembro de 2006.* Institui o Estatuto Nacional da Microempresa e da Empresa de Pequeno Porte; altera dispositivos das Leis no 8.212 e 8.213, ambas de 24 de julho de 1991, da Consolidação das Leis do Trabalho – CLT, aprovada pelo Decreto-Lei nº 5.452, de 1º de maio de 1943, da Lei no 10.189, de 14 de fevereiro de 2001, da Lei Complementar no 63, de 11 de janeiro de 1990; e revoga as Leis nºs 9.317, de 5 de dezembro de 1996, e 9.841, de 5 de outubro de 1999. Disponível em: <http://www.planalto.gov.br/ccivil_03/leis/LCP/Lcp123.htm>. Acesso em: 21 jun. 2015.

BRASIL. *Lei Complementar nº 75, de 20 de maio de 1993.* Dispõe sobre a organização, as atribuições e o estatuto do Ministério Público da União. Disponível em: <http://www. planalto.gov.br/ccivil_03/leis/LCP/Lcp75.htm>. Acesso em: 29 jun. 2015.

BRASIL. *Lei nº 10.593, de 6 de dezembro de 2002.* Dispõe sobre a reestruturação da Carreira Auditoria do Tesouro Nacional, que passa a denominar-se Carreira Auditoria da Receita Federal – ARF, e sobre a organização da Carreira Auditoria-Fiscal da Previdência Social e da Carreira Auditoria-Fiscal do Trabalho, e dá outras providências. Disponível em: <http://www.planalto.gov.br/ccivil_03/leis/2002/L10593.htm>. Acesso em: 21 jun. 2015.

BRASIL. *Lei nº 5.172, de 25 de outubro de 1966.* Dispõe sobre o Sistema Tributário Nacional e institui normas gerais de direito tributário aplicáveis à União, Estados e Municípios. Disponível em: <http://www.planalto.gov.br/ccivil_03/leis/L5172.htm>. Acesso em: 17 jun. 2015.

BRASIL. *Lei nº 7.855, de 24 de outubro de 1989.* Altera a Consolidação das Leis do Trabalho, atualiza os valores das multas trabalhistas, amplia sua aplicação, institui o Programa de Desenvolvimento do Sistema Federal de Inspeção do Trabalho e dá outras providências. Disponível em: <http://www.planalto.gov.br/ccivil_03/leis/L7855.htm>. Acesso em: 9 jun. 2015.

BRASIL. Tribunal Superior do Trabalho. *Recurso de Revista nº TST-RR-173700-35.2007.5. 07.0007.* Rel. Min. João Batista Brito Pereira. Disponível em: <http://aplicacao5.tst.jus.br/ consultaDocumento/acordao.do?anoProcInt=2010&numProcInt=166041&dtaPublicacao Str=16/12/2011%2007:00:00&nia=5608119>. Acesso em: 29 jun. 2015.

BRASIL. Tribunal Superior do Trabalho. *Recurso de Revista nº TST-RR-69-36.2010.5.07.0010.* Rel. Min. Kátia Magalhães Arruda. Disponível em: <http://aplicacao5.tst.jus.br/ consultaDocumento/acordao.do?anoProcInt=2014&numProcInt=154010&dtaPublicaca oStr=07/11/2014%2007:00:00&nia=6218639>. Acesso em: 21 jun. 2015.

CABRAL, Fernando André Sampaio; COSTA, José Adilson Pereira. Da defesa das prerrogativas e competências de auditor-fiscal do trabalho. Trabalho apresentado ao Concurso de Monografias do 20º ENAFIT. *In*: ENCONTRO NACIONAL DOS AUDI-TORES FISCAIS DO TRABALHO. *Concurso de Monografias*: Da defesa das prerrogativas e competências do auditor-fiscal do trabalho. Maceió: SINAIT, 2002.

CARVALHO, Raquel Melo Urbano de Carvalho. *Curso de direito administrativo*: Parte geral, intervenção do estado e estrutura da administração. 2. ed. rev., ampl. e atual. Salvador: JusPodvim, 2009.

CARVALHO, Raquel Melo Urbano de Carvalho. *Curso de direito administrativo*: Parte geral, intervenção do estado e estrutura da administração. Salvador: JusPodvim, 2008.

DI PIETRO, Maria Sylvia Zanella. *Direito administrativo*. 28. ed. São Paulo: Atlas, 2015.

GARCIA, Gustavo Filipe Barbosa. *Curso de direito do trabalho*. 8. ed. Rio de Janeiro: Forense, 2014. Disponível em: <http://integrada.minhabiblioteca.com.br/books/978-85--309-5410-9/epubcfi/6/82>. Acesso em: 29 maio 2015.

MANNRICH, Nelson. *Natureza, limites e finalidade da inspeção do trabalho*. A Justiça do Trabalho e as ações relativas às penalidades administrativas. 2005. Disponível em <http://www.soniamascaro.adv.br/boletim/0805/artigo.php> Acesso em: 7 abr. 2015.

MARINELA, Fernanda. *Direito administrativo*. 5. ed. rev., ampl., reform. e atual. Niterói: Impetus, 2011.

MENDES, Gilmar Ferreira; BRANCO, Paulo Gustavo Gonet. *Curso de direito constitucional*. 9. ed. rev. e atual. São Paulo: Saraiva, 2014.

MINAS GERAIS. Tribunal Regional do Trabalho da 3ª Região. *Processo nº 00480-2013-080-03-00-3-RO*. Rel. Juiz Ricardo Marcelo Silva. Disponível em: <http://as1.trt3.jus.br/consulta/redireciona.htm?pIdAcordao=1084556&acesso=6caeaec6b671abfbeb11da80b8 37f345>. Acesso em: 12 jul. 2015.

MINISTÉRIO PÚBLICO DO TRABALHO. *MPT de A a Z*. Brasília, 2013. Disponível em: <http://portal.mpt.mp.br/wps/wcm/connect/portal_mpt/977b0ba8-e030-42d4-9aa3-9389ec72fb6f/21.2.14_REV_Manual+de+A+a+Z_MPT_portugu%C3%AAs_20.02_Baixa. pdf?MOD=AJPERES&CONVERT_TO=url&CACHEID=977b0ba8-e030-42d4-9aa3-9389ec72fb6f>. Acesso em: 30 jun. 2015.

MORAIS, Rafaela Pereira. *Poderes da inspeção do trabalho*. 2009. Disponível em <http://www.joaoboscoluz.com.br/home/impressao.asp?id_secao=39>. Acesso em: 3 jun. 2015.

ORGANIZAÇÃO INTERNACIONAL DO TRABALHO. *As boas práticas da inspeção do trabalho no Brasil*: A inspeção do trabalho no Brasil: pela promoção do trabalho decente. Brasília: OIT, 2010. Disponível em: <http://www.oitbrasil.org.br/sites/default/files/topic/labour_inspection/pub/trabalho_decente_inspecao_280.pdf> Acesso em: 9 jun. 2015.

REIS, Jair Teixeira dos. Auto de infração, advocacia e Justiça do Trabalho. *Âmbito Jurídico*, Rio Grande, ano XII, n. 70, nov. 2009. Disponível em: <http://www.ambito-juridico.com.br/site/index.php?n_link=revista_artigos_leitura&artigo_id=6650>. Acesso em: 31 maio 2015.

SANTANA, Marcell Fernandes. São nossas as lutas, são do povo as conquistas. Trabalho apresentado ao Concurso de Monografias do 20º ENAFIT. *In*: ENCONTRO NACIONAL DOS AUDITORES FISCAIS DO TRABALHO. *Concurso de Monografias*: Da defesa das prerrogativas e competências do auditor-fiscal do trabalho. Maceió: SINAIT, 2002.

SANTOS, Maria Roseniura de Oliveira. O Perfil constitucional da competência na auditoria fiscal do trabalho. Trabalho apresentado ao Concurso de Monografias do 20º ENAFIT. *In*: ENCONTRO NACIONAL DOS AUDITORES FISCAIS DO TRABALHO. *Concurso de Monografias*: Da defesa das prerrogativas e competências do auditor-fiscal do trabalho. Maceió: SINAIT, 2002.

SILVA, Cristiane Leonel Moreira da. *Fiscalização do Trabalho hoje e sempre* – um imperativo dos fundamentos e objetivos constitucionais do Estado brasileiro. Trabalho apresentado ao Concurso de Monografias do 20º ENAFIT. *In*: ENCONTRO NACIONAL DOS AUDITORES FISCAIS DO TRABALHO. *Concurso de Monografias*: Da defesa das prerrogativas e competências do auditor-fiscal do trabalho. Maceio: SINAIT, 2002.

SÜSSEKIND, Arnaldo *et al*. *Instituições de direito do trabalho*. 21. ed. atual. por Arnaldo Süssekind e João de Lima Teixeira Filho. São Paulo: LTr, 2003. v. II.

VALE, Vander Zambeli. *A fiscalização do trabalho e o critério da dupla visita*. 2004. Disponível em: <http://www.trt3.jus.br/escola/download/revista/rev_70_II/Vander_Vale.pdf>. Acesso em: 7 abr. 2015.

Informação bibliográfica deste texto, conforme a NBR 6023:2002 da Associação Brasileira de Normas Técnicas (ABNT):

FREITAS, Juliana Figueiredo de. A inspeção do trabalho e os limites à ação fiscal. In: GONÇALVES, Guilherme Alberto Marinho; HECKERT JÚNIOR, Ival; QUEIROZ JÚNIOR, Antônio Raimundo de Castro (Coord.). *A teoria do direito aplicada*: seleção dos melhores artigos científicos do Programa de Pós-Graduação da Escola Superior de Advocacia da OAB/MG. Belo Horizonte: Fórum, 2016. v. 1. p. 257-283. ISBN 978-85-450-0109-6.

O PROJETO DE LEI Nº 4.330/2004 QUE CONTRARIA OS PRECEITOS DA SÚMULA Nº 331 DO TST E DOS DIREITOS TRABALHISTAS DOS OPERADORES DE *TELEMARKETING* NO BRASIL

LEONARDO AUGUSTO LELIS FAGUNDES

Agradecimentos

Agradeço ao Professor-Orientador Salvador Amormino pela atenção e o norteamento do presente trabalho, que, mesmo com suas diversas atividades profissionais diárias, sempre demonstrou ser solícito, dividindo seu evidente e notório conhecimento jurídico com este eterno aprendiz.

Resumo: Com a terceirização desenfreada da prestação de serviços no Brasil, trazida pelo capitalismo moderno, várias posições de trabalho foram se estratificando e gerando uma subclasse desorganizada e colocada à margem da sociedade. Com atenção e preocupação a esse degradante cenário social de prestação de serviços, a Justiça do Trabalho, juntamente do Ministério do Trabalho e Emprego (MTE) e Ministério Público do Trabalho (MPT), este último em todas as suas esferas de atuação, se mobilizaram para fiscalizar e punir os diversos atos de desvalorização e desrespeito com o trabalhador terceirizado. Atualmente, a bancada do Congresso Nacional vem se dividindo quanto à aceitação do Projeto de Lei nº 4.330 de 2004, que trata de uma possibilidade de terceirização mais expansiva, alcançando de forma desregrada uma gama de atividades profissionais em nosso país, contrariando a teleologia da redação da Súmula nº 331, do Colendo Tribunal Superior do Trabalho. Por essa razão que há mais pontos negativos do que positivos em relação à forma pela qual o Congresso Nacional caminha no tocante à liberação da terceirização nos diversos setores de prestação de serviços no Brasil, em especial ao setor de *telemarketing*, considerado, paralelamente com os serviços bancários, um dos setores que mais apresentam problemas nas áreas social e trabalhista no nosso país.

Palavras-chave: Projeto de Lei nº 4.330/14. Terceirização à brasileira. *Telemarketing/* teleatendimento. Violação à Súmula nº 331 do C. TST. Violação de direitos trabalhistas. Repercussão geral pelo STF. Aspectos sociais relevantes.

Sumário: 1 Introdução – **2** Panorama geral dos serviços de *telemarketing* no Brasil – **3** Breves comentários ao Projeto de Lei nº 4.330, de 2004, que influenciarão negativamente na prestação de serviços terceirizados – **4** Sobre a violação dos preceitos da Súmula nº 331 do Colendo Tribunal Superior do Trabalho e de direitos trabalhistas – **5** Da repercussão geral sobre o assunto da terceirização dos serviços terceirizados no Brasil e suas repercussões nos serviços de *telemarketing* – **6** Como a maioria dos ministros do TST, juízes e desembargadores do Tribunal Regional do Trabalho da 3ª Região vêm analisando a questão da terceirização – **7** Conclusão – Agradecimentos – Anexos

1 Introdução

Com objetiva visão, o professor Maurício Godinho Delgado explica a existência e a formação do fenômeno da terceirização:

> [...] A expressão terceirização resulta de neologismo oriundo da palavra terceiro, compreendido como intermediário, interveniente. Não se trata, seguramente, de terceiro, no sentido jurídico, como aquele que é estranho a certa relação jurídica entre duas ou mais partes. O neologismo foi construído pela área de administração de empresas, fora da cultura do Direito, visando enfatizar a descentralização empresarial de atividades para outrem, um terceiro à empresa. [...]. (DELGADO, 2002, p. 417)

Em campeã evidência do fenômeno da terceirização dos serviços na área empresarial, pode-se citar a terceirização dos serviços de *telemarketing* no Brasil.

Muito se tem discutido sobre a licitude da terceirização dos serviços de *telemarketing* em todo o país.

Há fortes tendências doutrinárias e jurisprudenciais que apontam para caminhos extremamente divergentes, causando muito desconforto para vários operadores do direito, como magistrados, promotores, auditores, fiscais do trabalho e advogados.

Atualmente, os olhares da sociedade estão direcionados para a proposta de aprovação do Projeto de Lei nº 4.330, de 2004, criado na Câmara dos Deputados, de autoria do Deputado Federal Sandro Antônio Scodro (PL/GO) e encaminhada ao Senado Federal para discussão (casa revisora).

Tal projeto de lei tenta regularizar de uma vez por todas o sistema de terceirização de diversas formas de prestação de serviços em todos os nichos do mercado de trabalho no Brasil.

Acontece que, com a permissão e a legalização desenfreada da chamada "terceirização à brasileira", vários direitos trabalhistas serão suprimidos se o mencionado projeto legislativo for aprovado nas duas casas congressistas e sancionado pela atual presidente da República; direitos esses conquistados com muita luta e resistência ao longo dos anos.

Os setores de mercado que deram início à discussão foram o setor bancário e o da telefonia; este último que será alvo do presente trabalho, tendo em vista os inúmeros atos de desrespeito registrados em face dos profissionais de *telemarketing*/teleatendimento que nele atuam.

A proposta que por ora se apresenta é a de demonstrar os aspectos negativos da legalização desenfreada da terceirização nos serviços de *telemarketing* no Brasil e a violação dos preceitos constitucionais e da Súmula nº 331 do Colendo Tribunal Superior do Trabalho, além de revelar as perdas sociais que serão sentidas pela sociedade em caso de êxito da aprovação final do Projeto de Lei nº 4.330/2004.

2 Panorama geral dos serviços de *telemarketing* no Brasil

Segundo informação de um *blog* especializado, conhecido como *Portal Call Center*, o setor de *telemarketing* emprega hoje no Brasil cerca de um milhão e quatrocentos mil profissionais, sendo 53% destes trabalhadores com idade compreendida entre 23 e 25 anos.

A maior parte desses profissionais da área de telecomunicações (quase 70%) é do sexo feminino, conforme gráfico evolutivo apresentado nos anexos (Gráfico 1).

Em linhas gerais, a remuneração concedida aos inúmeros operadores de *telemarketing* em todo o país (maioria dos trabalhadores do setor de telefonia) se revela como a menor dentro do setor de telecomunicações, sendo cerca de um salário mínimo mensal e, em 2014, revelou-se uma média salarial de R$706,00 (setecentos e seis reais) mensais, conforme se observa do segundo apresentado nos anexos (Gráfico 2).

Tudo isso demonstra um flagrante absurdo se levarmos em consideração a progressão e o aumento do valor do salário mínimo nacional e a qualidade das condições de trabalho ofertadas aos diversos operadores de *telemarketing*, ferindo diretamente as garantias mínimas de um ambiente de trabalho equilibrado e ergonomicamente decente, conforme previsões na Norma Regulamentadora nº 17, emitida pelo Ministério do Trabalho e Emprego.

Com breve e objetiva análise do perfil acima citado, temos as características preponderantes dos profissionais que trabalham nos diversos *call centeres* em todo o país, ou seja, a maior parte compostos de mulheres jovens, com média escolaridade, sendo pré-requisito de contratação o ensino médio – conforme terceiro gráfico apresentado nos anexos (Gráfico 3) –, e pertencentes à classe de baixa renda de nosso país.

Sabe-se que existe uma variedade enorme de empresas prestadoras de serviços de teleatendimento no Brasil e nos países da linha Mercosul.

Essas empresas arrecadam vultosos numerários quando o assunto é lucratividade dessa espécie de negócio.

Essa lucratividade advém não apenas da especificidade do serviço prestado, senão e, principalmente, da eficiência dos trabalhos prestados associada à baixa remuneração ofertada aos trabalhadores do setor. Em outras palavras, mão de obra barata e não totalmente qualificada, sendo especializada unicamente para o trabalho de teleatendimento e televendas.

O formato de prestação de serviços debatido no presente trabalho é fruto da neocolonização do capitalismo sobre os milhares de empregados controlados não apenas pelos fatores sociais, mas também pelos fatores culturais em que esses estão inseridos.

Atrás da fundamentação da geração de empregos – propagada até mesmo pelos líderes do Governo brasileiro – existe a figura do tomador de serviços de *telemarketing*, que em sua maioria constitui-se como grandes empresas do setor de telefonia e telecomunicações dominantes do capital que circula nesse mercado, que se encontra sempre em alta e em expansão constante, formando o chamado "oligopólio da telefonia".

3 Breves comentários ao Projeto de Lei nº 4.330, de 2004, que influenciarão negativamente na prestação de serviços terceirizados

Na redação final do Projeto de Lei nº 4.330 de 2004 – de autoria do Deputado Federal Sandro Antônio Scodro e relatado pelo Deputado Arthur Oliveira Maia – projeto esse encaminhado ao Senado Federal no dia 27.4.2015, após longos anos de tramitação na Câmara dos Deputados – há, no inc. I de seu art. 2º, a nítida generalização da definição de terceirização, contrariando o que prescreve o inc. III, da Súmula nº 331, do Colendo Tribunal Superior do Trabalho, senão vejamos as comparações:

Projeto de Lei nº 4.330/2004 [...]

Art. 2º Para os fins desta Lei, consideram-se:

I - terceirização: a transferência feita pela contratante da execução de parcela *de qualquer de suas atividades* à contratada para que esta a realize na forma prevista nesta Lei; (Grifos nossos)

Súmula nº 331. CONTRATO DE PRESTAÇÃO DE SERVIÇOS. LEGALIDADE (nova redação do item IV e inseridos os itens V e VI à redação) - Res. 174/2011, DEJT divulgado em 27, 30 e 31.05.2011. [...]

III - Não forma vínculo de emprego com o tomador a contratação de serviços de vigilância (Lei nº 7.102, de 20.06.1983) e de conservação e limpeza, bem como a de *serviços especializados ligados à atividade-meio do tomador, desde que inexistente a pessoalidade e a subordinação direta*. (Grifos nossos)

Dessa forma, pode-se vislumbrar a limitação expressa das atividades-fim concedidas na modalidade de terceirização dos serviços na redação da súmula acima descrita e a generalização abusiva das atividades que poderão ser repassadas pelas empresas contratantes às empresas contratadas com a edição do trecho: "de qualquer de suas atividades", podendo inclusive realizar as atividades-fim da empresa tomadora de serviços.

Pode-se perceber que a generalidade da frase sobre atividades que poderão ser terceirizadas se repete nos incs. II e III do art. 2º da Lei nº 4.330/04, quando da definição de contratante e da contratada.

O §1º do art. 4º da Lei nº 4.330/04 demonstra a possibilidade de declaração de responsabilidade das empresas contratantes ao pagamento das verbas trabalhistas aos empregados de empresas terceirizadas (contratadas), desde que demonstrem o "vínculo de emprego" com aquelas, entretanto, com a generalização das atividades que poderão ser terceirizadas, ficou mais difícil para os trabalhadores a comprovação da existência de vínculo empregatício com as empresas contratantes.

Em substituição ao termo atividade-fim, prevista na redação da Súmula nº 331 do TST, a redação do Projeto de Lei nº 4.330/04 acrescentou o seu art. 11, contendo: "Art. 11. É vedada a contratante à utilização dos empregados da contratada em atividades diferentes daquelas que são objeto do contrato".

Com a supressão do texto sumular pela nova redação do mencionado projeto de lei, acontecerá uma maior liberdade aos contratantes em expandir as atividades que serão alvo da prestação de serviços, possibilitando assim burlar diversos direitos trabalhistas, ficando mais difícil a comprovação de vínculo de emprego entre os trabalhadores e as empresas contratantes.

As únicas vantagens trabalhistas vislumbradas no Projeto de Lei nº 4.330/04 aos diversos trabalhadores terceirizados se encontram nos arts. 13 (garantia expressa de condições de higiene, salubridade e segurança) e 15 (questão de responsabilidade solidária em caso de inadimplemento de obrigações trabalhistas e previdenciárias das empresas contratadas).

O legislador trabalhista, desde a elaboração do Enunciado nº 256 do TST até a formação da Súmula nº 331 do mesmo tribunal, criada no final do ano de 1994, revelou a extrema necessidade de normatizar as contratações da época, preocupando-se com o aspecto social do momento histórico quanto à superexploração da mão de obra e às inúmeras fraudes nos pagamentos dos direitos trabalhistas dos trabalhadores terceirizados.

No serviço de *telemarketing* não foi diferente. De todos os nichos de trabalhos terceirizados conhecidos no Brasil, o setor de telefonia é o que mais terceiriza seus serviços e atividades-fim, sem, contudo, garantir o mínimo de dignidade e justo repasse financeiro aos seus contratados colaboradores.

Segundo pesquisa realizada pelo *site Carta Capital*, divulgada no dia 8.4.2015 e corrigida no dia 9 de abril do mesmo ano, o salário dos trabalhadores terceirizados é 24% menor do que dos empregados formais (informação extraída do Departamento Intersindical de Estatística e Estudos Socioeconômicos – Dieese).

Ainda, os trabalhadores terceirizados possuem uma jornada de trabalho mais elastecida do que os trabalhadores formais. Em média, os trabalhadores terceirizados trabalham três horas a mais por semana do que os trabalhadores formais.

Os riscos de acidentes de trabalho aumentam em relação aos trabalhadores terceirizados, pois a estrutura de segurança das empresas contratadas, incluindo as empresas subcontratadas, se reduz consideravelmente em relação às empresas contratantes, que detêm uma estrutura mais robusta, controlada e organizada.

Ainda sobre a pesquisa do *site Carta Capital*, segundo a Central Única dos Trabalhadores (CUT), a incidência de ocorrência de discriminação no ambiente de trabalho é maior no ambiente terceirizado, principalmente nos setores de vigilância e limpeza.

Há nítida dificuldade dos trabalhadores terceirizados em reivindicarem seus direitos trabalhistas perante seus respectivos "patrões" pelo fato de prestarem diretamente seus serviços para terceiros e não aos seus contratantes originários.

Está insculpido no conteúdo jurídico e social do Projeto de Lei nº 4.330 de 2004 um prejuízo estrondoso aos cofres públicos e à arrecadação do Estado, tendo em vista que, com a legalização desenfreada da terceirização, o número de pequenas empresas irá aumentar. Empresas maiores irão se fragmentar e, como já é sabido, a arrecadação tributária das empresas de pequeno porte (como é o caso da maioria das empresas terceirizadas) é inferior em relação às empresas de médio e grande porte.

Enfim, há inúmeros prejuízos sociais, econômicos e trabalhistas com a aprovação final do Projeto de Lei nº 4.330/2004.

4 Sobre a violação dos preceitos da Súmula nº 331 do Colendo Tribunal Superior do Trabalho e de direitos trabalhistas

Em que pese a natureza jurídica das súmulas seja de expressões sintetizadas de orientações reiteradas, assentadas por nossos tribunais pátrios, estas apenas trazem efeito vinculante, ou seja, obrigatório às decisões judiciais caso sejam emitidas por nossa Suprema Corte. É o que se chama de efeito vinculante sumular.

A Súmula nº 331 do C. TST não vincula decisões judiciais hierarquicamente inferiores ou equitativas por não ser revestida de efeito vinculante, mas serve de base para o aperfeiçoamento e a uniformização dos julgados devido ao excessivo aparecimento da matéria de terceirização nos diversos Tribunais Regionais do Trabalho de nosso país.

Privilegiando o aspecto histórico de criação da mencionada súmula, o professor Maurício Godinho Delgado ensina:

[...] Nos anos de 1980 o Tribunal Superior do Trabalho fixou a súmula jurisprudencial a respeito do problema, incorporando orientação fortemente limitativa das hipóteses de contratação de trabalhadores por empresa interposta. Informava o Enunciado 256, TST: "Salvo os casos previstos nas Lei ns.6.019, de 3.1.74 e 7.102, de 20.6.1983, é ilegal a contratação de trabalhadores por empresa interposta, formando-se o vínculo empregatício diretamente com o tomador dos serviços."
[...] Alguns tópicos orientativos do Enunciado 256 manter-se-iam firmemente incrustados na cultura jurídica posterior [...]. (DELGADO, 2002, p. 425-426)

Ainda comenta o ilustre professor que outra marca da súmula (já em referência à Súmula nº 331 do TST) foi buscar o esclarecimento entre os conceitos de terceirização lícita e ilícita, realizando o divisor de águas entre as condutas legais e ilegais dos contratos de prestação de serviços firmados.

A mencionada súmula é revestida de caráter social, sendo muito bem aplicada ao combate às irregularidades trabalhistas promovidas por diversos empregadores e tomadores de serviços, além de ser uma ótima ferramenta de defesa da ordem pública.

As tomadoras dos serviços das empresas contratadas possuem o hábito de contratar "indiretamente" os operadores de teleatendimento/ *telemarketing* e usufruir "diretamente" da mão de obra em suas atividades-fim, violando assim os preceitos da Súmula nº 331 do Colendo Tribunal Superior do Trabalho.

Vejamos sua redação literal:

Súmula nº 331 – TST:

I - A contratação de trabalhadores por empresa interposta é ilegal, formando-se o vínculo diretamente com o tomador dos serviços, salvo no caso de trabalho temporário (Lei nº 6.019, de 03.01.1974).

II - A contratação irregular de trabalhador, mediante empresa interposta, não gera vínculo de emprego com os órgãos da Administração Pública direta, indireta ou fundacional (art. 37, II, da CF/1988).

III - Não forma vínculo de emprego com o tomador a contratação de serviços de vigilância (Lei nº 7.102, de 20.06.1983) e de conservação e limpeza, bem como a de serviços especializados ligados à atividade-meio do tomador, desde que inexistente a pessoalidade e a subordinação direta.

IV - O inadimplemento das obrigações trabalhistas, por parte do empregador, implica a responsabilidade subsidiária do tomador dos serviços quanto àquelas obrigações, desde que haja participado da relação processual e conste também do título executivo judicial.

V - Os entes integrantes da Administração Pública direta e indireta respondem subsidiariamente, nas mesmas condições do item IV, caso evidenciada a sua conduta culposa no cumprimento das obrigações da Lei nº 8.666, de 21.06.1993, especialmente na fiscalização do cumprimento das obrigações contratuais e legais da prestadora de serviço como empregadora. A aludida responsabilidade não decorre de mero inadimplemento das obrigações trabalhistas assumidas pela empresa regularmente contratada.

VI - A responsabilidade subsidiária do tomador de serviços abrange todas as verbas decorrentes da condenação referentes ao período da prestação laboral.

No raciocínio teleológico da mencionada súmula, em caso de violação ao uso da atividade de *telemarketing*, principalmente no tocante à realização da atividade-fim da empresa tomadora dos serviços, seria descaracterizada a terceirização (irregular e ilícita), além da evidência de subordinação e pessoalidade, gerando vínculo empregatício e obrigações trabalhistas subsidiárias (sendo recentemente discutida a mudança de adimplemento de obrigações para *responsabilidade solidária*).

Ainda na boa doutrina de Maurício Godinho Delgado, após citar os grupos expressos em que se autoriza a terceirização, como os compostos por atividades de vigilância, conservação e limpeza, destaca-se a questão dos serviços especializados ligados à atividade-meio do tomador, *in verbis*:

> O quarto grupo de situações passíveis de contratações terceirizada lícita diz respeito a serviços especializados ligados à atividade-meio do tomador.
>
> Esse grupo envolve atividades não expressamente discriminadas, mas que se caracterizam pela circunstância unívoca de serem atividades que não se ajustam ao núcleo das atividades empresariais do tomador de serviços – não se ajustam, pois, às atividades-fim do tomador.
>
> A dualidade atividades-meio versus atividades-fim já vinha sendo elaborada pela jurisprudência ao longo das décadas de 1980 e 90, por influência dos dois diplomas legais dirigidos à Administração Pública e como parte do esforço para melhor compreender a dinâmica jurídica da terceirização por além dos estritos limites colocados pelo antigo Enunciado 256 do TST. O Enunciado 331 claramente assimilou os resultados desse esforço hermenêutico. (DELGADO, 2002, p. 429)

Conforme se depreende das lições do ilustre mestre acima referendado, a própria Súmula nº 331 do C. TST já reproduz a sensibilidade reflexiva dos anseios da sociedade em se limitar o uso do instituto da terceirização, o que, caso contrário, revelaria um flagrante ato fraudulento e defeso por lei.

Dessa mesma vertente compartilha o professor Sérgio Pinto Martins: "[...] a terceirização irregular trazida nos moldes atuais serve muitas vezes para burlar o princípio de proteção ao trabalhador [...]" (MARTINS, 2013, p. 497).

Enfim, devido às pressões exercidas pelos grupos dominantes do poder econômico, nos quais se incluem as concessionárias do Poder Público no tocante à atuação no setor de telecomunicações, representadas pelas diversas tomadoras de serviços de empresas especializadas em *telemarketing* no país, foram incluídos nos incs. I e II, do art. 94, da Lei nº 9.472/97 – lei que dispõe sobre organização de serviços de telecomunicações e seus funcionamentos – os argumentos justificadores da terceirização das operações de teleatendimento/ *telemarketing*:

> Art. 94. No cumprimento de seus deveres, a concessionária poderá, observadas as condições e limites estabelecidos pela Agência:
> I - empregar, na execução dos serviços, equipamentos e infra-estrutura que não lhe pertençam;
> II - contratar com terceiros o desenvolvimento de atividades inerentes, acessórias ou complementares ao serviço, bem como a implementação de projetos associados.

A interpretação desvirtuada ou incompleta desse dispositivo legal leva ao ledo engano em aceitar a exploração da mão de obra do operador de *telemarketing*, já considerada barata e desvalorizada, pois o texto da lei em evidência traz a ideia de permissão da utilização de equipamentos ou infraestrutura de terceiros (inc. I) e/ou contratação com terceiros para o "desenvolvimento" de atividades inerentes, acessórias ou complementares ao serviço concedido (inc. II).

Dessa forma, em uma interpretação literal do que está sendo tratado no inc. II, do art. 94 da Lei nº 9.472/97, o que verdadeiramente se permite é apenas o "desenvolvimento" de uma atividade já existente e executada pela empresa tomadora, mas nunca a própria execução da atividade inerente, porque estaríamos dessa forma ferindo um preceito legal contemplado na Súmula nº 331 do C. TST e violando, por um efeito modular, direitos à dignidade do trabalho.

Essa manobra legislativa foi criada com o intuito de burlar direitos trabalhistas em nome da multiplicação do capital e do sucateamento das relações de emprego e de trabalho não especializadas.

Infelizmente, o Estado (entenda-se Governo) é o maior terceirizador irregular dos serviços postos à disposição dos cidadãos que, com o respaldo da lei, cria não apenas setores terceirizados, mas também quarteirizados, sem o mínimo controle e administração, principalmente no setor de teleatendimento/*telemarketing*.

Com base na pesquisa realizada pelo *site Repórter Brasil*, observa-se que a legalização da terceirização dos serviços de *telemarketing* será um mal inevitável na ordem econômica, social e cultural, tendo em vista aspectos negativos que serão abaixo revelados, vejamos:

a) Superexploração da mão de obra não qualificada nos serviços de *telemarketing*, com a imposição de várias metas extremamente dificultosas de serem alcançadas, muitas delas consideradas desumanas e que extrapolam as próprias forças dos diversos trabalhadores.

No período compreendido entre abril de 2013 e dezembro de 2014, ocorreu uma megaoperação do Ministério do Trabalho e Emprego (MTE), contando com a participação de 36 auditores do trabalho que investigaram as condições de trabalho dos profissionais em *telemarketing* em 7 estados brasileiros (Ceará, Bahia, Pernambuco, Minas Gerais, Rio Grande do Sul, São Paulo e Rio de Janeiro).

Na mencionada operação, a Auditora do Trabalho Cristina Serrano – auditora responsável por estar à frente da megaoperação de fiscalização – concluiu:

> [...] Cada empresa estabelece sua própria meta de aderência necessária para que o funcionário receba a remuneração, podendo variar de 89% a 95%. No entanto, o percentual de pessoas que atingem tais metas é baixo.
> "A aderência é 100% se o operador logar e deslogar exatamente nos horários programados. São oito marcações programadas por dia e não pode ter variação de nem um minuto para mais ou para menos. Como máquina! Consideramos essa meta de aderência a mais perversa e desumana, e implica em prejuízo na remuneração, na avaliação, no uso do banheiro. Essa prática é vedada expressamente pelo anexo II da NR 17", diz Cristina [...].

b) Baixos salários em relação aos demais trabalhadores do setor de telecomunicações, além da ausência de benefícios adicionais concedidos aos trabalhadores contratados diretamente pelas próprias empresas tomadoras dos serviços, mesmo no caso dos trabalhadores terceirizados realizarem as mesmas funções daqueles. Como exemplos de perdas temos: ausência de PLR, tickets alimentação/refeição, salário equitativo etc.

Como já dito no presente trabalho, os trabalhadores terceirizados trabalham cerca de 3 (três) horas a mais por semana do que os trabalhadores formais, recebendo 24% a menos do que estes, considerada a remuneração concedida aos inúmeros operadores de *telemarketing* em todo o país a menor dentro do setor de telecomunicações, conforme se depreende do segundo gráfico presente nos anexos (Gráfico 2).

c) Falhas ergométricas nos ambientes laborais dos *call centeres*, contrariando a NR 17 do TEM, ocasionando lesões temporárias e/ou permanentes aos trabalhadores de *telemarketing/*

teleatendimento, como exemplos: cadeiras quebradas e não reguláveis, excesso de exposição à tela dos computadores, má regulagem da altura dos monitores e do volume dos *headsets*, aparecimento de doenças ocupacionais e adquiridas como Síndrome de Burnout (conhecida como síndrome do esgotamento profissional), LER (Lesão por Esforço Repetitivo), doenças relacionadas ao estresse etc.

Diz ainda a Auditora Cristina Serrano, segundo a matéria publicada pelo *site Repórter Brasil*, no tocante à operação do MTE:

> [...] Seja por problemas ergonômicos ou decorrentes do uso contínuo da voz e de fones de ouvido, seja por causa da enorme pressão e assédio moral que sofrem, os trabalhadores das sete empresas denunciadas pelo Ministério do Trabalho apresentam inúmeros casos de doenças que podem ser consideradas ocupacionais. "É uma quantidade enorme de pessoas jovens adoecidas", conta Cristina Serrano [...].

d) Burla de nossa legislação, como o ataque à Súmula n° 331 do TST; desvirtuamento da lei do trabalho temporário; fraudes trabalhistas em prol da supremacia e estabilização do capitalismo desumano em face da dignidade da pessoa humana e das relações sociais do trabalho etc.

Na megaoperação promovida pelo MTE, coordenada pela Auditora Cristina Serrano, foram lavrados 932 autos de infração; quase R$1,5 bilhão de débitos trabalhistas; R$119,7 bilhões de débitos com os depósitos do Fundo de Garantia por Tempo de Serviço e R$318,6 milhões em multas aplicadas (REPÓRTER BRASIL, 2014).

Tudo isso revela a má-fé da terceirização dos serviços de *telemarketing*/teleatendimento no Brasil, que esconde um cenário de desigualdades e desrespeitos para milhões de trabalhadores em todo o país.

5 Da repercussão geral sobre o assunto da terceirização dos serviços terceirizados no Brasil e suas repercussões nos serviços de *telemarketing*

Segundo o informativo de notícias do STF, repercussão geral é um instituto surgido com a reforma do Judiciário promovida pela Emenda Constitucional n° 45/2004, que colocou à disposição da Suprema Corte uma nova ferramenta de contribuição para organização e racionalidade dos trabalhos em processos maciços, idênticos e em sequência.

Portanto, procurou-se com o mencionado instituto evitar que milhares de casos análogos e com repercussão à coletividade fossem julgados um a um, gerando uma situação de morosidade quanto ao provimento jurisdicional e um descrédito da justiça de nosso país.

Vale a pena lembrar que a decisão que reconhece ou afasta a repercussão geral é irrecorrível.

A repercussão geral possui o efeito multiplicador do julgado, evitando assim a repetição de atos de julgamentos e perda de tempo em relação à determinada matéria rotineira.

Desde a implantação definitiva do instituto da repercussão geral no STF, ocorrida em 2007, a distribuição de processos na Suprema Corte diminuiu 71%, o que fez com que os ministros pudessem se dedicar a matérias mais relevantes à sociedade e à defesa da atual Constituição Federal.

O sobrestamento dos processos de mesma matéria é iniciado após a inclusão de um ou alguns processos em pauta no Plenário Virtual do STF.

Devido à enxurrada de processos discutidos sobre o assunto da terceirização do serviço de *telemarketing* no Poder Judiciário Trabalhista e nos diversos entendimentos jurisprudenciais lançados no dia a dia forense, nosso Excelso Supremo Tribunal Federal (STF) decidiu por bem suspender todos os processos que tratam da questão para a emissão de um julgamento definitivo e uniforme que possa orientar os antigos, atuais e futuros julgados à espécie, declarando a repercussão geral sobre o assunto.

O julgamento do ARE (Recurso Extraordinário com Agravo) nº 791.932 ganhou repercussão geral no dia 6.6.2014, tendo o Excelso Tribunal, por maioria, reputado constitucional a questão e vencida a Ministra Rosa Weber em seu voto contrário.

Não se manifestou o Ministro Joaquim Barbosa. Impedido o Ministro Roberto Barroso de se pronunciar. Assim, o mencionado Tribunal, por unanimidade, reconheceu a existência de repercussão geral da questão constitucional suscitada e, no dia 23.9.2014, o Ministro Teori Zavascki, aguardando o julgamento dos RE nº 591.797; RE nº 626.307 e RE nº 632.212, emitiu a seguinte decisão:

> [...] Defiro o pedido formulado, e, com fundamento no art. 328 do RISTF, determino o sobrestamento de todas as causas que apresentem questão idêntica à que será resolvida com foros de repercussão geral no presente caso, sem prejuízo do término de sua fase instrutória, bem como das execuções já iniciadas. Publique-se. Intime-se.

As consequências/efeitos de uma possível declaração judicial da licitude das terceirizações dos serviços de *call centeres*, ao mesmo tempo em que manterão a ordem econômica do setor de telefonia e a estrutura financeira-organizacional das empresas tomadoras dos serviços, promoverá a mantença dos inúmeros flagrantes de desrespeitos aos direitos trabalhistas de uma série de operadores de *telemarketing* e teleatendimento.

Assim, há de um lado o interesse capitalista e fundacional que, caso seja afetado, incorrerá em possíveis demissões em massa e perda da qualidade na prestação de seus serviços à população, pois com o reconhecimento da ilicitude das terceirizações haverá a responsabilidade subsidiária das empresas tomadoras dos serviços em vários processos, sendo que o reconhecimento de vínculo empregatício gerará a ruptura da estabilidade econômica de tais empresas tomadoras.

Repita-se que, atualmente, se discute sobre a mudança na forma de responsabilidade das empresas tomadoras dos serviços com a passagem da responsabilidade subsidiária para responsabilidade solidária.

Por outro lado, o reconhecimento da licitude da terceirização apenas servirá para continuarem os abusos das empresas contratadas e o sucateio da mão de obra dos profissionais em *telemarketing*, como aludido nos aspectos negativos antes citados.

6 Como a maioria dos ministros do TST, juízes e desembargadores do Tribunal Regional do Trabalho da 3ª Região vêm analisando a questão da terceirização

Conforme informativo de notícias do Tribunal Regional do Trabalho da 3ª Região, publicado no dia 24.6.2015, a maioria dos juízes monocráticos e turmas desse Tribunal Regional vêm interpretando e decidindo a questão da terceirização dos serviços bancários e de telecomunicações como ilícitas e irregulares (Informativo 1 presente nos anexos).

Diante disso, pode-se perceber que a minoria das decisões judiciais trabalhistas do citado Tribunal mineiro considera a terceirização como um fenômeno regular e lícito, tudo em contramão de direção do entendimento majoritário.

Segue algumas decisões recentes sobre a questão:

EMENTA: TERCEIRIZAÇÃO. ILICITUDE -. SERVIÇOS DE CALL CENTER - LEI GERAL DAS TELECOMUNICAÇÕES. *A contratação terceirizada, por si só, não representa violação direta à legislação trabalhista, quando permite o repasse das atividades periféricas e/ou extraordinárias,* promovendo com isto um incremento na oferta de postos de trabalho os quais, se a princípio são precários, podem vir a se tornar efetivos. *Entretanto, quando se verifica que os serviços terceirizados estão intrinsecamente ligados à atividade-fim da tomadora, desvirtua-se o instituto, que não pode e nem deve servir de instrumento para alijar o empregado das garantias creditórias ofertadas por estas empresas que, geralmente, ostentam maior solidez econômico-financeira em relação às prestadoras de mão-de-obra.* E este é exatamente o caso dos autos, pois os serviços contratados - call center são imprescindíveis ao fornecimento dos serviços de telefonia, motivo pelo qual não se pode ter como lícita a terceirização havida. É fato que a Lei Geral de Telecomunicações regula as relações civis e administrativas da concessionária prestadora de serviços de telefonia, sendo inoponível aos trabalhadores que, direta ou indiretamente, contribuam com a consecução dos fins empresariais. As conseqüências trabalhistas da terceirização são reguladas por ramo específico do Direito, norteado por princípios próprios, tais como primazia da realidade e proteção do hipossuficiente. (0001365-87.2013.5.03.0111-RO, Quarta Turma. Rel. Julio Bernardo do Carmo. Rev. Convocada Maria Cristina Diniz Caixeta. Publicação 4.8.2014, grifos nossos)

Outra jurisprudência:

EMENTA: TERCEIRIZAÇÃO ILÍCITA. EXECUÇÃO DE ATIVIDADES-FIM. EMPRESA PÚBLICA. ISONOMIA. Conquanto seja impossível reconhecer vínculo de emprego com a tomadora de serviços (CAIXA), em face de sua condição de integrante da administração pública federal, *constatada a terceirização ilícita de sua atividade-fim, impõe-se reconhecer o tratamento isonômico* à reclamante em relação aos seus empregados, fazendo ela jus aos mesmos direitos e benefícios normativos dos bancários. Aplicação do artigo 5º, caput, da Constituição da República/88; aplicação analógica do artigo 12, alínea "a", da Lei 6.019/74 e entendimento da Orientação Jurisprudencial 383 da SbDI-1 do TST. (0000881-38.2014.5.03.0014-RO, Quarta Turma. Rel Maria Lucia Cardoso Magalhaes. Rev. Lucilde D'Ajuda Lyra de Almeida. Publicação 13.7.2015, grifos nossos)

Em consonância com tal entendimento, segue a jurisprudência atual do C. TST, que explana:

RECURSO DE REVISTA. 1. EMPRESA DE TELECOMUNICAÇÃO. TERCEIRIZAÇÃO DE ATIVIDADE-FIM. IMPOSSIBILIDADE. *O §1º do art. 25 da Lei n° 8.987/95, bem como o inciso II do art. 94 da Lei n° 9.472/97, autorizam as empresas de telecomunicações a terceirizar as atividades-meio, não se enquadrando em tal categoria os atendentes do sistema – call center –, eis que aproveitados em atividade essencial para o funcionamento das empresas.* Recurso de revista conhecido e desprovido. 2. HONORÁRIOS ADVOCATÍCIOS. BASE DE CÁLCULO. Decisão moldada à compreensão das Súmulas 219 e 329 do TST e da OJ 348 da SBDI-1 não admite recurso de revista, na dicção do art. 896, §4º, da CLT. Recurso de revista não conhecido. (RR nº 95700-37.2009.5.03.0015, 3ª Turma. Rel. Min. Alberto Luiz Bresciani de Fontan Pereira. Julg. 6.10.2010. *DEJT*, 15 out. 2010, grifos nossos)

RECURSOS DE REVISTA INTERPOSTOS PELA TNL CONTAX E PELA TELEMAR. MATÉRIA COMUM. TERCEIRIZAÇÃO ILÍCITA. RECONHECIMENTO DE VÍNCULO EMPREGATÍCIO DIRETAMENTE COM A TOMADORA DOS SERVIÇOS (TELEMAR). O vínculo de emprego do empregado que trabalha em serviço de – central de atendimento –, junto à empresa de telefonia, *faz-se diretamente com a concessionária, por representar fraude na relação de trabalho, já que se trata de atividade-fim, sendo ilícita a terceirização.* Ressalva do Relator. Recursos de revista conhecidos e desprovidos. HORAS EXTRAORDINÁRIAS. MINUTOS QUE ANTECEDEM E SUCEDEM À JORNADA NORMAL. Decisão regional em perfeita sintonia com a jurisprudência deste C. Tribunal, consubstanciada na Súmula nº 366 do C. TST. Recurso de revista não conhecido. RECURSO DE REVISTA INTERPOSTO PELA CONTAX. MULTA DO ARTIGO 538 DO CPC. O parágrafo único do artigo 538 do CPC prevê a possibilidade de o julgador aplicar multa de um por cento sobre o valor da causa quando manifestamente protelatórios os embargos de declaração. Se o Eg. Tribunal Regional confirma o caráter protelatório dos embargos de declaração opostos, não cabe a esta instância recursal analisar os fatos que ensejaram a convicção judicial acerca da finalidade procrastinatória dos referidos embargos. Recurso de revista não conhecido. RECURSO DE REVISTA INTERPOSTO PELA TELEMAR. ANOTAÇÃO NA CTPS. MULTA. Preclusa a invocação da matéria nesta instância de natureza extraordinária, inexistindo pronunciamento explícito na instância ordinária. Incidência da Súmula nº 297 do C. TST. Recurso de revista não conhecido. (RR nº 23200-52.2009.5.03.0021, 6ª Turma. Rel. Min. Aloysio Corrêa da Veiga. Julg. 6.10.2010. *DEJT*, 15 out. 2010, grifos nossos)

Enfim, na maior parte das jurisprudências dominantes dos tribunais acima referendados, a caracterização da ilicitude da terceirização se baseia na função desempenhada pelo trabalhador que contribui na atividade-fim da empresa tomadora dos serviços.

Tal entendimento jurídico se tornou um verdadeiro axioma literário perseguido pelos diversos jurisdicionados brasileiros, contendo poucos adeptos de pensamentos doutrinários e jurisprudenciais contrários.

O fenômeno mundial da terceirização, criado pelo mundo das ciências administrativas, ganhou um contorno distinto ao qual deveria servir, ou seja, para ser uma ferramenta de produção e qualidade, e não uma forma de burlar a legislação trabalhista e prejudicar os diversos trabalhadores.

Nossos tribunais possuem a consciência social das repercussões negativas do fenômeno da terceirização irregular e ilícita, principalmente nos parâmetros trazidos pelo Projeto de Lei nº 4.330/04.

7 Conclusão

Haja vista que a ciência jurídica não busca simplesmente a resolução de conflitos e a pacificação social, mas, principalmente, a equidade das relações entre os particulares e o bem comum da sociedade, deve-se alcançar a mediatriz das condições mínimas de existência e dignidade de acordo com os direitos e os interesses das partes, mesmo que para isso seja necessária a intervenção compulsória do Estado, sobrepondo as vontades individuais e particulares.

Um ótimo exemplo para isso seria a readequação de condições de trabalho, com maior rigor fiscalizatório e punitivo baseado nas diversas normas existentes que regulam as relações de emprego nos *call centeres* do Brasil.

Entre os prós e os contras destinados ao assunto, mesmo não concordando com a formatação empregada na chamada "terceirização à brasileira" que se nota no mercado, é garantido que, com a confirmação da licitude das terceirizações dos serviços de *call centeres* por nosso Excelso STF, nos moldes trazidos pelo Projeto de Lei nº 4.330, de 2004, existirá maiores prejuízos à sociedade, tendo em vista os argumentos citados nos aspectos negativos deste trabalho.

Ao mesmo tempo em que a confirmação da licitude deverá ser declarada por questão de ordem jurídica primária, deverá ser intensificada a fiscalização pelas garantias mínimas de trabalho que respeitem a dignidade da pessoa humana, os valores sociais no ambiente laboral e da livre iniciativa empresarial, sendo os atos de desrespeito punidos com maior rigor, maior severidade, para servirem de exemplos aos diversos tomadores de serviços e empresas contratadas.

O problema do modelo de terceirização trazido pelo Projeto de Lei nº 4.330/04 é o efeito dilatador de sua afetação, pois não limita e não discrimina quais atividades serão consideradas como atividades-fim e atividades-meio de uma cadeia produtiva, nem sequer enquadrará os trabalhadores como empregados ou meros prestadores de serviços colaboradores da produção. Com a declaração da licitude da terceirização dos serviços de *telemarketing*, nos moldes do Projeto de Lei nº 4.330/04, consequentemente a situação social e cultural dos diversos trabalhadores do setor irá piorar, ao ponto em que seus direitos trabalhistas serão desrespeitados e nossa legislação será visivelmente burlada sob o pretexto de geração de empregos e aumento da capacidade produtiva da população.

Conclui o presente trabalho, com a demonstração dos efeitos da terceirização à brasileira, trazida pela proposta do Projeto de Lei nº 4.330/04, que esta será mais prejudicial à nação do que a falsa e enganadora política do capitalismo moderno pela geração de empregos e desenvolvimento financeiro do país.

Como uma possível solução, deve-se intensificar a fiscalização das condições de trabalho dos inúmeros operadores de *telemarketing/* teleatendimento para que o ambiente de trabalho esteja em conformidade com a NR 17 e seus diversos anexos, punindo de forma efetiva e mais drástica as empresas que tentam ludibriar os diversos direitos trabalhistas dos trabalhadores terceirizados, sejam brasileiros ou estrangeiros que trabalham no Brasil.

Abstract: With the rampant outsourcing of service provision in Brazil, brought by modern capitalism, various job positions were stratifying and generating a disorganized subclass and away to the margins of society. With attention and concern to this degrading social scene to provide services, labor courts, along the Ministry of Labor and Employment (MTE) and the Ministry of Labor (MPT), the latter with all its spheres of activity, mobilized to monitor and punish the various acts of devaluation and disrespect to the outsourced worker. Currently, the bench of the National Congress is dividing as the acceptance of the 2004 Bill 4330, which deals with a possibility of more expansive outsourcing, reaching a disorderly manner a range of professional activities of our country, contrary to the wording of teleology summary 331 of the Venerable Superior Labor Court. For this reason there are more negative points than positive about the way in which the National Congress moves regarding the release of outsourcing in various industries to provide services in Brazil, especially the telemarketing industry, considered in parallel with the services bank, as one of the sectors that present problems in the social and labor in our country.

Keywords: Bill 4.330 / 14. Outsourcing to Brazil . Telemarketing / Call center. Violation of the docket 331 C. TST. Violation of labor rights. Rebound General by the Supreme Court. Relevant social aspects.

Referências

ANTONELLI, Valdi. Estudos atualizam dados sobre o mercado de trabalho do call center. *Portal Call Center*, 2 out. 2014. Disponível em: <http://portalcallcenter.com.br/index. php/2014-05-26-18-14-11/4558-estudos-atualizam-dados-sobre-o-mercado-de-trabalho-do-call-center>. Acesso em: 28 out. 2014.

CATHO. Mão de obra especializada. *Carreira & Sucesso*, abr. 2014. Disponível em: <http://www.catho.com.br/carreira-sucesso/colunistas/mao-de-obra-especializada>. Acesso em: 29 out. 2014.

DELGADO, Maurício Godinho. *Curso de direito do trabalho*. 1. ed. São Paulo: LTr, 2002.

LOCATELLI, Piero. Nove motivos para você se preocupar com a nova lei da terceirização. *Carta Capital*, São Paulo, 8 abr. 2015. Disponível em: <http://www.cartacapital.com.br/politica/nove-motivos-para-voce-se-preocupar-com-a-nova-lei-da-terceirizacao-2769. html>. Acesso em: 10 maio 2015.

MARTINS, Sérgio Pinto. *Comentários à CLT*. 17. ed. São Paulo: Atlas, 2013.

OJEDA, Igor. Teles e bancos superexploram os operadores de telemarketing, aponta fiscalização. *Repórter Brasil*, São Paulo, 23 dez. 2014. Disponível em: <http://reporterbrasil. org.br/2014/12/teles-e-bancos-superexploram-operadores-de-telemarketing-aponta-fiscalizacao/>. Acesso em: 20 maio 2015.

SUPREMO TRIBUNAL FEDERAL. *Acompanhamento Processual* – ARE 791932 – Recurso Extraordinário com Agravo, 2014. Disponível em: <http://www.stf.jus.br/portal/processo/verProcessoAndamento.asp?incidente=4517937>. Acesso em: 30 out. 2014.

SUPREMO TRIBUNAL FEDERAL. Conheça melhor o instituto da repercussão geral. *Notícias STF*. Disponível em: <http://www.stf.jus.br/portal/cms/verNoticiaDetalhe. asp?idConteudo=168512>. Acesso em: 2 maio 2015.

TRT-MG. *Terceirização: como as turmas do TRT mineiro vêm encarando a questão*. Disponível em: <http://as1.trt3.jus.br/noticias/no_noticias.Exibe_Noticia?p_cod_noticia=1252&p_cod_area_noticia=ACS>. Acesso em: 29 jun. 2015.

VALENTE, Gabriela; BECK, Marta. IDH: ONU destaca avanços no Brasil. *O Globo*, jun. 2014. Disponível em: <http://oglobo.globo.com/economia/idh-onu-destaca-avancos-no-brasil-13358978>. Acesso em: 30 out. 2014.

Anexos

Gráfico 1 – Gênero e faixa etária dos funcionários das empresas de teleatendimento/*telemarketing*

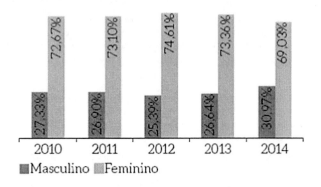

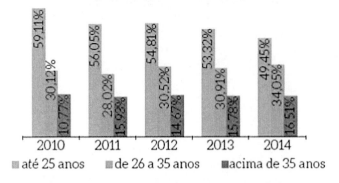

Fonte: PORTAL CALL CENTER, 2014.

Gráfico 2 – Evolução salarial média nos diversos cargos de funcionários das empresas de teleatendimento/*telemarketing*

	2010	2011	2012	2013	2014
OPERADOR	R$511,45	R$589,69	R$587,43	R$759,36	R$811,12
SUPERVISOR	R$938,23	R$1.319,11	R$1.197,54	R$1.682,49	R$1.881,45
COORDENADOR	R$2.177,62	R$ 3.005	R$2.331,06	R$3.386,15	R$3.741,51
GERENTE DE OPERAÇÃO	R$3.342,86	R$ 5.810	R$4.294,26	R$6.569,66	R$7.416,13
GERENTE DE COBRANÇA	R$4.261,98	R$ 5.004	R$5.904,82	R$7.160,56	R$8.563,12
GERENTE COMERCIAL	R$5.249,70	R$ 6.914	R$4.619,13	R$8.282,72	R$10.164,85
GERENTE DE TECNOLOGIA	R$5.844,80	R$ 8.720	R$7.585,16	R$9.764,39	R$9.865,55

Fonte: PORTAL CALL CENTER, 2014.

Gráfico 3 – Escolaridade média dos funcionários das empresas de teleatendimento/*telemarketing*

Fonte: PORTAL CALL CENTER, 2014.

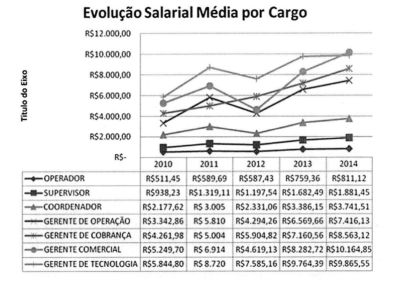

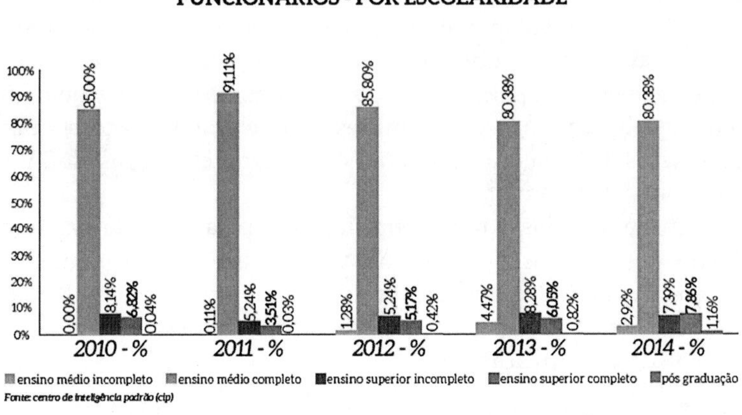

Informativo 1

Terceirização: como as Turmas do TRT mineiro vêm encarando a questão (24.06.2015)

Veja, nesta Especial, como a JT de Minas vem decidindo os casos de terceirização de serviços enquanto a nova regulamentação não vem

No momento em que tramita no Congresso Nacional o projeto de lei que regulamenta a contratação de trabalhadores terceirizados pelas empresas públicas e privadas, o tema é alvo de grande divergência interpretativa entre os juízes e desembargadores do TRT de Minas Gerais. Divergência essa que, há tempos, vem se refletindo nas decisões proferidas pelos juízes trabalhistas e nos recursos julgados pelas Turmas do Tribunal mineiro.

Vale lembrar que, em relação à terceirização da atividade de call center pelas concessionárias de telecomunicações, o STF proferiu decisão em 22/09/2014, em recurso extraordinário (ARE nº 791.932), determinando a suspensão da tramitação das reclamações em se discute a formação de vínculo de emprego do atendente diretamente com o tomador de serviço, quando este for empresa operadora de serviços de telefonia. Isso vem sendo observado pelas Turmas do TRT/MG, até que questão seja objeto de decisão definitiva do STF, com repercussão geral.

Nesta matéria especial, veremos como as Turmas do TRT mineiro expõem suas visões sobre o tema da terceirização, especialmente naquelas realizadas pelos bancos, em relação aos serviços de correspondentes bancários, e pelas empresas de telecomunicações, quanto aos serviços de instalação e reparação de linhas telefônicas, de TV por assinatura e de internet.

A maioria das Turmas tem decidido pela ilicitude das terceirizações nesses casos, declarando o vínculo direto com o tomador de serviços. Mas a Nona Turma, assim como alguns juízes de Primeiro Grau, enxergam a questão sob outra ótica e tendem a reconhecer a validade da terceirização.

Disponível em: <http://as1.trt3.jus.br/noticias/no_noticias.Exibe_Noticia?p_cod_noticia=12524&p_cod_area_noticia=ACS>. Acesso em: 29 jun. 2015.

Informação bibliográfica deste texto, conforme a NBR 6023:2002 da Associação Brasileira de Normas Técnicas (ABNT):

FAGUNDES, Leonardo Augusto Lelis. O Projeto de Lei nº 4.330/2004 que contraria os preceitos da Súmula nº 331 do TST e dos direitos trabalhistas dos operadores de *telemarketing* no Brasil. In: GONÇALVES, Guilherme Alberto Marinho; HECKERT JÚNIOR, Ival; QUEIROZ JÚNIOR, Antônio Raimundo de Castro (Coord.). *A teoria do direito aplicada*: seleção dos melhores artigos científicos do Programa de Pós-Graduação da Escola Superior de Advocacia da OAB/MG. Belo Horizonte: Fórum, 2016. v. 1. p. 285-307. ISBN 978-85-450-0109-6.

SOBRE OS AUTORES

Arlete Cristina de Moura Barbone
Especialista em Direito Público pelo Centro Universitário Newton Paiva. Bacharel em Direito pelas Faculdades Integradas do Oeste de Minas/Faculdades Pitágoras. Procuradora Geral do Município de Arcos/MG. Advogada. *E-mail*: <arletecmb@yahoo.com.br>. Professor-orientador: Dr. Vinícius Barros Rezende. Currículo *lattes*: <http://buscatextual.cnpq.br/buscatextual/visualizacv.do?id=K4284138H8>.

Carulina de Freitas Chagas
Especialista em Advocacia Trabalhista pela Escola Superior de Advocacia da Ordem dos Advogados do Brasil em Minas Gerais (ESA OAB/MG) em parceria com a Faculdade de Direito Dom Helder Câmara (2015). Especialista em Direito do Trabalho pelo Instituto de Educação Continuada da Pontifícia Universidade Católica de Minas Gerais (IEC PUC Minas – 2013). Bacharel em Direito pela Pontifícia Universidade Católica de Minas Gerais (2008). Advogada Trabalhista. *E-mail*: <carulinafc@gmail.com>. Professora-orientadora: Dra. Ana Carolina Gonçalves Vieira. Currículo *lattes*: <http://lattes.cnpq.br/1797023940372705>. Currículo *lattes*: <http://lattes.cnpq.br/3135774701966953>.

Cezar Roberto Bitencourt
Advogado criminalista. Doutor em Direito Penal. Professor dos Programas de Pós-Graduação da PUCRS (Mestrado e Doutorado) e da Faculdade Damas (Mestrado), de Recife.

Itamar Buratti
Especialista pela Pós-Graduação *lato sensu* do Centro de Estudos de Direito Internacional (Cedin). Bacharel em Direito pela Escola Superior de Direito Dom Helder de Belo Horizonte. Bacharel em Filosofia pela Faculdade Jesuíta de Filosofia e Teologia (FAJE). Advogado. *E-mail*: <iburatt@yahoo.com.br>. Professor-orientador: Marcelo Moraes Tavares.

Joel Joanino de Campos Junior
Pós-graduando em Advocacia Criminal pela Escola Superior da Advocacia OAB/MG. Bacharel em Direito pela Pontifícia Universidade Católica de Minas Gerais – Faculdade Mineira de Direito. Advogado. *E-mail*: <joeljoanino@hotmail.com>. Professor-orientador: Leonardo Avelar Guimarães.

Jorgete das Graças Caetano
Pós-graduada *lato sensu* (Especialista) em Direito Processual Civil pela Escola Superior de Advocacia da OAB/MG – ESA. Bacharel em Direito pela Escola Superior Dom Hélder Câmara. Advogada.

Juliana Figueiredo de Freitas
Pós-graduanda em Advocacia Trabalhista pela Escola Superior da Advocacia da OAB/MG. Bacharela em Direito pela Universidade Federal de Viçosa. *E-mail*: <ffreitas.juliana@gmail.com>. Professor-orientador: Ms. Antônio Raimundo de Castro Queiroz Júnior. Currículo *lattes*: <http://lattes.cnpq.br/5908018668134409>.

Kênio de Souza Pereira
Professor da Pós-Graduação da Escola Superior de Advocacia da OAB-MG. Presidente da Comissão de Direito Imobiliário da OAB-MG. Diretor da Caixa Imobiliária Netimóveis. Conselheiro da Câmara de Mercado Imobiliário de Minas Gerais e Secovi-MG. Representante em Minas Gerais da Associação Brasileira de Advogados do Mercado Imobiliário. *E-mail*: <keniopereira@caixaimobiliaria.com.br>.

Leonardo Augusto Lelis Fagundes
Advogado militante no estado de Minas Gerais. Pós-graduado em Direito Público pelo IUNIB em parceria com a Associação Nacional dos Magistrados Estaduais (ANAMAGES). Pós-graduando em Advocacia Trabalhista pela Escola Superior da Advocacia (ESA-MG). *E-mail*: lelisleonardo1@gmail.com.

Maíra Neiva Gomes
Coordenadora do Departamento Jurídico e Coordenadora Pedagógica do Programa de Formação Política Permanente Ignácio Hernandez do Sindicato dos Metalúrgicos de Belo Horizonte, Contagem e Região. Especialista em Direito Material e Processual do Trabalho pela Faculdade Pitágoras. Mestre e Doutoranda em Direito do Trabalho, Modernidade e Democracia pela PUC Minas. Professora da PUC Minas (Graduação), IEC PUC Minas (Pós-Graduação *lato sensu*), UNIBH (Pós-Graduação *lato sensu*) e Pitágoras (MBA).

Mateus Marcos Silva Ferreira
Pós-graduando *lato sensu* em Advocacia Criminal na Escola Superior de Advocacia de Minas Gerais – ESA-MG. Bacharel em Direito pela Faculdade de Estudos Administrativos de Minas Gerais (FEAD-MG). *E-mail*: mateus.msferreira@hotmail.com. Professor-orientador: Leonardo Avelar Guimarães.

Paulo César Busato
Profesor adjunto de Derecho Penal de la Universidade Federal do Paraná – Brasil.

Thaísa Amaral Braga Falleiros
Especialista pela Pós-Graduação *lato sensu* em Direito Público pela Universidade Gama Filho. Bacharel em Direito pela Universidade Fumec. Defensora Pública do Estado de Minas Gerais. *E-mail*: <thaisa.braga@defensoria.mg.org.br>. Professor-orientador: Dr. Marcelo Peixoto de Melo.

Esta obra foi composta em fonte Palatino Linotype e Frankfurt, corpo 10
e impressa em papel Offset 75g (miolo) e Supremo 250g (capa)
pela Laser Plus Gráfica, em Belo Horizonte/MG.